THE SHORTEST HISTORY OF
EUROPE

超图解
极简欧洲史

王宇琨　董志道 / 编著

天津出版传媒集团
天津人民出版社

图书在版编目（CIP）数据

超图解极简欧洲史 / 王宇琨，董志道编著 . -- 天津：天津人民出版社，2019.6
ISBN 978-7-201-14773-4

Ⅰ . ①超… Ⅱ . ①王… ②董… Ⅲ . ①欧洲 – 历史 – 图解 Ⅳ . ① K500-64

中国版本图书馆 CIP 数据核字 (2019) 第 097139 号

超图解极简欧洲史
CHAO TU JIE JI JIAN OU ZHOU SHI

出　　版　天津人民出版社
出 版 人　刘　庆
地　　址　天津市和平区西康路 35 号康岳大厦
邮政编码　300051
邮购电话　（022）23332469
网　　址　http://www.tjrmcbs.com
电子信箱　tjrmcbs@126.com

监　　制　黄　利　万　夏
责任编辑　玮丽斯
特约编辑　张耀强　高　翔　贾辅榕
装帧设计　紫图装帧

制版印刷　艺堂印刷（天津）有限公司
经　　销　新华书店
开　　本　787 毫米 ×1092 毫米　1/16
印　　张　20
字　　数　240 千字
版次印次　2019 年 6 月第 1 版　2019 年 6 月第 1 次印刷
定　　价　69.90 元

THE
SHORTEST HISTORY
OF
EUROPE

序言 PREFACE

太阳照常升起：欧洲的沉浮起落

欧洲全称“欧罗巴洲”，在腓尼基语中的意思是“日落之地”。大约在几十万年前，原始人类就已经在欧洲大陆上繁衍生息。随着欧洲的先民们从直立人变成智人，掌握武器制造与使用的他们开始在欧洲踏上属于自己的文明之旅。

在爱琴海地区，克里特文明和迈锡尼文明相继出现，然而外族入侵却让欧洲重新退回到原始社会。公元前 800 年左右，欧洲历史上第一颗璀璨的明珠——古希腊文明出现了。古希腊文明是典型的城邦文明，其代表是斯巴达和雅典，两者带领着周边其他的城邦国家，建立了大希腊地区，抵御住了东方波斯帝国的骚扰，开创了充满理性的古希腊文明。然而古希腊的城邦政治也给欧洲人挖了一个“修昔底德陷阱”——两强相争，只有你死我活。这个陷阱使古希腊城邦式微，也使亚历山大大帝得以降服各城邦，并将古希腊文明通过征战的方式带向世界。

在古希腊文明衰落之际，罗马人开始崛起，并从罗马共和国发展成罗马帝国。通过战争与法律，罗马人征服了整个欧洲，但后来的外族入侵使帝国一分为二。西罗马帝国覆灭，想要收复故土的东罗马帝国却被瘟疫挡住了脚步。

时间来到中世纪，诸王彼此纷争不断，基督教会在精神方面左右着整个欧洲，而来自北欧的海盗则把这片黑暗搅得越加浑浊。直到奥斯曼土耳其帝国用火炮攻破了君士坦丁堡，并将留在东方的古典文明带回到西方，欧洲才迎来它复兴的曙光。在经历文艺复兴后，欧洲人的精神得到了初步解放。随着新航路被开辟、新世界被发现，神秘而富饶的东方变得触手可及，欧洲人开始通过贸易走向全世界。而这时，天主教会成了一道枷锁，宗教改革势在必行。可是在宗教改革之后，欧洲却陷入了分裂之中，残酷的宗教战争在欧洲频繁上演。但历史的趋势势不可挡，新教徒获得了胜利，资本主义在欧洲得到了发展。

随着财富不断累积，欧洲的君主们开始了他们称霸欧洲的帝国梦。国家的兴盛带动了欧洲经济、科技的发展。人民开始觉醒，民族主义和自由主义在近代欧洲悄然发展。随着工业革命和启蒙运动在欧洲开展起来，欧洲开始步入现代。在这一新的历史阶段，君主专制受到了挑战。法国爆发了大革命，但极端的民主让其他封建君主感到恐惧，他们决定联合起来消灭它。是拿破仑拯救了法国，但他的帝国梦也让法兰西走向没落。拿破仑失败后，反法同盟的各个国家开始了工业化进程。工业化在给欧洲诸国带来财富的同时，也带来了一个新的阶级——无产阶级。1848 年前后，无产阶级和其他被压迫的人民吹响了反抗强权的号角。

19 世纪末，欧洲的发展到达鼎盛时期，然而此时欧洲各国围绕“谁是霸主”的问题展开了第一次世界大战。在这次冷酷的战争中，一个红色的苏维埃政权诞生了，列宁和他的同志们将马克思主义埋论放入到了具体实践中。

第一次世界战争结束后，战败国的人民陷入水深火热之中，法西斯主义趁机点燃恶魔之火，引发了第二次世界大战。很快，欧洲几乎全部沦陷在法西斯的魔爪下。直到纳粹德国在斯大林格勒（今伏尔加格勒）被打败，世界才看到了曙光。随着反法西斯同盟的建立和第二战场的开辟，法西斯轴心国的覆灭成为必然。

二战后，欧洲失去了曾经的霸主地位，一道铁幕分裂了欧洲。这一时期的欧洲试图复兴，直到 20 世纪末，苏联解体，欧洲开始建立起一个统一的欧洲。但新世纪已经来临，欧洲的统一之路并不那么容易，新的问题接踵而至。

21 世纪，在新一轮科技革命到来的同时，新一轮的金融危机也在全球范围内爆发，欧洲各国陷入债务危机中。随着恐怖主义和极端民族主义势力抬头，来自第三世界国家的难民纷纷逃往欧洲，这给欧洲带来了许多不确定因素。欧洲各国该何去何从?

阅读导航 GUIDE

本节主标题
本节所要探讨的主题

小标题
明确揭示正文中每一段文字的思想内容。

正文
通俗易懂的文字，让读者轻松阅读。

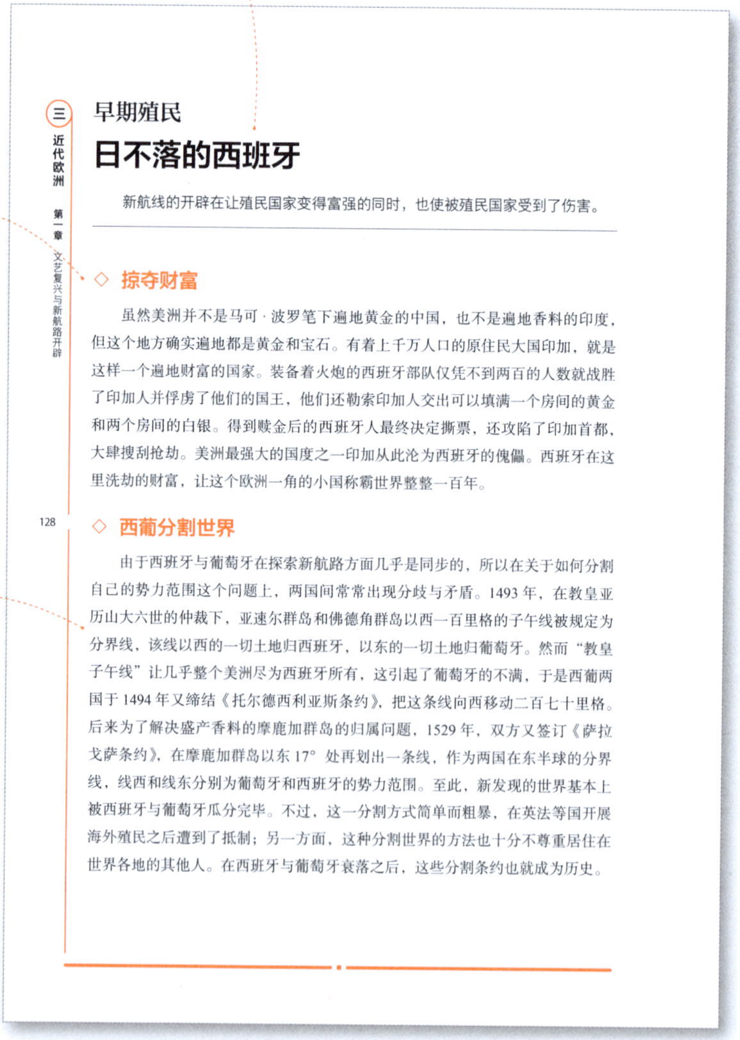
三 近代欧洲 第一章 文艺复兴与新航路开辟

早期殖民

日不落的西班牙

新航线的开辟在让殖民国家变得富强的同时，也使被殖民国家受到了伤害。

◇ 掠夺财富

虽然美洲并不是马可·波罗笔下遍地黄金的中国，也不是遍地香料的印度，但这个地方确实遍地都是黄金和宝石。有着上千万人口的原住民大国印加，就是这样一个遍地财富的国家。装备着火炮的西班牙部队仅凭不到两百的人数就战胜了印加人并俘虏了他们的国王，他们还勒索印加人交出可以填满一个房间的黄金和两个房间的白银。得到赎金后的西班牙人最终决定撕票，还攻陷了印加首都，大肆搜刮抢劫。美洲最强大的国度之一印加从此沦为西班牙的傀儡。西班牙在这里洗劫的财富，让这个欧洲一角的小国称霸世界整整一百年。

128

◇ 西葡分割世界

由于西班牙与葡萄牙在探索新航路方面几乎是同步的，所以在关于如何分割自己的势力范围这个问题上，两国间常常出现分歧与矛盾。1493 年，在教皇亚历山大六世的仲裁下，亚速尔群岛和佛德角群岛以西一百里格的子午线被规定为分界线，该线以西的一切土地归西班牙，以东的一切土地归葡萄牙。然而“教皇子午线”让几乎整个美洲尽为西班牙所有，这引起了葡萄牙的不满，于是西葡两国于 1494 年又缔结《托尔德西利亚斯条约》，把这条线向西移动二百七十里格。后来为了解决盛产香料的摩鹿加群岛的归属问题，1529 年，双方又签订《萨拉戈萨条约》，在摩鹿加群岛以东 17° 处再划出一条线，作为两国在东半球的分界线，线西和线东分别为葡萄牙和西班牙的势力范围。至此，新发现的世界基本上被西班牙与葡萄牙瓜分完毕。不过，这一分割方式简单而粗暴，在英法等国开展海外殖民之后遭到了抵制；另一方面，这种分割世界的方法也十分不尊重居住在世界各地的其他人。在西班牙与葡萄牙衰落之后，这些分割条约也就成为历史。

图解标题

针对内文所探讨的重点图解分析，帮助读者深入领悟。

章节序号

用醒目的序号提示本文在篇章下的排列序号。

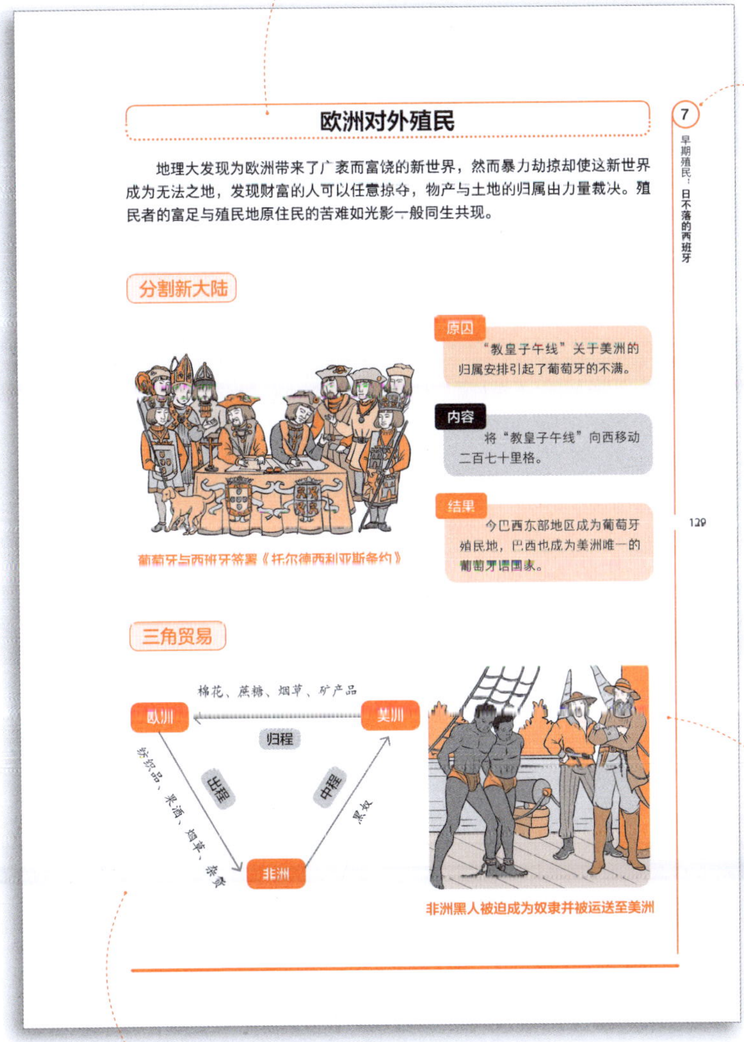

7

早期殖民：日不落的西班牙

欧洲对外殖民

地理大发现为欧洲带来了广袤而富饶的新世界，然而暴力劫掠却使这新世界成为无法之地，发现财富的人可以任意掠夺，物产与土地的归属由力量裁决。殖民者的富足与殖民地原住民的苦难如光影一般同生共现。

分割新大陆

葡萄牙与西班牙签署《托尔德西利亚斯条约》

原因

“教皇子午线”关于美洲的归属安排引起了葡萄牙的不满。

内容

将“教皇子午线”向西移动二百七十里格。

结果

今巴西东部地区成为葡萄牙殖民地，巴西也成为美洲唯一的葡萄牙语国家。

129

三角贸易

非洲黑人被迫成为奴隶并被运送至美洲

图表

将隐晦、生涩的叙述，以清楚的图表方式呈现。此方式是本书的精华所在。

插图

较难懂的抽象概念运用具象图画表示，让读者可以尽量形象直观地理解原意。

目录　CONTENTS

阅读导航

第一部分
从史前到古典的欧洲

▶ 第一章　史前欧洲

▶ 第二章　古希腊城邦文明

第三部分

近代欧洲

▶ 第一章　文艺复兴与新航路开辟

▶ 第二章　新教与天主教之间的战争

▶ 第三章　现代欧洲的孕育期

第四部分
现代欧洲

▶ 第一章　旧制度与大革命

▶ 第二章　民族主义与改革的年代

▶ 第三章　世界大战时期

第五部分

战后欧洲

▶ 第一章　冷战的开始

第一部分

从史前到古典的欧洲

第一章
史前欧洲

从生存到生活

欧洲的原始人类与史前社会

欧洲文明并非如神话一般突然诞生，而是经历了上万年的演化与发展。

◇ 旧石器的进化

据考古发现，大约一百五十万年以前，欧洲已经出现使用手斧的阿舍利文化。阿舍利文化是直立人的文化。他们能用双脚直立行走，用手携带工具，用语言联系同伴，并依靠集体狩猎维持集体生活。他们一般采取血缘族内同辈群婚的方式发展族群。

到了距今三十万年左右时，欧洲进入莫斯特文化时期。人类进化成了早期智人。他们的脑容量已经和现代人差不多，智力水平远高于直立人。他们能制作更精致的石器，还会人工取火。这时，他们采取了族外群婚的方式发展族群。

随着自然环境和历史条件的长期影响，距今四五万年前，晚期智人出现。这时的先民体质形态与现代的欧洲人已经没有多大区别了。

◇ 从生存到生活

在漫长的旧石器时代，欧洲先民必须要时刻面对野兽和黑暗，但到了新石器时代，欧洲先民们改良了武器，学会了使用远程武器——弓箭。野兽不再具有威胁，人们可以大胆地到靠近水源的地方生活。各类植物和野兽被驯服，食物来源变得稳定，饥荒不再出现。于是，人们开始丰富自己的生活。旧石器时期，葬礼比较简单，也没有宗教祭祀，所使用的物品也相对朴素。而到了新石器时期，人们的生活中开始出现色彩，随着各类陶器的出现，祭祀活动也变得丰富。生存开始向生活转变。

欧洲的起源

欧洲的文明并不是凭空产生的，而是如同其他地区的文明一样，经历了长时间的演变与发展，在这一过程中既有现实的考古发现，也有动人的神话传说。

欧洲原始人类与史前文化发展脉络

旧石器时代早期 阿舍利文化
1. 直立人
2. 能使用石器
3. 会使用火
4. 能搭建窝棚

旧石器时代中期 莫斯特文化
1. 早期智人
2. 能制造石器
3. 会控制火
4. 居住在洞穴

旧石器时代晚期 梭鲁特文化
1. 晚期智人
2. 大量骨角制品
3. 投矛器
4. 人工取火

中石器时代 阿齐尔文化
1. 现代人类
2. 出现氏族社会
3. 使用弓箭
4. 远程投掷工具

新石器时代 塞斯克罗文化
1. 现代人类
2. 农业、畜牧业
3. 陶器和纺织物
4. 出现宗教

欧罗巴的传说

欧洲全称叫作“欧罗巴洲”，这个词的来源有一个美丽的神话故事。相传宙斯爱上了一位名叫欧罗巴的腓尼基公主。宙斯便变成一头公牛，将这位公主带到克里特岛，同时将克里特岛不远的那片大陆赐给公主，并用公主名字为这片大陆命名。

来自海洋的你

克里特文明

克里特文明是考古发现的最早出现在希腊地区的文明，其庞大的宫殿建筑遗迹展现着五千年前的文明盛况。

◇ 海上贸易打造的世界

克里特岛是爱琴海第一大岛，但海岛再怎么大也还是岛。狭小的海岛让当地居民失去了从土地中获取巨额财富的可能。就在他们面对土地一筹莫展之际，不知是哪一位岛民带领其他人打造了船只，驶向大海，并从海上带回了巨额的财富，从而让当地人发现，海上贸易是一个暴利的行业。而岛上山区茂密的森林，则为建造商船提供了丰富的木材。

于是克里特岛人纷纷打造船舰，满载来自本岛的橄榄油和陶器，来自埃及的粮食、象牙和玻璃，来自叙利亚的木材和马，来自爱琴海诸岛的银子、大理石，来自塞浦路斯的铜，往返于地中海。这个位于北非和希腊之间的海岛，在公元前2000年到公元前1450年之间，成为古代东方与希腊交流的中转站。

◇ 平等安逸的海洋文明

因为克里特岛的海上力量非常强大，这使得岛上的所有城市几乎都不设防，在考古发现的克里特岛上的建筑群中，几乎看不到城墙之类的城防设施；同时，长期的商贸环境也使得克里特岛上的居民们更乐于奉行平等主义。因此，在这个富裕而平等的社会里，几乎没有如同当时陆地上的大片的贫民区，甚至连奴隶都很少。另外，在克里特岛上，妇女比同时代的其他地区的女性拥有更多的权利。她们的社会地位几乎和男人相同，可以拥有财产，甚至可以向男人提出离婚。

然而由于长期处于和平安逸的状态，克里特人缺乏对外在危机的警惕意识。因此，当来自北方欧洲内陆的另一族群亚该亚人南下并入侵克里特岛时，克里特文明迅速衰落，并很快被亚该亚人所建立的迈锡尼文明所取代。

克里特文明的遗产

虽然随着亚该亚人的入侵以及天灾的降临，克里特文明遭到毁灭性破坏，但克里特文明并非不可考证，克里特岛上依然存留的文物证明了这里曾存在过辉煌的文明。

线形文字 A

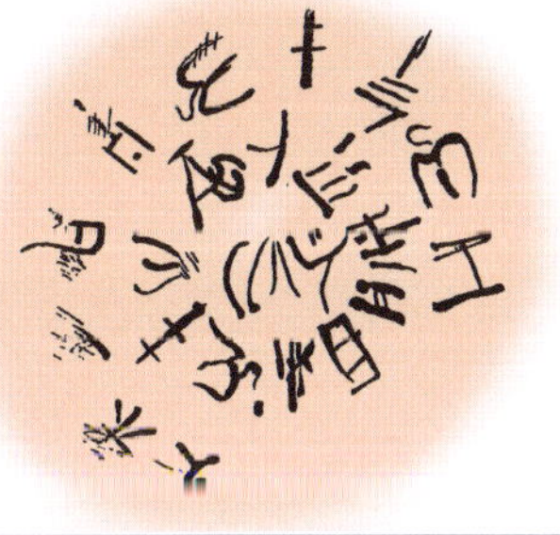

线形文字 A 是一种古代克里特岛上使用的至今尚未破解的文字，它的破解是考古学上的“圣杯”。

绘画艺术

克里特岛的艺术家注重在日用器皿、住宅的墙上和自己的艺术作品中描绘周围的生活。如图中所画便是克里特岛上一幅在牛背上表演杂技的壁画。

王宫建筑

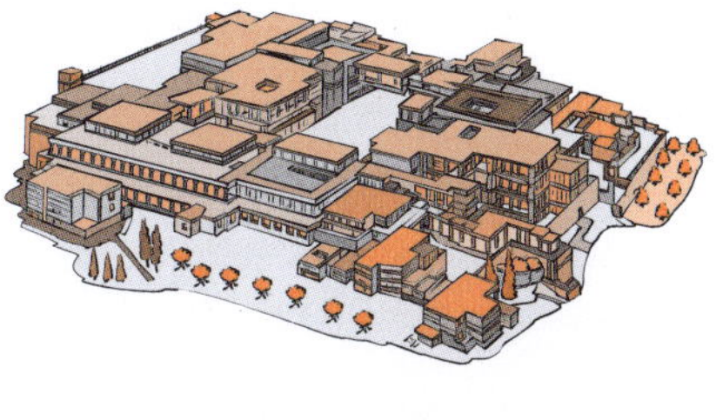

克里特岛人建造建筑物时重点在其舒适度，而不是华丽程度。如左图所示的克里特王宫，共有约一千五百多间宫室，一些豪华的住宅配有冷热水管俱全的浴室，旁边也有极为简陋的小屋和茅舍。各宫室之间由一扇扇重门连接。房屋和院落之间曲折多变，建筑廊道迂回，宫室交替，进入之后很难找到出口。

当入侵者遭遇入侵

亚该亚人与多利亚人的入侵

在迈锡尼文明取代克里特文明不久，多利亚人入侵消灭了亚该亚人，希腊陷入了“黑暗时代”。

◇ 入侵者的希腊本土化

公元前 20 世纪时，亚该亚人开始入侵希腊。到公元前 1600 年时，这些新来的人不断学习吸收大量克里特文化，在伯罗奔尼撒半岛建立了许多小王国。他们效仿克里特人建立了一支令人畏惧的海上力量，并利用这支力量劫掠或经商，发展海外殖民地，逐渐取代克里特岛在地中海的地位。到了公元前 15 世纪，他们还劫掠了克里特岛，使克里特文明走向毁灭。不过在毁灭克里特文明的同时，他们也创造了属于自己的迈锡尼文明。

由于亚该亚人的好战和经商，他们聚集了大量财富。这使得他们的城市建设异常奢华。《荷马史诗》中写过，当时的迈锡尼卫城黄金遍地，建筑雄伟，街道四通八达。

◇ 前赴后继的外来者

刚取得成绩的亚该亚人还来不及骄傲，新的入侵者就来了。这次的入侵者是来自希腊北部山区的多利亚人。公元前 1200 年左右，他们装备精良的铁质武器，打败了坐在战车上、手持青铜武器的亚该亚人。然而出人意料的是，使用着更先进的铁器的多利亚人在消灭迈锡尼文明后，并未像亚该亚人那样创造出新文明以取代旧文明。随着迈锡尼城的陷落，希腊地区的行政制度瓦解，对外贸易萧条，这片孕育了克里特与迈锡尼文明的土地重新回到了以农业和畜牧为主的原始社会中，黑暗笼罩着整个希腊近四个世纪。直到公元前 800 年左右，希腊各个城邦开始崛起，希腊才迎来了新的文明之光。由于这段时间没有文字记录，人们对于这一时期事情只能通过据说是盲诗人荷马口述的史诗来了解，所以人们也把这几个世纪成为“荷马时代”。

希腊城邦

对于爱琴海文明，如今人们只能从考古遗迹和史诗传说中略窥一二，然而仅在这不多的资料中，我们仍能感受到那个时代的灿烂文明。

城邦内的建设布局

卫城

一般建在山顶，迈锡尼文明时期是国王及其官僚们居住的城堡，后来成了神庙所在地，一般用来抵御敌人。

广场

部落成员集会的场所，后来成为商品交换集散地。

平民居住区

围绕卫城而建，遇到危险时，平民们便躲入卫城中。

迈锡尼狮子门

迈锡尼卫城目前保留下来的著名建筑，其门楣是一块重达二十吨的巨石。以当时的条件，完全无法想象先民们是如何准确放上去的。

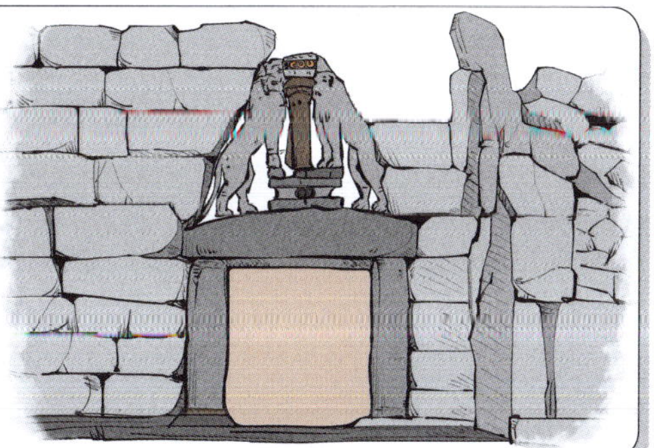

特洛伊战争

特洛伊战争发生于迈锡尼文明末期。根据《荷马史诗》记载，当时的希腊诸王之王阿伽门农为了帮弟弟夺回被拐走的妻子，率领希腊诸国军队攻打特洛伊城。但传说特洛伊城的城墙是海神和太阳神所建造，坚不可摧。双方争斗十年后，希腊人用“木马计”才攻陷了这座城市。

第二章
古希腊城邦文明

这个城市很“斯巴达”

斯巴达城邦

斯巴达以全民皆兵的强悍军事力量，成为伯罗奔尼撒半岛上的霸主。

◇ 全民皆兵的斯巴达

斯巴达位于伯罗奔尼撒半岛西部，国力与雅典相当。斯巴达人是尚武的民族，为了培养出强健的战士，孩子出生后由长老判断是否健康，残弱的孩子将会被遗弃。斯巴达的男孩从七岁开始进入军营生活，直到六十岁才能退伍。女孩也要学习竞走、掷铁饼、搏斗等强身技能。普通人说话必须简洁明了，像传达军事口令一样。为了保证斯巴达人的纯粹，斯巴达人不被允许去从事工商业，市场上只流通价值低廉的铁币。城邦中既没有宏伟的建筑，也没有任何精美的艺术品流传后世。

◇ 全民皆“声控”的斯巴达

斯巴达人对声音情有独钟。传说引发特洛伊战争的斯巴达王之妻海伦天生就会模仿任意一个女人的声音。另外，斯巴达人的政治也离不开声音，尤其是音量。当国家有大事需要表决时，斯巴达人会召集所有三十岁以上男性公民。在大会上，公民要用呼喊的方式对决议表示赞成或反对。哪一方的声音大，哪一方就获胜。除非双方的音量相互接近，不然不会根据双方具体人数来决定。

除此之外，斯巴达人在选举国家高级公职人员（国王除外）时，也是采用音量的方式来表决。选举时，候选公职人员需要走上主席台，然后所有的赞同者发出欢呼声，欢呼声越高，候选人越容易当选。

等级森严的斯巴达“君主立宪制”

斯巴达虽然实行的是寡头政治，社会等级森严，而且还保留有王族，但实际上斯巴达的各个机构权力却是相互制约的。

等级森严的斯巴达

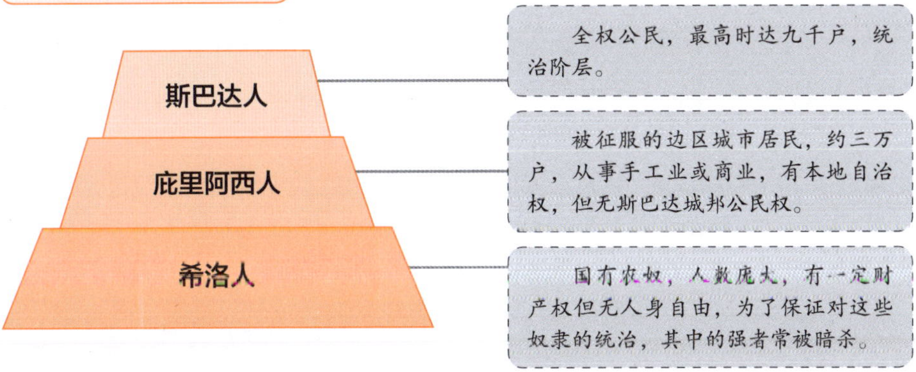

斯巴达管理模式

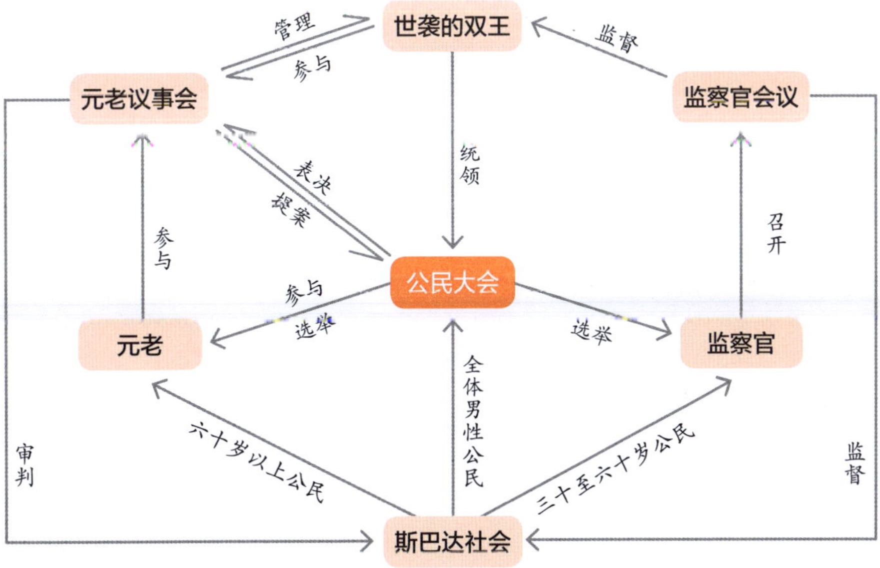

特洛伊城的英雄建城
罗马城邦

罗马不是一天建成的，然而从这座城市开始的罗马文明至今仍闪耀着光辉。

◇ 来自希腊的罗马狼孩

罗马的创立与希腊有着千丝万缕的联系。在古罗马诗人维吉尔所写的讲述罗马开国史诗的《埃涅阿斯纪》中，罗马人的先祖就是从特洛伊来到意大利的。据传，在迈锡尼文明末期，特洛伊城被攻陷，爱神阿芙洛狄忒之子埃涅阿斯率众逃出特洛伊，历尽千辛万苦来到意大利建立城邦。到了埃涅阿斯的后代依多米尔为王时，他的弟弟阿穆留斯因觊觎哥哥的王位，遂将依多米尔赶走，杀死了自己的侄子，还将侄女西尔维亚送入神殿做不可生育的女祭司。然而西尔维亚却与战神玛尔斯结合并生下了一对男婴——罗慕路斯和雷穆斯。阿穆留斯发现后便派人将这对男婴丢入河中，所幸这对兄弟被一只失去了幼崽的母狼所救，母狼以自己的乳汁喂养了兄弟俩，后来兄弟二人又被一个牧人收留并抚养长大。长大后的兄弟二人成功将阿穆留斯赶走，让依多米尔重归王位，然后兄弟二人回到当初被救的台伯河畔，建立了一座新城。这座以罗慕路斯之名命名的城市就是罗马城。

◇ 罗马的早期王政时代

自罗慕路斯之后，先后有六位王统治过罗马，到第六代王塞尔维乌斯·图利乌斯在位时期，罗马社会的矛盾日益突出。面对人民期盼改革的强烈呼声，塞尔维乌斯·图利乌斯顺应时势，提出要按财产划分公民等级，并设立库里亚大会（百人队大会），重新划分罗马城的行政管辖区域。至此，以血缘关系为基础的古代社会制度就已经被破坏了，代之而起的是一个新的、以地区划分和财产差别为基础的真正的国家制度。

但改革并未能延续王政，由于罗马王的暴政，王政最终被人民推翻。罗马开始尝试建立与希腊完全不同的政治体系——共和制。

罗马建城传说

从最早来到意大利半岛的埃涅阿斯，到被母狼所救、被牧人收养的罗慕路斯兄弟，罗马城最初的建立与发展总是伴随着这些富有浪漫气息的传说与故事。

相传埃涅阿斯是古希腊爱神阿芙洛狄忒的儿子。他在特洛伊城被希腊联军攻陷后，逃到意大利，并在这里娶妻生子，建立了自己的城邦。图为埃涅阿斯正在奔离燃烧的特洛伊城。

数代后，因为一场篡位叛变，还是婴儿的罗慕路斯兄弟被抛入河中，幸由一头母狼所救，后来经由牧人抚养，长大后兄弟二人终于大仇得报。之后二人另寻他地建立新城，却弄得兄弟阋墙，以至哥哥杀死了弟弟，于是新城便以哥哥罗慕路斯的名字命名为“罗马”。

传说罗马建成后因缺少妇女繁衍后代，罗慕路斯利用举办聚会的方式，抢走了几百名前来的萨宾妇女。萨宾人不堪受辱，向罗马宣战。但已经成为罗马人妻子的萨宾妇女出来阻止了这场战争。双方经过谈判后决定合为一家。

一个由全体公民统治的城邦

雅典城邦

雅典城邦的政治制度之所以被称为“民主政治”，是因为城邦的政权掌握在全体公民手里，而不是少数人。

◇ 贵族说了不算

传说中，雅典国王提秀斯打破了氏族制度的约束，联合雅典境内的各个氏族村落建立了共同的中央议事会和行政机构，这一过程即希腊人所说的“赛诺西辛”——联合统一。提秀斯将国内的居民分为贵族、农民、手工业者三个等级，农民与手工业者虽然在公民大会中也占有一席之地，但是国家的政权与官职担任却完全由贵族掌控，这使得贵族与农民、手工业者之间产生了嫌隙和矛盾。随着工商业阶层的壮大，人们对贵族专政愈发不满。梭伦、庇西特拉图、克利斯提尼等多位执政官在其当选期间，根据当时的社会情况重新划分社会等级，建立民主管理机构，不断扩大平民在机构中的比重，以此来打破贵族对权力的垄断。这些改革为雅典民主政治在公元前 5 世纪走向顶峰奠定了基础。

◇ 一个也不能落下才叫“民主”

公元前 5 世纪，伯里克利任执政官，他进一步扩大五百人议事会的权力，各级官职向所有公民开放，并向担任公职和参加政治活动的公民发放工资。为了提高公民的文化修养，甚至向公民发放“观剧津贴”。同时，伯里克利也提高了获得雅典公民身份的限制，规定只有父母双方都是雅典公民的人才能获得雅典公民权。伯里克利的改革使雅典民主政治达到了顶峰，这一时期被称为雅典民主政治的“黄金时代”。

雅典的直接民主并非尽善尽美。拥有民主权力的雅典公民容易被情绪或少数人的政治阴谋所迷惑，从而做出错误的决策。但这并不影响后世人对雅典民主政治的追捧，雅典民主政治已经成为欧洲乃至整个西方世界民主政治不断研究和学习的对象。

雅典民主改革中的僭主政治

雅典民主改革并不是一路绿灯，毫无阻挡。在梭伦改革以后，雅典陷入了纷争当中。梭伦的好友庇西特拉图决心改变这种局面。

梭伦改革后的僭主政治

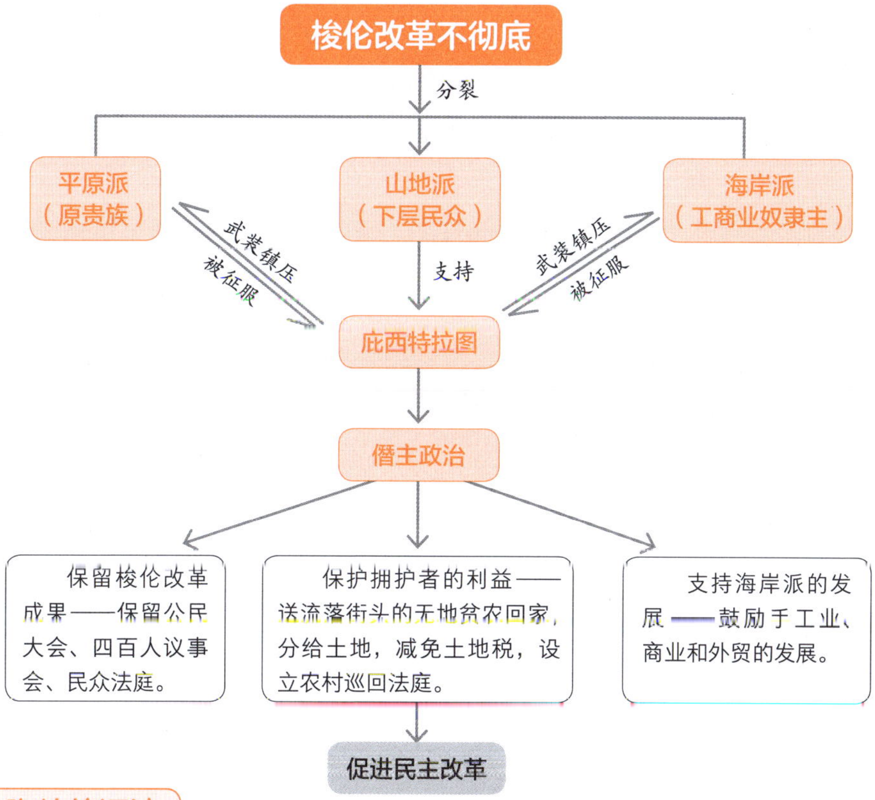

陶片放逐法

陶片放逐法是克利斯提尼改革的一个重要内容。公民通过投票来决定是否将某一公民逐出雅典。确定被驱逐者，十年之内不能回国，但放逐不牵连其亲朋好友。本法原是为防止僭主政治再度出现，维护公民利益，但也有一些著名人物因为一些可笑的原因而遭到放逐。如指挥希腊军队打败波斯人、雅典霸权的奠基者阿里斯提德，就因为有人听腻了其他人对他的赞美而被放逐。

为了城邦的自由
希波战争

希波战争是欧洲与亚洲之间展开的第一场国际性战争。

◇ 马拉松战役

公元前 6 世纪，东方的波斯帝国快速崛起，并逐渐占据了小亚细亚西海岸的希腊城邦。大流士一世统治期间，波斯侵占了马其顿地区。希腊各邦直接暴露在波斯的威胁之下。

公元前 490 年，波斯从雅典东北的马拉松登陆，准备攻占雅典。雅典将军米太亚得率一万一千重步兵在马拉松平原上迎战两倍于己的波斯军。雅典军利用有利地形，采用正面佯攻、两侧包抄的战略大败波斯军。这次战役波斯军队死亡人数达六千四百人，而雅典方面仅牺牲了一百九十二人。

◇ 斯巴达三百勇士与最后的胜利

公元前 480 年，大流士的儿子薛西斯再次集结了全国的军队准备御驾亲征。为了抵抗波斯的入侵，希腊三十多个城邦结成了军事同盟，并推举拥有强大陆军的斯巴达为盟主。当波斯人走陆路经色雷斯从北部攻入希腊时，斯巴达国王列奥尼达斯率领三百名斯巴达战士和六千多联军在地势险要的温泉关拦下了两万波斯军。经过三天血战，以斯巴达人全部牺牲为代价，希腊人成功撤出了雅典城，仅留下一座空城给波斯人。随后，重新集结在萨拉米斯湾的希腊人通过海战，成功击溃了波斯舰队。公元前 479 年，雅典在普拉提亚大败波斯军队，彻底击退了波斯的入侵。公元前 449 年，波斯与希腊签订了《卡里阿斯和约》，承认失败。

希波战争是世界历史上第一次欧亚两洲大规模国际战争。这场战争前后持续了将近半个世纪。希腊获胜使得希腊继续称霸东地中海数百年，而波斯从此一蹶不振。

希波战争

希腊之所以能够希波战争中获胜，不仅有天时地利优势，还有强悍的士兵和先进的武器。

天时——海上风暴

公元前 492 年，大流士一世派大军水陆并进，对希腊发动进攻，但其海军在中途却遭遇风暴袭击，损失惨重。

地利——温泉关

温泉关是一个位于希腊中部东海岸卡利兹罗蒙 (Kallidhromon) 山和马利亚科斯 (Maliakos) 湾之间的狭窄通道。在当时是进入希腊内陆的重要隘口，易守难攻。

1 2
3 4

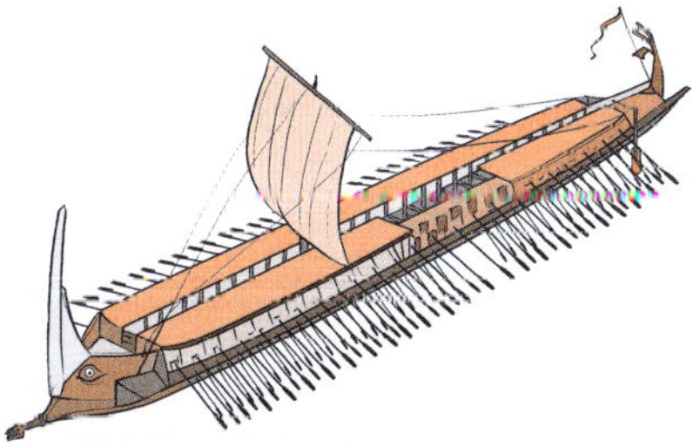

先进装备——雅典三桨座战船

三桨座战船分三层，配备了一百七十人，每人分配一片船桨，沿着船边一字排开坐着，并同时受船尾的舵手指挥，航速最高可达十四海里 / 时。船头安装了当时海战中最恐怖的武器青铜撞角，假如一条三桨座战船以全速行进垂直撞向另外一条同样的船，锋利的青铜撞角将会干净利落地将对方切成两截。

人和——希腊城邦联合

面对来势汹汹的薛西斯大军，公元前 480 年，三十多个希腊城邦联合起来，连斯巴达都加入其中。到了公元前 478 年，雅典又成立了抵抗波斯的“提洛同盟”（又称“雅典海上同盟”）。团结一致的希腊人最终击败了波斯人。

欧洲人给自己挖的一个坑
修昔底德陷阱

强者在追求霸权的过程中总会为自己树立更多的敌人。

◇ 雅典帝国主义

希波战争结束后，雅典成为新的希腊霸主，地位的改变让雅典开始走上帝国主义的道路。称霸道路上的第一步，就是将本为抵抗波斯人而成立的提洛同盟转变为自己对其他同盟城邦施加霸权的工具。在经济方面，雅典要求同盟城邦使用雅典的铸币，强令各城邦向雅典缴纳“盟捐”，甚至将同盟金库迁至雅典；在政治方面，雅典开始干涉同盟城邦的内政，并对宣布退出同盟的城邦进行严厉的镇压。作为希腊民主典范的雅典对外所实行的并不是平等协商的外交策略，反而是一种帝国主义的霸权政策，这引起了希腊各城邦的强烈不安。反对与抗议的声音越来越强，于是，原本以斯巴达为首的伯罗奔尼撒同盟便成为希腊各城邦对抗“雅典帝国”的阵地。

◇ 摧毁希腊的古代世界大战

公元前 431 年春，伯罗奔尼撒同盟中的底比斯袭击雅典的盟友普拉提亚；同年 6 月，斯巴达入侵雅典，战争全面爆发。在这十年战争里，双方互有胜负。公元前 421 年，双方签订了《尼西阿斯和约》，约定了五十年的和平。

公元前 415 年，由于雅典人远征西西里时轻敌，导致全军覆没，军事实力下降。斯巴达便趁机入侵雅典，破坏雅典的经济。公元前 405 年，雅典孤注一掷打造的海军在阿哥斯波塔米海战中全军覆没。雅典无奈向伯罗奔尼撒同盟投降，并解散了提洛同盟。

然而，伯罗奔尼撒同盟的胜利并没有带来和平，之后又相继爆发了科林斯战争、曼丁尼亚战役。多年的战争和动乱彻底扰乱了希腊城邦的发展。古典希腊即将走向它的终点。

陷入修昔底德陷阱的希腊世界

在赶走波斯人之后，雅典正好处在伯里克利执政的黄金时代。势力膨胀的雅典开始了对外的帝国主义之路。这引起了传统强邦斯巴达的恐惧。于是希腊世界陷入了修昔底德陷阱中。

修昔底德陷阱

修昔底德陷阱是指一个新强国的崛起势必会威胁现有强国的地位，最终两者之间将不可避免地发生战争。这一论断曾被认为是国际关系的铁律。

从争霸到衰落

希腊的修昔底德陷阱

旧霸主		新霸主
（平）斯巴达	十年战争（公元前 431 年—公元前 421 年）	雅典（平）
（胜）斯巴达	西西里岛战争（公元前 415 年—公元前 413 年）	雅典（败）
（胜）斯巴达	德凯利亚战争（公元前 413 年—公元前 404 年）	雅典（败，解散提洛同盟）
（胜）斯巴达	科林斯战争（公元前 395 年—公元前 387 年）	雅典（败）
（败）斯巴达	曼丁尼亚战役（公元前 362 年）	底比斯（胜）

↓

希腊走向衰落

闯东关去经商

希腊化时代

亚历山大大帝的东征不仅是一种军事上的征服，更是一种文化上的交融。

◇ 马其顿的崛起

公元前 4 世纪，希腊各城邦在混战中日渐衰落，此时位于希腊北部的马其顿趁机崛起。马其顿国王腓力二世早年在希腊的底比斯做人质，学习了希腊的文化与军事。成为国王以后，他利用所学，对内进行改革，对外积极扩张，马其顿国力迅速增强。公元前 337 年，腓力二世强迫希腊各城邦承认了马其顿的霸主地位，希腊城邦时代就此终结。次年，腓力二世遇刺身亡，年仅二十岁的亚历山大被拥立为王。两年后，野心勃勃的亚历山大挥师东进。

自公元前 334 年之后的十年里，亚历山大兵不血刃地进入埃及，击败大流士三世，占领波斯都城巴比伦，甚至一度率大军踏入印度河流域。公元前 324 年，亚历山大班师回朝，定都巴比伦，横跨了欧、亚、非三洲的亚历山大帝国就此建立。

◇ 希腊化时代的开启

公元前 323 年，年仅三十三岁的亚历山大突然患热病去世。在他去世后，其所创建的帝国被随其征战的将领们瓜分，此后逐渐形成由塞琉古王朝、托勒密王朝和安提柯王朝分而治之的三国鼎立的局面。从公元前 334 年亚历山大东征到公元前 30 年托勒密王朝覆灭的这三百年间，希腊文化得到了大范围的传播，从希腊本土传播到了北非和西亚地区，这一时期也因此被称为“希腊化时代”。

希腊化时代的文明是一种综合了古代东西方文明诸因素而发展起来的独特的、新型的世界性文明。在哲学方面，斯多葛学派倡导一种道德而自然的生活，期望能够实现一个由理性统治的世界国家；在科学方面，具体科学开始与哲学相分离，学者们在数学、物理学、地理学和生物学等领域取得了辉煌的成就；在艺术方面，胜利女神像和断臂维纳斯等造型艺术至今仍是艺术殿堂的瑰宝。这一时期的文化丰富而灿烂，对以后地中海及整个世界的发展都产生了深远的影响。

帝国疆域内的希腊化

虽然亚历山大帝国转瞬即逝，但亚历山大的征战却带动了希腊商人、行政官员、宗教祭司、专门置业者和雇佣兵向埃及、亚洲移居。这些移居的希腊人在与当地人的相处中，也对当地产生了影响。

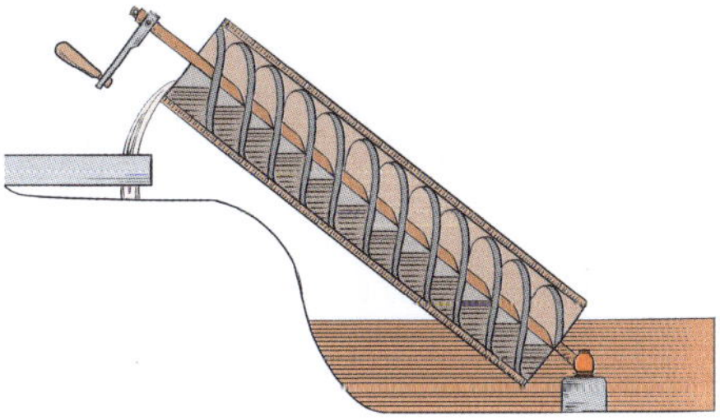

生产技术提升

图为阿基米德研发的螺旋式水车。该水车的广泛应用有效解决了如何引尼罗河水灌溉土地的问题。这种水车至今仍在埃及及欧洲部分地区被实际使用。

财富流动

图为波斯王大流士一世接受四方纳贡。波斯王南征北战掠夺积蓄了大量财富。随着希腊人的商业活动深入西亚，这些原本沉睡的大量财宝得到了有效流通。

1 2
3 4

大兴土木

希腊化时代，各地纷纷效仿希腊城邦规划建设自己的家园。图为帕加马古城的宙斯祭坛，因为其高大外形以及传神的浮雕被古代历史学家称为“世界七大奇迹”之一。

发展国有企业

如开采矿山、建设采石场、开垦盐田、建立制造奢侈品和陶器的工场等。图为托勒密王朝钱币，正面为托勒密二世头像，背面是一只鹰站在雷电球上。

神说今天不打仗

古代奥林匹克运动会

用体育竞赛的欢愉来代替城邦战争的残酷，古代奥林匹克运动会成为和平的象征。

◇ 战争带来的奥林匹克运动会

伴随着古希腊各城邦早期崛起的，是城邦之间为了发展和扩张领土而展开的连绵不绝的战争。这种持续性的战争从两个方面为后来奥林匹克运动会的开展创造了条件。首先，战争需要身体素质良好的士兵，而体育锻炼是培养士兵体能素质的最好办法，一些锻炼项目如跑步、摔跤、投掷等也就成为后来奥林匹克运动会的重要竞技内容。另外，长期的战争也酝酿了民众的厌战情绪，人们渴望和平。由于当时的运动会是作为祭祀活动存在的，以神的名义停战，成为一个很好的停战理由。

公元前 884 年，伊利斯王与斯巴达王共同签订了《神圣休战条约》。该条约决定每隔四年，全希腊各城邦的无罪男性公民都可以来到奥林匹亚参加体育竞技；在开展体育赛事期间，希腊各城邦必须停止一切战争，不论是策划中的还是正在进行的都要停下来，等到运动会结束之后再说。

◇ 古代奥林匹克运动会的兴衰

古代奥林匹克运动会是祭祀万神之王宙斯神的盛会，是全希腊人的节日。传说在国王们宣布“神圣休战”之后，各城邦在举办奥林匹克运动会时将派代表参加祭祀活动和体育赛事。在运动会期间，成千上万的人向奥林匹亚涌去，人们会穿着最华贵的衣服去观看体育竞技。此外，在这期间还会有其他各类活动，包括缔结条约、艺术家展示作品、学者和教师研讨学术、雄辩家发表演说、商人展售商品等。直到公元 393 年，罗马皇帝狄奥多西一世认为古代奥运会和基督教教旨相悖，于是便在翌年将其废止。

古代奥林匹克运动会是连接希腊各城邦的纽带，也是希腊文明作为一个整体的象征，前后跨时一千余年，共举办二百九十三届，不能不说是人类文化的一大奇迹。

希腊神话与古代的奥林匹克运动会

古代奥林匹克运动会与希腊神话有着千丝万缕的关系。古希腊人通过举办运动会并开展竞技产生人间的英雄，以此表达对某一位英雄或神灵的崇拜。

普罗米修斯与圣火仪式

圣火源于普罗米修斯盗天火的神话。传说人间本来没有火种，普罗米修斯为了造福人类，冒着生命危险，将天火偷偷带到了人间，从此人类获得了光明与温暖。古希腊人民为了表达对普罗米修斯的敬意，便举行了点火仪式和执火炬赛跑项目。

阿塔兰忒与赛跑

传说伊达山的赫拉克勒斯是赛跑项目的最早发起者。赛跑在神话中常常作为争夺王位、招驸马或求婚的竞赛。如传说女猎手阿塔兰忒宣布，只有赛跑赢过她的人，才有资格迎娶她。但一直没有人能赢她。直到希波墨涅斯在赛跑中用三个金苹果诱惑她才最终获胜。

1 2
3 4

太阳神阿波罗与拳击

传说太阳神阿波罗是拳击技术的发明者。在神话中，阿波罗曾经在宙斯为诸神举办的奥运会拳击比赛中击败战神阿瑞斯，成为拳击冠军。

宙斯与摔跤

传说宙斯正是在奥林匹亚与其父亲——第二代神王克洛诺斯摔跤获胜，从而取得王位，成为万神之首。此外，英雄赫拉克勒斯也是一个摔跤能手，他曾经分别与巨人安泰、河神阿克罗斯和海神波塞冬的儿子特里同角力，并都赢得了胜利。

古希腊文艺青年干了什么

古希腊文学与历史研究

灿烂的文明必然要在文字中呈现，通过古希腊的神话、戏剧与历史著作，今天的人们依然可以看到古希腊的文明之光。

◇ 古希腊神话的诞生

古希腊神话大约产生于公元前 8 世纪，是西方世界最早的文学形式。它在古希腊人长期口口相传并借鉴其他各国神话的基础上形成规模，后经过古希腊作家的记录加工，以史诗和其他著作的方式保留了下来。古希腊神话的内容非常丰富，有诸神与世界的起源、诸神的斗争、诸神的爱情与争吵、诸神对凡世的影响等。可以说古希腊神话是整个西方文学的源头之一，后世大部分的作家都曾从古老的神话中汲取养分。

◇ 古希腊戏剧的发展

古希腊对欧洲文明的另一大贡献就是创造了戏剧这一艺术形式。公元前 6 世纪至公元前 5 世纪左右的剧作家们，以诗歌一般的语言，夹杂对生活乃至时事的讽刺，写出了经典的古希腊戏剧。在这些作家所创作的戏剧中，有对善与恶的标准的反思，有对国与家的关系的讨论，有对真与伪的本质的质疑，内容极其深刻，直到现在它们依然是不朽的作品。在这一时期诞生了埃斯库罗斯、索福克勒斯、欧里庇得斯三大悲剧家以及他们的代表作《被缚的普罗米修斯》《俄狄浦斯王》《美狄亚》。

◇ 古希腊历史研究

公元前 5 世纪，希罗多德把旅行中的所闻所见以及波斯帝国的历史记录下来，著成《历史》一书。这本书成为西方历史上第一本历史书，书名也成了欧洲各国语言中“历史”一词的词源。而修昔底德通过《伯罗奔尼撒战争史》确立了不夹带个人情感于作品的客观性原则，使他成为西方历史上第一个可以被称为历史学家的人。

古希腊文学

作为西方文学艺术的源头之一，古希腊文学为后世的创作者们树立了一种典范：一方面始终以人为中心，描写人性的喜怒哀乐；另一方面是对人生与社会有深刻的反思，并往往将人无法左右的事情归结为命运。

《荷马史诗》

《伊利亚特》 主要叙述了希腊英雄阿喀琉斯重返特洛伊战场，并在众神的指引下帮助希腊联军获胜的故事。

《奥德赛》 主要讲述了提出用“木马计”攻陷特洛伊城的奥德修斯历经十年海上漂泊，最终返回故乡与家人团聚的故事。

古希腊盲诗人　荷马

古希腊戏剧

《俄狄浦斯王》讲述为了避免杀父娶母命运，俄狄浦斯离家出走，却不幸在路途中杀死了实为他亲生父亲的路人，并且在不知情的情况下娶了自己亲生母亲的悲剧。

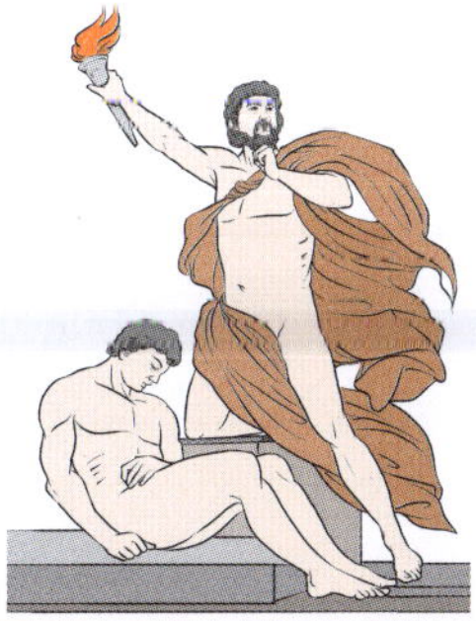

《被缚的普罗米修斯》讲述的是同情人类处境的天神普罗米修斯为人类从宙斯那里盗取火种，帮助人类摆脱蒙昧，并因此而承受残忍惩罚的故事。

古希腊人如何思考人生

古希腊哲学

古希腊文明对后世最伟大的贡献，除了民主政治之外，就是其哲学思想。

◇ 关于世界存在的哲学思考

公元前 6 世纪，哲学家们开始摆脱神创造世界的观念束缚，思考世界的本质问题。泰勒斯、阿那克西曼德等爱奥尼亚地区的一些哲学家率先提出了世界是由一些物质性的元素，如水、气、火等所构成。他们成了西方最早的唯物主义哲学家。

德谟克利特提出万物是由性质上没有差异的最小物质——“原子”所构成的原子论。而原子论则是近代物质结构学说的先导。

在意大利南部，一些哲学家们认为万物是由一些抽象的原则构成，如毕达哥拉斯学派认为世界的本原是“数”，爱利亚学派认为是“存在”。他们的思想对后来的唯心主义哲学产生了很大影响。

◇ 关于人的思考

公元前 5 世纪，智者学派的哲学家们将思考的重点放在了人与社会的关系上，其代表普罗泰戈拉说“人是万物的尺度，是存在的事物存在的尺度，是不存在事物不存在的尺度”。这种理论成了晚期古希腊哲学的个人主义与相对主义的先驱，也成为近代西方人价值观念的来源。

公元前 5 世纪到公元前 4 世纪是古希腊最激荡的一个时代。作为古希腊世界政治、经济和文化中心的雅典诞生了三个先后传承的哲学家：苏格拉底、柏拉图和亚里士多德。苏格拉底以自己的“无知之知”和“助产术”探索了人的美德究竟为何。他的学生柏拉图紧随其后，提出了理念论，认为现实世界的一切都是对理念世界的模仿，人们应该追求真正的理想国。柏拉图的学生亚里士多德则更重视现实世界，认为真实并不在现实之外，而恰恰在现实之中。这三位哲学家的思想对之后欧洲思想的发展产生了深远的影响。

古希腊哲学

古希腊的哲学成就有其演变发展的路径，其关注的对象最早是自然与世界的本原，后来慢慢转移到了人的知识与社会生活上去。

古希腊哲人的早期探索

- **泰勒斯**：被誉为“西方哲学之父”，提出了“世界的本原是水”这一哲学命题。
- **赫拉克利特**：认为世界是一团永恒的活火，提出“逻各斯”这一概念，相当于中国的“道”。
- **毕达哥拉斯**：认为世界的本原是数，宇宙万物和人类社会都要遵循数学法则。
- **巴门尼德**：最早提出“存在”这一概念，认为存在是完整的、单一的、不动的、没有终结的。
- **恩培多克勒**：提出“水、火、气、土”四根说，认为世界的本原并非是独一的，而是多元的。
- **德谟克利特**：提出原子论，认为万物的本原是不可再分的原子，这一思想影响了近现代科学对物质结构的研究。
- **普罗泰戈拉**：智者学派代表人物，认为人是万物的尺度，古希腊哲学家的关注对象开始由自然转向人与社会。

古希腊三贤

- **苏格拉底**：西方哲学的奠基人，以“助产术”的对话方式探讨美德与正义等哲学问题。
- ↓ **柏拉图**：苏格拉底的学生，理念论的提出者，认为理念才是事物的原型，提出“理想国”这一概念。
- ↓ **亚里士多德**：柏拉图的学生，古希腊哲学的集大成者，他重视现实世界并建立了囊括各类知识的哲学体系。

数学不好能在希腊生活吗

古希腊科学

古希腊的哲学思想中往往包含有科学的成分，所以许多古希腊哲学家同时也是科学家，他们在开垦精神家园的同时，也为后世的科学发展奠定了基础。

◇ 古希腊天文学的成就

与其他古代文明喜欢用神话传说来解释天文现象不同，喜欢思考的古希腊人更喜欢用理性和清醒的态度来构建天体间的法则与规律。泰勒斯曾经成功预言过公元前 585 年的一次日食，甚至还估算过太阳的大小。毕达哥拉斯从数学的美与和谐角度出发，认为地球、太阳乃至整个宇宙的所有天体都是完美的球体，而天体运动也都是匀速的圆周运动，这一思想一直影响到了哥白尼。阿里斯塔克斯提出了日心说，他认为太阳和恒星本身是不运动的，而地球作为行星每天在自身的轴线上做自转运动的同时，每年还沿圆周轨道做绕日运动；他还粗略计算了太阳、月亮与地球的大小以及它们之间的距离。但阿里斯塔克斯的理论并未被时人接受，反倒是更合乎当时人的经验，由亚里士多德和托勒密建立并完善的地心说成为天文学的主流，并主导着后世的天文学长达一千年之久。

◇ 数学与物理学的成就

数学和物理学在这一时期也得到了发展。毕达哥拉斯学派从数的和谐美来研究数学。他们将自然数区分为奇数、偶数、素数以及完全数。据记载他们最早地证明了勾股定理，然而在对等边直角三角形的研究中，对不符合和谐美的无理数的发现却引起了该学派的恐慌，甚至酿成血案。欧几里得则将毕达哥拉斯对几何学的研究发扬光大。他提出了关于平面几何的五大公设乃至立体几何中的一些定理。

数学的发达促成了物理学的形成。古希腊最著名的物理学家阿基米德不仅发明了杠杆、滑轮等机械，还发现了阿基米德原理。不仅如此，他还将圆周率通过数学计算方法精确到了小数点后两位。

古希腊科学的基础

如果说古希腊哲学的产生需要灵感和合乎逻辑的推理，那么古希腊自然科学的基础便是观察、逻辑推理以及数学的简洁表达。这一基础至今仍在影响西方科学的发展。

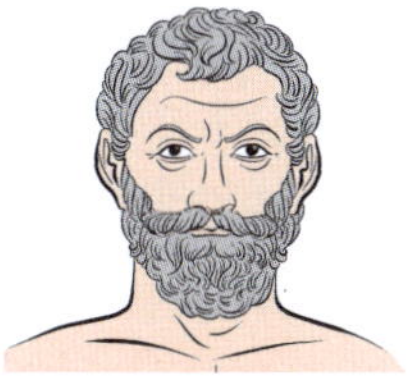

泰勒斯

（前 624 年 — 前 547 年）

“数学是可以论证的。”
将命题证明引入数学研究中。

毕达哥拉斯

（前 580 年 — 前 490 年）

“万事万物是由数构成的。”
将经验几何上升为理论几何。

亚里士多德

（前 384 年 — 前 322 年）

“可以用形式逻辑推理数学。”
明确数学的研究对象是抽象的点、线、面、体。

欧几里得

（前 330 年 — 前 275 年）

“基本公理和已证明的定理可用于推论命题。”
建立欧式几何体系。

阿基米德

（前 287 年 — 前 212 年）

“真理在无穷中不断趋近。”
研究出几何体表面积和体积的计算方法。

阿波罗尼奥斯

（前 262 — 前 190 年）

“定义、推理、证明可得结论。”
对圆锥曲线进行了完整系统的研究。

第三章
古罗马文明

都过来给我唱征服
罗马的崛起

在改王政体制为共和体制后，罗马共和国迅速走上了对外扩张的崛起之路。然而想要称霸整个欧洲，强有力的军事领袖仍然是必不可少的。为了使罗马更加强大，共和慢慢转为独裁。

◇ 共和国的内务

废除王政以后，罗马共和国的政治核心主要有三：掌握立法权的公民大会；从公民大会中选出的两名执政官；以及名义上是咨询机构，实际上真正操纵着国政决策的元老院。表面上来看，罗马似乎立法、行政与监督三权分立，但元老院的权威高于一切，因此罗马共和国实质上采取的是贵族寡头政体。后来在平民争取自身权益的斗争下，罗马又设立了保民官，他可以否决元老院与执政官的决议。共和国在这一时期还颁布了欧洲最早的成文法《十二铜表法》，它是后世欧洲法系之源——罗马法的滥觞。

◇ 共和国的军事

共和国早期主要实行公民兵制度。在这种制度下，只有有一定财产的自由民才能成为军人。朱古达战争后，帝国军制的缺点愈发明显，因此执政官马略进行了军事改革。在新制度下，军队战斗力得到提升。改革以后的罗马军队成功击退强敌迦太基，吞并马其顿，打败高卢人，成为名副其实的欧洲霸主。但这种改革也使得罗马开始从共和走向独裁。

罗马共和国前期的扩张

罗马并不是一天建成的。共和国成立初期，周围还有一个个的强国存在。罗马如同修昔底德陷阱所说的那样，在一次次挑战传统强国的过程中，一步步扩张领土，最终确立了自己作为整个地中海乃至整个欧洲的主人地位。

职业军队的诞生

马略改革前	马略改革后
效忠国家	效忠个人
强制征兵	有偿募兵
短期兵役	长期兵役
义务	退役后有土地补偿
平民军队	职业军队

马略改革

罗马的崛起之路

- 欧洲霸主——东征希腊化国家；西征高卢、不列颠
- 地中海霸主——四次马其顿战争，吞并马其顿王国
- 地中海强国——第三次布匿战争，迦太基灭国——公元前 149 — 公元前 146 年
- 西地中海强国——第二次布匿战争，迦太基战败衰落——公元前 218 — 公元前 201 年
- 整个意大利——第一次布匿战争，夺取西西里岛——公元前 264 — 公元前 241 年
- 亚平宁半岛——驱逐希腊殖民统治——公元前 272 年
- 拉丁平原——击败城邦周边诸民族——公元前 295 年
- 城邦独立——驱逐伊特鲁斯坎国王——公元前 500 年

罗马人在欧洲大陆遇到了对手

凯尔特人

尽管在罗马人眼中，凯尔特人是一个落后嗜血的野蛮民族，但正是这样一个民族洗劫了罗马城，并通过军事扩张成为西欧大陆的主人。

◇ 凯尔特人的高卢战歌

约公元前 10 世纪初，凯尔特人首次在法国东部塞纳河、罗亚尔河上游以及德国西南部莱茵河、多瑙河上游地区出现。在随后的几个世纪里，凯尔特人以武装的部落联盟为单位，向周围地区扩散、迁徙，进行军事移民。公元前 7 世纪时，凯尔特人已经在法国东部、中部各地定居。公元前 5 世纪起，他们开始向全欧洲渗透和扩张。大约从公元前 500 年开始，凯尔特人占领了不列颠诸岛，在今天的爱尔兰、苏格兰和英格兰的南部和东部定居下来。公元前 500 年以后，凯尔特人已经遍布于现今法国、卢森堡、比利时、瑞士、意大利北部、荷兰等莱茵河西岸地区。“高卢”一词在古法兰克语中是“外国人”的意思，这里的外国人是相对于罗马人而言，罗马人将凯尔特人称为“高卢人”，并将他们所居住的地区称为“高卢”。在恺撒征服高卢之前，凯尔特人一直都是西欧广袤土地的主人。

◇ 恺撒的高卢战记与离去的凯尔特人

公元前 390 年，凯尔特人入侵罗马，在罗马城内大肆洗劫。罗马人一度将“高卢人”视为共和国最大的威胁。但是随着罗马文明的兴起，凯尔特文化开始走下坡路。崛起的罗马人从未忘记过曾经的耻辱。公元前 59 年至前 49 年，罗马最杰出的军事指挥家恺撒率领罗马军队大败高卢的凯尔特人，将大部分凯尔特人赶出高卢，使高卢成为罗马的一个行省。凯尔特人仅剩不列颠群岛还没有被罗马人所占据。但在公元 43 年，克劳狄乌斯率大军开始对不列颠群岛进行远征后，凯尔特人一退再退，最终只能蜷缩在爱尔兰和苏格兰地区苟延残喘。直到罗马在 3 世纪没落，凯尔特人才重新建立自己的秩序。

凯尔特人的世界

虽然在古罗马人的眼中，凯尔特人和日耳曼人、斯拉夫人一样是未开化的残暴民族，但从凯尔特民族自身来看，其实它也有自己独具特色之处。

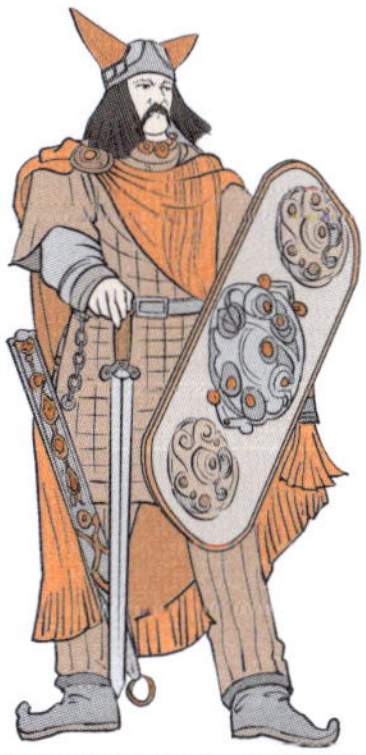

凯尔特人体型

身材魁伟、长颅白肌、金发碧眼，一副典型欧罗巴人种诺迪克（北方）类型的形象。相比之下，位于地中海的希腊罗马人则身材相对矮小、肤色略暗、发色瞳色较深。

凯尔特人的战斧文化

凯尔特人十分擅长手工技艺和金属制作，并且经常使用一种他们自制的类似斧、锛的史前砍凿工具。这成为他们有别于其他族群的象征和标志。

来自凯尔特的魔法师

古代凯尔特人以德鲁伊教信仰而闻名于世。德鲁伊教徒将槲树视为圣树，经常在夜间举行神秘的祭祀活动。德鲁伊教的祭司被称为“德鲁伊”，其地位仅次于部族首领。据说，他们能与众神直接对话。他们日常以“魔法”教导青年，并充当部落医生、先知、法官。在“哈利·波特”系列图书中便能看到许多德鲁伊教的影子。

第一公民的诞生

从共和走向帝国

罗马的发展状况使其必然要走帝国路线，这便要求出现一个强有力的领袖引导帝国向前发展。从“前三头”到“后三头”再到屋大维，帝国终于迎来了它的第一位奥古斯都。

◇ 苏拉和恺撒的独裁

公元前 82 年，在击败了改革者马略之后，苏拉废弃了独裁官半年的任期，就任终身独裁官。短短三年后，苏拉因年迈辞去了独裁官一职，旋即辞世。虽然苏拉的政策最终被废除，但这已经无法挽回共和国行将就木的命运了。公元前 60 年，恺撒、克拉苏、庞培三人秘密结成了“前三头”同盟，共同掌管罗马。公元前 44 年，恺撒成了苏拉之后第二个终身独裁官，三个人的寡头政治最终走向了一个人的独裁统治。虽然同年他遭到共和政治簇拥者的暗杀而身亡，不过“恺撒”却成为皇帝的代名词，后来俄语中的“沙皇”一词便是由此而来。

◇ “第一公民”奥古斯都

屋大维原本是个没落的贵族，不过他的母亲是恺撒的外甥女，因为这种关系，他被恺撒收为养子。在恺撒的精心教导下，屋大维很快就累积了丰富的人文知识并掌握了演说的技巧，在阿波罗尼亚接受的军事训练也使得屋大维培养出坚忍不拔的品格并学会了如何调兵遣将去赢得战争的胜利。恺撒十分喜欢他的这个养子，并在遗嘱中指定屋大维为自己的第一继承人。在恺撒遇刺以后，屋大维在继承了养父财产的同时，也获得了原来支持恺撒的政治力量，恺撒的旧部与受过恺撒恩惠的民众都不遗余力地支持屋大维。年仅十九岁的屋大维与安东尼、雷必达一起结成了“后三头”同盟，共同掌握了罗马的执政大权。然而在这“后三头”之中，只有屋大维是最受民众支持与爱戴的，于是在消灭了安东尼和雷必达之后，三十三岁的屋大维创立了由他亲自监督的中央集权制度。虽然元老院在授予了他“奥古斯都”的称号之后，他仍以“第一公民”自称，但他实际上就如皇帝一样行事。在这位“第一公民”御下的四十四年里，罗马恢复了和平与稳定，这为后来帝国开创两百年的黄金时代奠定了良好的环境基础。

束棒里面出政权

罗马帝国的建立离不开寡头政治的发展。先有了寡头才有权力收拢，而寡头的诞生与共和时代的战争密不可分。战争提高了军事首领的地位，军事首领通过忠诚于他的军队收拢了罗马的权力。

凯旋式

凯旋式是罗马战争文化的体现，是罗马将军所能获得的最高荣誉，由元老院批准组成一支凯旋队伍在罗马城内游行。队伍中有元老和其他高级行政官员，有表明将领军事成就的有关图片和标语，有变成俘虏的国王和王室成员，还有向朱庇特奉献的双角镀金的公牛。而受表彰的罗马将领则身穿凯旋服，乘坐白马车行在凯旋队伍最后。

“前三头”“后三头”的关系与斗争

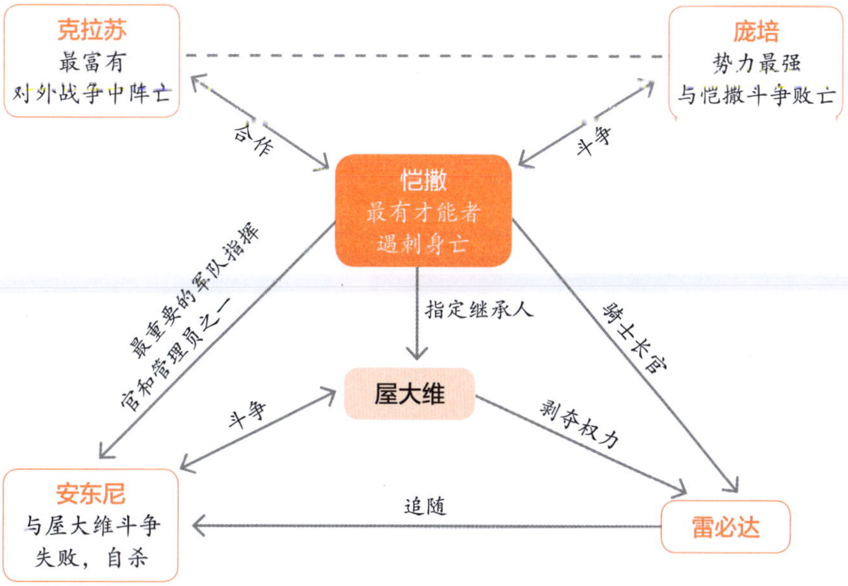

帝国之崛起

早期罗马帝国

在暴君图密善被杀之后，罗马帝国迎来了五贤帝时代。从涅尔瓦到马可·奥勒留，五位帝王为罗马帝国带来了近一百年的和平与繁荣。

◇ 帝国的鼎盛时期——五贤帝时代

罗马帝国由于经过屋大维的改造，在撑过了克劳狄王朝的暴政，经受住了“四帝之年”的考验以及短暂的弗拉维王朝统治以后，终于迎来了它最强盛和繁荣的时代——五贤帝时代。

五贤帝时代的五位皇帝分别为涅尔瓦、图拉真、哈德良、安东尼·庇护和马可·奥勒留。这一时代的最大特征就是皇帝从亲戚乃至有能者中选出自己的继承人，并将他收为养子。这与恺撒和奥古斯都做的事情别无二致。帝国的版图在这一时期达到了极致。哈德良时代的帝国甚至一度统治两河流域。巨大的疆域促进了贸易的发展，来自不同地域的奢侈品源源不断地涌入首都。在文化方面，罗马人则将城市文化扩散到了中欧和西欧地区，为今后欧洲城市的发展打下了基础。

◇ 盛世背后的危机

极盛的背后往往隐藏着衰落的危机。长年对外战争所带来的巨额开销，抵御北方外族威胁的漫长边境线所造成的消耗以及军队的日益腐败，使得这个帝国的活力逐渐被侵蚀殆尽。随着奥勒留选择让自己年轻的儿子康茂德继位，罗马帝国开始真正地从兴盛走向衰败。公元 193 年，这位安敦尼王朝的最后一任皇帝遭到暗杀，罗马随即陷入动荡之中。在康茂德被暗杀的这一年，一共出现了五个皇位的争夺者，因此这一年也被称为“五帝之年”。五贤帝的鼎盛时代一去不复还，罗马帝国跌入“三世纪危机”之中。

帝国的经济根基

罗马奴隶制是帝国的经济根基，但随着国内纷争不断，奴隶主失去了对奴隶的有效压制，奴隶纷纷反抗奴隶主的压迫，奴隶制开始瓦解。帝国的农村劳动力枯竭，城市陷入混乱。

罗马奴隶制的结构

释奴	奴隶主给予一定自由权利的奴隶
城市公用奴隶	奴隶主的财产 不受罗马法律的保护
城市家庭奴隶	
从事放牧的奴隶	
农业奴隶	
奴隶角斗士	

罗马奴隶制的作用

奴隶制是罗马社会中占主导地位的生产关系，也是推动罗马帝国经济发展的制度保障。在早期，奴隶制为巩固皇权、削弱元老贵族势力、推动经济发展起到了关键作用。

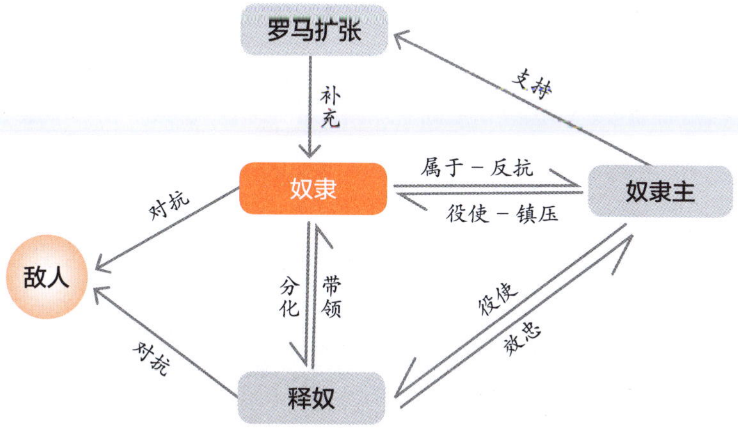

帝国之挣扎

罗马帝国晚期

罗马帝国无论何时都需要一个强大的领袖，然而当帝国走向没落，即便皇帝成神也无法改变帝国分裂的命运。

◇ 神圣化的罗马皇帝

作为元首的屋大维将罗马的政治体制逐渐从共和制转变为君主专制，而到了公元 284 年戴克里先成为罗马的统治者时，罗马终于变成一个完全的君主专制的帝国。戴克里先之前的皇帝并不具有神圣性，他们的皇帝头衔实际上是“第一公民”，同时也受共和国时代流传下来的传统所制约，也就是来自公民大会、元老院和保民官的限制。对于这种制约与限制，戴克里先采取了进一步措施：戴皇冠，让臣民行跪拜礼；收回元老院的权力，削弱禁卫军的势力，力求稳固帝国的统治环境。这些做法将最高的统治者从名义上的皇帝推向了名副其实的帝国的主人的位置。虽然戴克里先的政治举措重新巩固了罗马帝国，但日薄西山的帝国并没有以此彻底获得新生。

◇ 东西分治的由来

为了更高效地治理帝国，戴克里先想出了“四帝共治”的方法。首先将帝国分为东西两个部分，由两位奥古斯都治理，然后两位皇帝每人再选择一位继承人作为助理皇帝来辅佐自己，这样，一个帝国就被分为两个部分并由四位皇帝共同治理。戴克里先这样做，一方面是想效法五贤帝时代，让有能力的人继承帝国；另一方面是希望多位君主可以更高效地治理国家。但是戴克里先退位后不久，国家就因为这一制度而陷入了内战的境地。

公元 325 年，君士坦丁大帝再次统一帝国，成为全帝国唯一的奥古斯都。他效仿戴克里先将帝国分给自己和三个儿子共同统治，但他的儿子们却在他死后大打出手，此后统一整个帝国的皇帝寥寥无几。公元 395 年，狄奥多西一世临终前将帝国一分为二，分别给了两个儿子，帝国从此分裂成了东罗马帝国和西罗马帝国，而东罗马帝国就是日后延续至中世纪的拜占庭帝国。

戴克里先和君士坦丁的努力

帝国经过公元 3 世纪的政治经济危机，已经是残破不堪。为了让帝国重现荣光，戴克里先和君士坦丁对国家进行了改革。

戴克里先改革

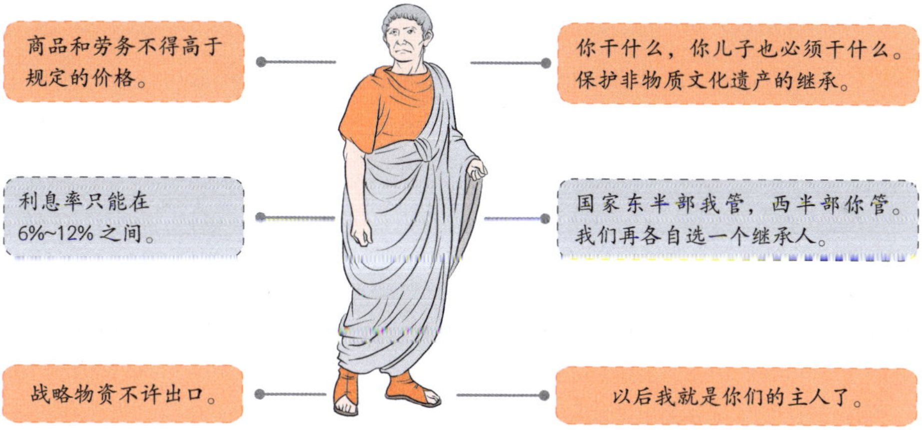

戴克里先

（284 年 — 305 年在位）

君士坦丁改革

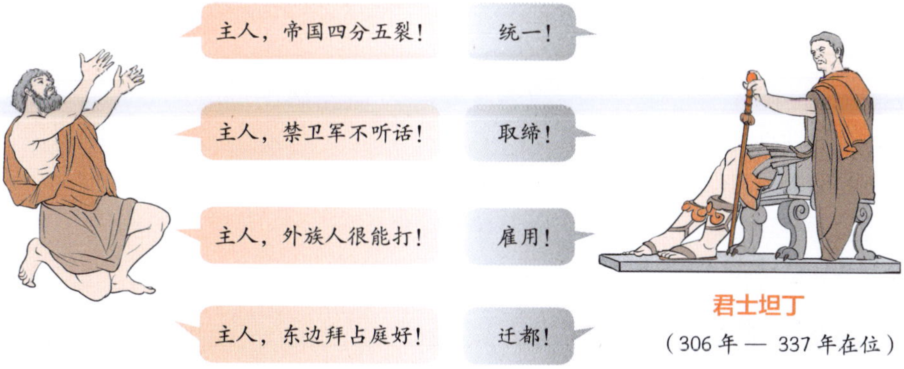

君士坦丁

（306 年 — 337 年在位）

凶手是谁
帝国覆灭

帝国的衰落对于帝国自身而言是一种悲剧，但是对于长久以来游荡在帝国外围的日耳曼人来讲却是一件好事，而欧洲后来的历史正是由他们写就的。

◇ 匈人的上帝之鞭

公元 4 世纪时，一支游牧部落进入了欧洲，他们被称为匈人。匈人的国家在 5 世纪末时瓦解并最终消失，因此没有留下确切的文字资料。虽然匈人存在的历史短暂，但却实实在在地影响了欧洲的历史进程。匈人不断击败盘踞在罗马帝国周边的日耳曼各部落，逼迫着这些原本就威胁帝国疆域的日耳曼人开始真正向帝国索要生存环境。

◇ 日耳曼人的南下

原本居住在罗马境外的哥特人、汪达尔人等日耳曼部落部族从 3 世纪起便不断侵扰罗马帝国的边境。在匈人到来以前，这些边境骚扰多是为了掠夺财产和人口，并未打算掠夺帝国的领土；然而随着匈人压缩他们的生存空间，这些日耳曼部族不得不转移自己的聚居地，开始迁入罗马帝国境内。这场大规模的民族移动被称为“民族大迁徙”。但这种迁入并不是融合，而是瓜分帝国的领土，一批新的王国被建立起来。476 年，意大利的国王宣布废黜西罗马帝国的末代皇帝。无土可守的西罗马帝国最终走向了灭亡。

◇ 没有皇帝的时代

西罗马帝国灭亡后，欧洲绝大部分领土完全被日耳曼各部落占领。他们在不同的地区纷纷建立起属于本部族的王国：东哥特人在如今的意大利及半岛北部地区建立东哥特王国，法兰克人和勃艮第人在如今的法国和德国一带建立法兰克王国和勃艮第王国，西哥特人在伊比利亚半岛建立西哥特王国，盎格鲁 - 撒克逊人建立盎格鲁 - 撒克逊王国，等等。没有了皇帝，欧洲陷入了诸王纷争的年代。

欧洲民族大迁徙

有关匈人的文献资料虽然已不可考，但确实是匈人入侵欧洲刺激了欧洲的民族大迁移。日耳曼诸部族被迫侵入西罗马帝国，并最终造成了西罗马帝国的灭亡。

“上帝之鞭”

阿提拉，匈人领袖，率领军队入侵欧洲，横扫欧洲诸国，史学家称其为“上帝之鞭”。史学界有学者认为，阿提拉及其所领导的匈人可能是汉朝时败而未降并被迫西迁的匈奴人，但这种说法目前仍未得到有力的证据支持。

被驱赶的日耳曼人

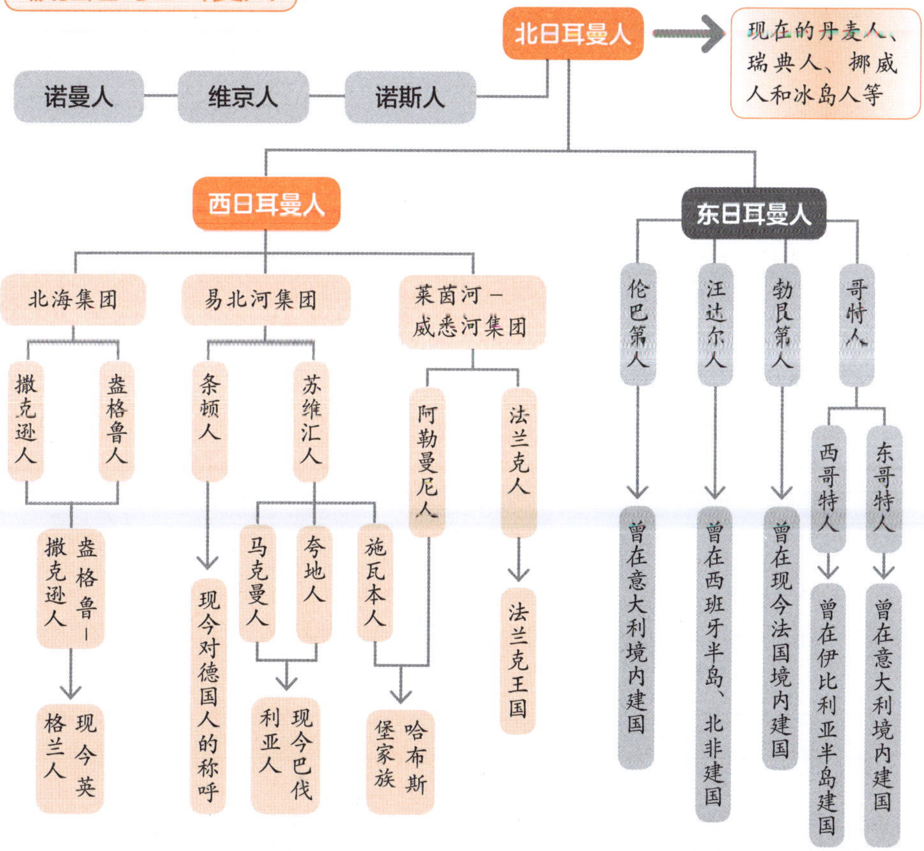

基督教的逆袭
从异端到权威

虽然《圣经》上明确说过“该撒的物当归给该撒，神的物当归给神”，但是基督徒们从未放弃在世俗之中为自己的信仰争取权利。

◇ 从民间信仰到国教

基督教来源于犹太教，基督教的创始人耶稣本身就是一个犹太人。基督教继承了犹太教一神教的特征。基督教认为这个世界充满了邪恶，唯有耶稣才能拯救世人。由于基督教没有犹太教严苛的戒律，只需要信仰坚定便可获得救赎，因此基督教很受帝国底层民众的欢迎，并迅速发展成为一种不可小觑的民间信仰。

但基督徒不像其他人一样跪拜君主的行为引起了罗马人的不满。公元 64 年，罗马城发生了一场大火，烧了六天七夜，整座城都快被烧没了。暴怒的皇帝尼禄认为这场大火就是基督徒放的，于是他下令逮捕了一大批基督徒，并残忍地处死了他们。然而这一做法并没有打击到基督徒的信仰，基督徒们的坚韧不拔最终换得了 313 年君士坦丁大帝所颁布的《米兰敕令》，该敕令承认了基督教的合法性。393 年，罗马皇帝狄奥多西一世将基督教定为罗马帝国的国教，并禁止一切其他异教形式。至此，基督教开始了其对欧洲人长达千年的影响。

◇ 从罗马到外族

随着基督教发展成为罗马帝国唯一的宗教，作为管理基督徒的机构——教会，不断发展壮大，建立起自己的法律制度以及相应的执行机构，甚至建立了自己的税收体系。此后的基督教会逐渐与世俗王权分庭抗礼，并慢慢发展成一个独立、成型的权力系统。

在外族开始瓜分西罗马帝国领土的同时，教会对外族慷慨地表示自己对于领土并没有诉求，这使其避免了与外族发生实际利益冲突。外族虽然占领了土地，但是其文化方面的落后以及对罗马人生活的向往，让这些化外之民不得不向掌握知识与文化的教会请教，这使得教会在外族中的传教变得毫无阻碍。

从耶稣到基督教

没有一个先知在自己的家乡被悦纳，身为大卫王后裔的耶稣被逐出了犹太教的会堂，但由他创立的基督教也冲破了民族的藩篱，成为影响欧洲乃至全球的宗教。

真假弥赛亚

犹太教相信上帝会差遣弥赛亚来拯救犹太民族。

耶稣被认为是弥赛亚。其所传教义与犹太教多有出入。

追随耶稣的信徒越来越多，引起了犹太教上层的恐慌。

犹太教祭司长以煽惑百姓罪要罗马长官对耶稣处以极刑。

基督教的早期传播

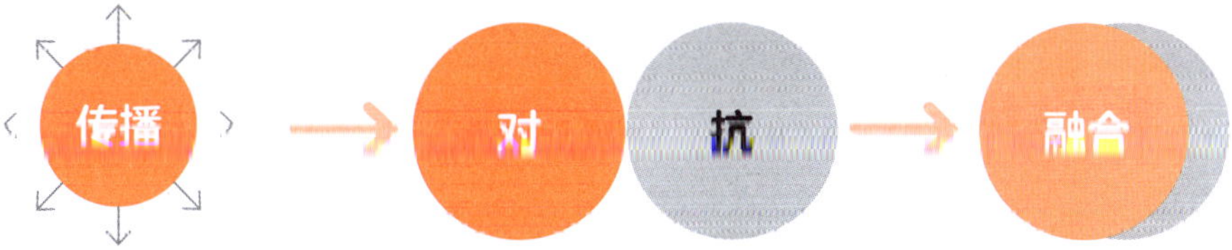

耶稣死后，最早一批传播基督教的人被称为“使徒”，他们的传教范围涵盖整个罗马帝国。到3世纪时，基督徒的数量已有六百万之多。

基督教势力的迅速扩大影响了帝国的秩序，为了维护帝国统治，以尼禄为代表的帝国统治阶级开始对基督教徒进行迫害和镇压。

随着上层人士也开始皈信基督教，信教群体与教义也逐渐发生变化，这种变化导致313年君士坦丁颁布《米兰敕令》，承认基督教合法化。

漂洋过海来看你
古罗马人

罗马人为后世留下了许多宝贵的财富，这些财富不仅有现实生活方面的，更有精神思想方面的。在这些财富中，我们看到了罗马人非常务实的品格。

◇ 爱干净的罗马人

罗马人非常爱干净。在这座容纳了一百多万人口的罗马城里，即使贫民想上厕所，也只能到设有大理石座位、装饰着罗马诸神或英雄雕像的公共厕所。而爱干净的罗马人除了对厕所进行“革命”外，还喜欢一项“运动”——洗浴。罗马城建设有豪华的公共浴室。大约在 2 世纪初建成的图拉真浴场的洗浴设施即便以今天的视角来看也相当完善：长方形的浴场，纵轴线上排列着三个可供洗浴的浴池，水温分别是热水、温水和冷水；以这些浴池为中心，依次分布在两侧的是更衣室、按摩室、蒸汽室，另有单独的区域可供人们擦肥皂和涂橄榄油。后来的浴场在设计时，更增添了花园、运动场和图书馆等场所设施。在戴克里先时期，公共浴室的占地面积超过了十二万平方米。洗浴成了罗马人日常生活中不可缺少的一部分，可以说，有什么事，到浴场里去洗个澡就都能解决了。

◇ 讲道理的罗马人

罗马人很喜欢按照规矩来办事，这让他们十分重视法律，而他们的法律也是基于理性创建的。罗马人最早的法律是公元前 450 年前后制定的《十二铜表法》，这是古罗马的第一部成文法，其内容涉及私法、公法、民法、刑法、宗教法等方面，被认为是罗马法的主要渊源。后来随着商业的发展，与外国的交流越来越多，在产生矛盾冲突时，往往公说公有理，婆说婆有理，谁也不服谁。于是，为了调和各方面的关系，罗马人设立了专门的法庭来审理各类案件，这些案件的审理过程会被记录并整理，最后执政者会下令将这些案件材料汇编成适用于罗马人和非罗马人的法律，古罗马的《万民法》就这样诞生了。这些闪现着理性之光的法律是罗马人对后世欧洲法学思想的一大贡献。

罗马的创造

罗马人的务实作风塑造了帝国的强盛，他们在千年前修建的公共建筑与基础设施，也如同罗马人的品格一样，在千年之后依然伫立着。

斗兽场

罗马斗兽场使用当时新型建筑材料混凝土、砖、灰泥，在建筑中运用了罗马人创造的拱形建筑方式，同时还将古希腊的柱式风格运用在建筑中，因而被视为罗马大型公共建筑的典范。

阿庇乌大道

罗马人是修路的高手，为了保证整个帝国的物资、政令、兵源能迅速传递到每个地区，罗马人修建了四通八达的大道。罗马的道路不仅注重数量，更注重质量。比如兴建于公元前400年的阿庇乌大道，全长约六百六十千米，顺着靴子状的意大利半岛从罗马一直通到靴子跟部的布朗迪西恩。大道工程设计合理，品质可靠，坚固牢牢，至今仍在使用。二战后期，英美军队在意大利南部登陆时还使用过这条大道。

花岗岩沟渠

建于五贤帝时代的图拉真统治时期，是罗马帝国所取得的伟大成就之一，至今仍在使用中。

神的世界

欧洲三大神话

欧洲民族的多样性造就了其文化的多样性，在各种民族文化之中，神话是最能表现其民族特色的一面。

◇ 征战不休的北欧神话

北欧神话是斯堪的纳维亚地区所特有的一个神话体系。巨人、阿萨神族、华纳神族、精灵以及侏儒等五类神和凡人生活在由世界树支撑起来的三层九个国度中。其中巨人是最早的生命，他们生出了诸神。众神喜欢到处打架，相互征伐，比如众神之父奥丁又被称为“战神”。

与其他神话对永恒有着特别的喜好不同，北欧神话喜欢谈毁灭。在北欧神话的最后，描述了众神与巨人之间的大战，在这场大战中几乎所有的神都战死了。

◇ 八卦不断的古希腊神话

在古希腊神话中，神和普通人一样有爱恨情仇。最典型的代表要属万神之王宙斯和他的家庭故事了。多情的宙斯喜欢到处撒播爱情的种子，他的这种性情和行为引起了妻子赫拉天后的不满。于是，正妻开始对这些宙斯招惹的情人和她们的孩子进行迫害，而宙斯则一边挽回妻子的感情，一边帮助情人及其孩子应付妻子的迫害。

◇ 封神榜一般的罗马神话

罗马神话很少讲八卦故事，而是讲以人为主要作用的罗马发展史，神只是作为干涉力量而存在。罗马神话喜欢到处借鉴，并且随着罗马的不断扩张，神与神以及神与人之间的关系越来越错综复杂。因此，罗马神话中最多的便是理关系、排位置。

三大神话的特色

民族的多样性造就了文化的丰富性，来自不同民族的三大神话体系虽然历史久远，但其文学艺术却如佳酿一般愈久愈醇。

希腊英雄是神的孩子

赫拉克勒斯是宙斯众多私生子中最著名的一个。很多希腊神话的故事都是围绕他如何与赫拉斗智斗勇展开的。图为赫拉克勒斯杀死了有三个头的地狱看门犬。

罗马神话的希腊借鉴

希腊神名	神职	罗马神名
宙斯	神王	朱庇特
赫拉	天后	朱诺
波塞冬	海神	尼普顿
哈迪斯	冥王	普鲁托
德墨忒尔	谷物丰收女神	克瑞斯
阿波罗	太阳神	福波斯
雅典娜	智慧女神	密涅瓦
阿芙洛狄忒	爱与美的女神	维纳斯
赫耳墨斯	神使	墨丘利
阿瑞斯	战神	玛尔斯
阿尔忒弥斯	月神	狄安娜
赫菲斯托斯	火神	伏尔甘

北欧诸神的黄昏

这场大战后来被19世纪著名的音乐家瓦格纳在其歌剧名作《尼伯龙根的指环》中再现，“诸神的黄昏”因此逐渐被人们所知。北欧神话中的神和故事，如主神奥丁、雷神索尔、洛基等经常被用于现代文学、漫画、电影的创作中。

专题：丝绸之路

古典欧洲与中国

从世界整体的历史视角来看，连接着欧洲与中国的贸易商道不仅使东西方在经济上有所交流，更重要的是，这条商道从太平洋西岸一直向西延伸到大西洋东岸，其所途经的地域因为商道的连通而在历史进程中逐渐从隔绝走向互动。

◇ 令人向往的神秘东方

古代中国与欧洲文化交流的最早通道，是公元前 2 世纪左右开通的丝绸之路，它从长安经河西走廊过新疆，越葱岭进入中亚，一直抵达地中海东岸。当时，控制地中海沿岸的是罗马人，他们对中国一直保持着一种尊崇、向往的情愫，对来自中国的丝织品、瓷器如痴如醉。根据记载，罗马恺撒大帝穿着中国丝绸质地的长袍进入剧场，引起了轰动。因为对中国充满了好奇，一些罗马人开始探寻通向东方之路。

◇ 中欧的第一次交流

“大秦”是当时中国对罗马帝国的称呼。据史书记载，公元 1 世纪末，东汉西域都护班超派遣甘英出使大秦。甘英西行到达波斯湾时，地处东西交通要冲的安息为垄断丝绸贸易之利，阻止了甘英的西行。东汉延熹九年 (166 年)，大秦王安敦遣使进献象牙、犀角、玳瑁。安敦即当时罗马五贤帝之一的安东尼。他在位时正是罗马帝国鼎盛时期，农业、手工业和内外贸易都高度繁荣，城市经济十分发达。三国两晋时期，分别又有大秦商人和使节来中国的记载。古罗马帝国本来想和汉朝直接通商，然因陆路遥远，又因西亚诸国欲图转运之利，故而官方的贸易往来未能成行。虽然东西两个大国因安息之阻而错失了一次官方使节直接接触的机会，但民间的贸易活动，确保了古代中国与欧洲之间的交流，为中西文化交流打开了大门。

古丝绸之路

中国与欧洲最早的交流是从商品的贸易往来开始的。中国的草药、丝绸、纸张、茶叶等货物经由西域、西亚到达罗马，换回的是西方的皮毛、棉织物、玻璃、香料等。

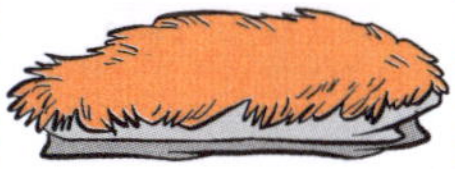
毛皮

古罗马

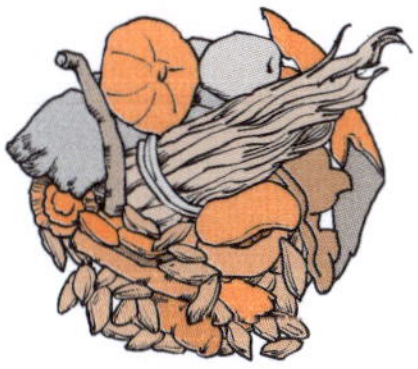
药材

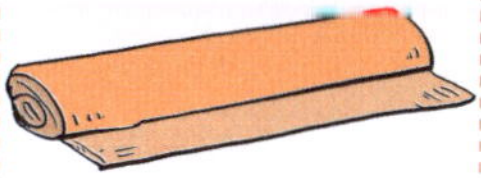
棉织物

西亚

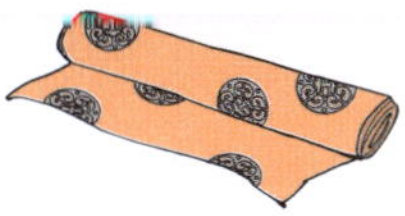
丝绸

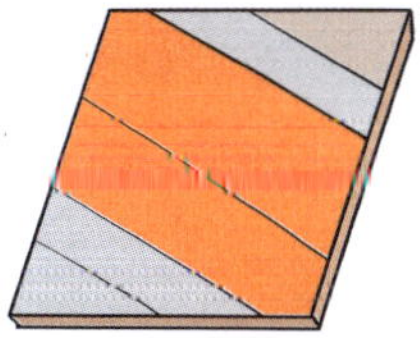
玻璃

西域

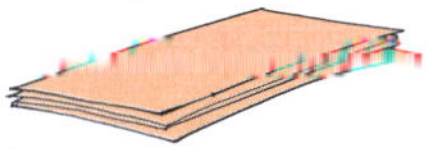
纸张

香料

中原

茶叶

第二部分

中世纪欧洲

第一章
拜占庭帝国的恩怨情仇

黑暗从何而来

后罗马帝国时代格局

经济方面的萧条、政治方面的分裂、文化方面的衰败，最终让西罗马帝国走向覆灭，在原来的这片帝国土地上，日耳曼各部族纷纷建立起自己的王国。

◇ 黑暗降临西欧土地

在不列颠，自从公元 400 年罗马军队撤离后，撒克逊人、盎格鲁人等日耳曼部族纷纷迁往此地，英格兰的雏形逐渐形成。在西班牙，曾与罗马人联手击退匈人入侵的西哥特人建立了西哥特王国。在意大利，在东罗马皇帝的授意下，东哥特人狄奥多里克将罢黜罗马皇帝的罪魁祸首赶出了意大利，之后罗马人和东哥特人共居的东哥特王国建立。而在后来欧洲历史舞台上扮演重要角色的法兰克人则到 481 年才由克洛维建立法兰克王国。

这些日耳曼人建立王国后不改“野性”，依然喜欢相互征伐，这导致各国之间频繁发生战争。没有了强大帝国的庇护，周边的游牧民族开始频繁入侵欧洲各国，这更加剧了人民颠沛流离的境况。教会则在其中纵横捭阖，增加自己在世俗中的权威。欧洲人的身心都无法获得自由，黑暗开始降临欧洲。

◇ 幸免于难的东方帝国

外族入侵摧毁了西罗马帝国，但并没有摧毁东罗马帝国。一方面由于东罗马帝国的财富主要来源于东地中海的贸易，这里暂时没有被外族人所光顾，经济和军事实力得到有效的保障。另一方面，占据了西罗马帝国领域的日耳曼人陷入了彼此的征伐中，东罗马帝国获得了喘息的机会。加之东罗马帝国拥有固若金汤的城堡，外族人往往只能铩羽而归。

中世纪黑暗如何降临

西罗马覆灭以后，日耳曼人成了这片土地的主人，但日耳曼人并非铁板一块，不同部落之间的争霸赛开始。教会如同一双看不见的手操控着欧洲，而北欧和东边的其他民族则看到了乱世带来的劫掠财富的机会。欧洲人民在这些势力间颠沛流离，死亡的黑暗随时降临。

罗马帝国被割据

东罗马帝国得以存续的原因

位于地中海东部
具有天然地理屏障

以海上贸易为主
受农耕经济影响小

军事力量雄厚
城防设施强大

如何从乡下的农民变成皇帝

查士丁尼的逆袭

与西罗马的覆灭命运不同，东罗马帝国的国祚延续了千年，而这一切都要从查士丁尼开始谈起。

◇ 从农民到皇帝

查士丁尼王朝的创建者查士丁本是一个目不识丁的农民，他来到君士坦丁堡参军入伍，因其战功和忠诚而晋升为禁卫军的首领。当时的拜占庭皇帝是阿纳斯塔修斯一世，由于皇帝没有子嗣，所以在其去世之后，依据传统需要以选举的方式重新确立一位皇帝。这给了查士丁一个机会。在侄子查士丁尼的建议与策划下，公元518年，六十八岁的查士丁成功登基，成为拜占庭帝国查士丁尼王朝的开创者。在登基的同时，查士丁指定自己的侄子查士丁尼为帝位的继承人。查士丁尼和他叔叔一样也是农民出身，但在随叔叔来到君士坦丁堡后，查士丁让他接受了良好的教育，这为后来查士丁尼开创拜占庭帝国的第一个“黄金时代”打下了基础。公元527年，查士丁尼正式加冕为皇帝，不久之后，他便开始对内打击贵族，对外抵御波斯的入侵，并试图恢复对北非旧领土的统治。

◇ 尼卡起义与查士丁尼的反思

由于查士丁尼实行高额的税收政策，对帝国的腐败问题视而不见，且本人又酷爱筹办奢华的竞技游戏，终于，不堪压迫的人民在532年1月的赛车会上发泄不满，随即演变为反政府起义。拜占庭陷入一片混乱，查士丁尼也差点皇位不保。虽然这场起义最后被血腥镇压，但它也迫使查士丁尼不得不对内进行改革。一方面，他明令禁止卖官鬻爵，惩治贪污，并进一步限制贵族特权，实行长子继承制，撤销执政官制度，提高行政效率。另一方面，为巩固皇权专制，他加强了对罗马法律的汇编工作。在529年编成《查士丁尼法典》以后，又有多份法律文献被陆续汇编，这些文献最后被统称为《查士丁尼民法大全》。作为欧洲历史上第一部系统完备的法律文献，它的出现对后世立法产生了深远的影响。

如何从平民到伟大的皇帝

查士丁尼原本不过是一个农民，但是在拜占庭这个国度，一切都有可能发生。凭借过人的胆识和机遇，他最终逆袭成为帝国的主宰。

我的叔叔是皇帝

查士丁尼出身于一个农民家庭，“查士丁尼”这个名字是他被其叔叔查士丁收养后起的。

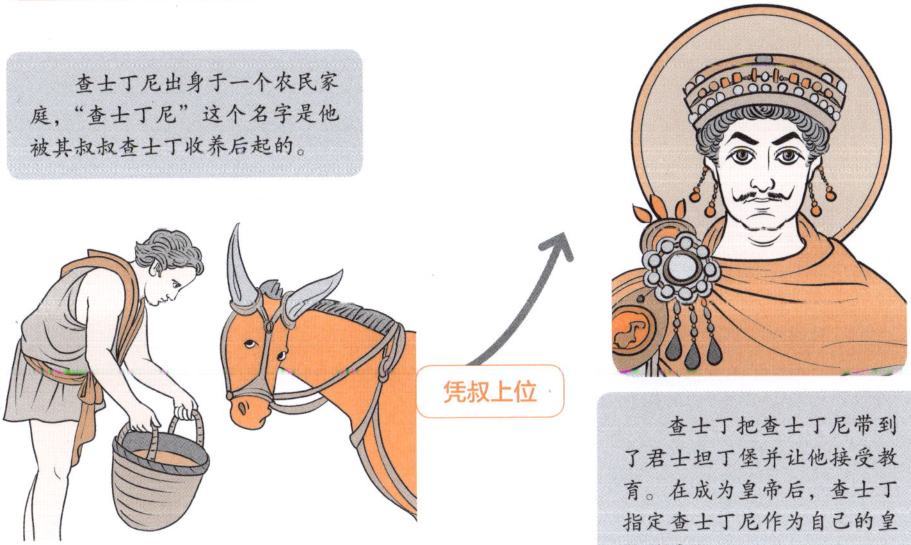

查士丁把查士丁尼带到了君士坦丁堡并让他接受教育。在成为皇帝后，查士丁指定查士丁尼作为自己的皇位继承人。

查士丁尼民法大全

《法典》汇集的是历代罗马皇帝颁布的敕令。

《法学总论》是对罗马法学原理的阐述。

《新律》是对查士丁尼在《法典》颁布后颁布的新敕令汇编。

《学说汇编》是对历代罗马著名法学家著作的整理和摘录。

我离梦想实现就差一步

查士丁尼的复兴与征伐

查士丁尼为自己确立了一个使命，那就是收复曾属于罗马帝国的西部领土，重现罗马帝国的盛世辉煌。

◇ 对内的文化复兴

尼卡起义以后，查士丁尼更坚定了他的“复兴梦”。但此时的君士坦丁堡到处是焦土，哪有一点盛世的影子？因此，他决心对君士坦丁堡进行史无前例的改造，使国都变成世界文明的中心。他下令修筑城墙、修建公共建筑，改变罗马旧时建筑风格，创造了一种带有巨大圆顶的“拜占庭式”建筑风格，最典型的便是圣索菲亚大教堂。这座教堂不仅在建筑风格上独树一帜，其墙壁镶嵌图案、人物像以及室内的雕刻也是拜占庭艺术的珍品。

除了硬件改造，当时的拜占庭也涌现出杰出的文化人。如当时杰出的历史学家普罗科匹厄斯，他记录了查士丁尼时代的功与过，并主张通过历史来教育启迪后人。而地理学家科斯马斯则走向东方，绘出了最早的世界地图，并对中国的一些情况进行了介绍。

◇ 对外的领土收复

查士丁尼“复兴梦”的重点在于对帝国领土的恢复。为了安心与西方外族作战，查士丁尼在 532 年时不惜以重金“雇用”波斯为其代守东部边境，从而结束了与波斯五年来的战争，然后他派遣得力干将贝利萨留和纳尔塞斯开始了对外族王国的征伐。534 年，北非汪达尔王国灭亡。536 年，攻陷罗马。随即，拜占庭不得不慢下征服的脚步。541 年到 542 年爆发的那场大瘟疫使拜占庭人口锐减，兵员大幅度减少。虽然凭借帝国强大的实力，查士丁尼于 554 年收复东哥特王国，并在同年占领西哥特王国的东南沿海地区，但这已经达到了拜占庭帝国的极限。查士丁尼的帝国复兴梦因为这场偶然的瘟疫破灭了。

查士丁尼的复兴梦

重拾帝国往日的辉煌是查士丁尼一生的梦想，圣索菲亚大教堂的修建彰显了拜占庭帝国的强盛，向西的征战虽因瘟疫爆发而告终，但也收复了不少帝国故土。

拜占庭式建筑的典范

圣索菲亚大教堂的希腊名原意是“神圣智慧”。在其原址上，曾有两座教堂，但都因为暴乱而遭到破坏，第二座教堂就毁于尼卡起义。公元 532 年，查士丁尼一世下令在该地重建一座新教堂，于是就有了这座自公元 537 年到 1519 年间世界上最大的教堂。

收复故土

向西征战

- 收复失地：汪达尔王国、东哥特王国、西哥特王国东南部
- 成功原因：经济基础雄厚、海军力量强大、收买了波斯人
- 未竟全功：瘟疫爆发、人口凋零、备军不足

拜占庭帝国士兵

出来混迟早都要还

拜占庭的战争与改革

“农兵之于国家，恰如头之于躯体。”拜占庭皇帝君士坦丁七世的这句话体现了农业与军事对于帝国的重要性。如何将两者有机地结合起来，成了拜占庭帝国改革的方向。

◇ 当战争成为家常便饭

和以往的罗马帝国一样，处于极盛时期的罗马皇帝一死，原本被压制的国内各方势力迅速反弹，为了成为最终的赢家，战争成为家常便饭。帝国陷入了内乱当中。而此时，国外那些“化外之民”在没有了强大帝国军队的压制以后开始扩大自己的地盘，不断侵蚀帝国的领土。在帝国东部，波斯入侵两河流域，威胁小亚细亚半岛，双方的交战持续到 628 年才结束。在帝国的东北部，6 世纪末和 7 世纪初阿瓦尔人和斯拉夫人从陆路和海路多次进攻君士坦丁堡。7 世纪 30 年代以后，东方的敌人突然从波斯人变成阿拉伯人。迅速崛起的阿拉伯人比波斯人更难缠，他们不仅侵占了拜占庭在亚洲和北非的领土，到了 7 世纪 70 年代以后，还几乎每年夏天都会出征君士坦丁堡。因为频繁的战争，拜占庭兵员变得极其短缺。

◇ 应运而生的军区制改革

为了维护国家稳定，加强帝国军事力量，抵御外敌入侵，从 7 世纪中期开始，原先的行政区划被取消，由地方军事长官督军兼理政务的军区制在全国推广。9 世纪以后，军区完全代替了行省，地方军事长官兼有行政管辖权。在军区内，世袭服兵役的士兵可以从国家公共土地和没收的地产中领取一部分封地。军役和封建义务合一的军事屯田制产生，解决了兵源和军费问题，加上秘密武器“希腊火”的使用，拜占庭在战争中逐渐站稳脚跟。军区制改革使得拜占庭从奴隶制逐渐向封建制过渡。

度过战争时期的法宝

外族的骚扰与入侵对于拜占庭帝国来说一直是一个头疼的问题，不过这个问题在中世纪相当长的一段时间中并没有使拜占庭帝国遭受多么严重的影响，原因就是拜占庭皇帝在军政改革和军备设置上的用心。

军区制

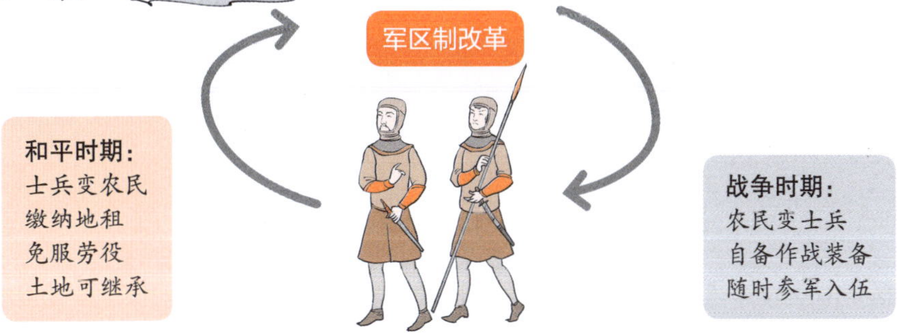

军区制是一种国家给予小农世袭土地，以换取他们服兵役并缴纳税款的制度。

盾与矛

君士坦丁堡的城防是欧洲中世纪的典范，整个中世纪里从未被正面攻破。

“希腊火”是一种液态燃烧型武器，它能在水面上燃烧，无法用水扑灭。

君权挑战教权

破坏圣像运动

一个国家容不下两种独立的权力，君权与教权之间的斗争必须以一方臣服于另一方告终。

◇ 攘外之后就该安内

随着阿拉伯人一次次进攻又一次次无功而返，拜占庭获得了一个相对稳定的外部环境。带领拜占庭击败阿拉伯的利奥三世开始对内进行整治。利奥三世减轻了公民的赋税，给予更多人公民权利，同时加强对军区屯田制的改造。但国库的财富是有限的，赋税减轻以后，财政开始捉襟见肘。利奥三世根本拿不出多余的土地和财产来分封新兴军事贵族，安定军士的生活。但利奥三世发现，教会和修道院依靠长期以来的信徒们的捐赠和贡献，积攒了大量的土地和财富。加之这些修士和神职人员还享有免税和免服徭役的权利，如果教士逐渐增多，那么谁还从事生产？于是，利奥三世决定对教会动手。

◇ 破坏圣像的得与失

726 年，利奥三世发布禁止圣像崇拜的命令，开始了其对拜占庭宗教的整治活动。皇帝首先没收了教会的财产和土地，并对教堂中的圣像进行破坏和销毁；随后，他将没收来的财富与地产分作两个部分，一部分充入国库以缓解帝国的财政危机，另一部分分封给新兴的贵族、军士和没有土地的农民，使皇权得以更加稳固。然而在利奥三世开展破坏圣像运动的同时，教会方面也并未如刀俎上的鱼肉般任人宰割，旧贵族和高阶教士在地方煽动人们造反来抗议利奥三世的宗教政策，对于这些反抗势力，利奥三世都毫不留情地进行了镇压。在这一运动过程中，拜占庭的教会势力被大大削弱。即便到了 843 年，圣像崇拜恢复，拜占庭帝国的皇权还是稳稳压倒教权。这一运动在改变拜占庭帝国政教关系的同时，也惹怒了远在罗马的教皇，教皇开始不再承认拜占庭基督教的正宗地位，并转而支持日耳曼人在原西罗马帝国领土上的统治。800 年，法兰克人查理被教皇加冕为罗马人的皇帝，拜占庭自此失去了对西方领土统治的合法性。

向教会要钱

面对紧张的财政问题，利奥三世决定对既不交税也不服徭役的教会下手，这一行为得到了各军区军事贵族与下层民众的支持，却也遭到了教会方面的反抗。

禁止圣像崇拜

占据大量土地与财富且有免税与免徭役的特权。

教会原因

财政原因

财政收入难以保障新兴军事贵族的利益。

教义原因

《圣经》中明文规定禁止偶像崇拜。

破坏圣像运动

支持力量

军事贵族
开明僧侣
保罗派信徒
下层民众

反对力量

旧贵族
高级教士
工商界人士

加剧东西教会分裂

教权高于君权 —— 罗马公教

东正教会 —— 教权依附君权

利奥三世发起的圣像破坏运动改变了拜占庭帝国教权与君权的关系，这使得东西方教会间的嫌隙加剧，罗马教皇最终倒向了西欧诸国，并与拜占庭决裂。

公元 800 年，教皇加冕法兰克国王查理为罗马帝国皇帝。

帝国复兴

马其顿王朝的黄金时代

马其顿王朝时期是拜占庭帝国的中兴期，这种中兴既有军事方面的胜利，也有文化领域的繁荣。

◇ 开疆拓土的黄金时代

破坏圣像运动结束以后，拜占庭君主的权力得到空前的加强。9 世纪到 11 世纪，拜占庭进入了马其顿王朝诸皇帝统治的时期。这一时期，军区制进一步巩固，军需储备完善；加上经济上推行保护小农的政策，农业生产得到发展，帝国随时可以发动对外征服战争。于是，皇帝们又开始蠢蠢欲动。他们一方面把战争的矛头对准了势力衰弱的阿拉伯人，在 961 年以后，逐步将阿拉伯人赶出了亚得里亚海，恢复了对叙利亚、美索不达米亚地区的统治；一方面又把矛头对准北方崛起的保加利亚人，虽然在与保加利亚的前期战争中处于劣势，但在 1014 年，巴西尔二世在克雷西昂战役中大败保加利亚人，第一保加利亚王国灭亡。帝国的疆域重新扩大。

◇ 百花齐放的黄金时代

除了军事方面取得胜利外，在马其顿王朝时期，拜占庭帝国也迎来了自己的文化复兴。在圣像崇拜恢复之后，造型与绘画艺术在这一时期重获新生，如今我们能看到的许多拜占庭风格的雕像与绘画都是这一时期的作品。君士坦丁堡的大学培养了许多优秀的学问家，他们对古典文献的整理为后世欧洲重新继承古希腊罗马人的思想奠定了非常重要的基础。在宗教方面，拜占庭的教会在这一时期也生机勃勃，东正教自身的特色正在逐渐形成，同时在牧首佛提乌斯的推动下，东正教开始向东欧传播，东斯拉夫人开始慢慢接受东正教的教化，拜占庭的文化圈也因此进一步扩大。除了文化方面外，马其顿王朝时期的帝国商业也得到了很好的发展，君士坦丁堡成为地中海的商贸中心。在往来的各国商人中，威尼斯商人尤为喜欢君士坦丁堡，并在拜占庭帝国后来的历史进程中扮演了重要角色。

拜占庭帝国的王朝盛世

9 世纪末至 11 世纪初的马其顿王朝为拜占庭帝国带来了一场复兴，虽然帝国领土已不及查士丁尼统治时期，但在这一百多年的时间里，拜占庭帝国的军事政治、经济贸易与文化事业都得到了长足的发展。

马其顿王朝

军政
- 军区制进一步巩固
- 征服保加利亚人
- 驱逐阿拉伯人

经济
- 扶持小农经济
- 东西方贸易中心
- 欧洲丝绸织造中心

文化
- 文化复兴
- 使基辅罗斯皈信东正教
- 编撰《群书摘要》

1014 年在克雷西昂战役中战胜保加利亚人后，巴西尔二世把一万多名俘虏每百人分为一组，挖去九十九人的眼睛，只留一人带路回保加利亚。巴西尔二世“保加利亚屠夫”的称号由此而来。

蚕从中国被引进拜占庭帝国之后，拜占庭人很快就学会了如何养蚕缫丝，君士坦丁堡也成为欧洲第一个丝绸织造中心。拜占庭的丝绸制品以其绚丽的颜色以及复杂的图案设计著名。

佛提乌斯曾任普世牧首十八年，他推动了斯拉夫人皈信基督教。他也是马其顿王朝文化复兴的领头人物，《群书摘要》就是佛提乌斯最伟大的著作，其内容包罗万象，包括有二百八十余种图书资料。

千年帝国的覆灭

拜占庭 – 奥斯曼战争

马其顿王朝的兴盛并不长久，随着阿拉伯人势力的再次崛起，在欧洲的东方屹立千年的帝国终于走向了它的覆灭。

◇ 帝国晚期的内部衰微

经历了马其顿王朝的黄金时代后，帝国出现了颓势。此时帝国土地兼并盛行，军区制瓦解。为了保证国家和军队的实力，帝国实行了一种被称为“普洛尼亚”的管理制度。在这种制度下，公有土地被分给公职贵族监领，监领主不能世袭，但却可以终身享受监领地的租税，支配领地上的农民，行使行政和司法权。作为代价，监领主要为国家提供兵员。这一制度使监领地慢慢转变成封闭的王国，帝国封建分裂加剧。

◇ 外患不断的帝国

公元 8 世纪以后，北方的维京人开始席卷整个欧洲，帝国在意大利南部的领地被维京人占领。11 世纪，东方的塞尔柱人统领新帝国发动对拜占庭的战争。拜占庭向西方诸国求援，但这些打着宗教旗号的援军最后却攻入君士坦丁堡，瓜分了拜占庭帝国。虽然 1261 年拜占庭重新复国，但此时的帝国不过是一艘破败不堪的战舰。

◇ 被火炮轰开的碉堡

14 世纪上半叶，奥斯曼帝国迅速崛起。1453 年，二十一岁的穆罕默德二世带领二十万奥斯曼帝国大军围攻“中世纪最坚固的堡垒”——君士坦丁堡。这座屹立千年的堡垒最终迎来了它的克星——一个叫乌尔班的匈牙利人。本来他带着火药和火炮制造方法来投靠君士坦丁堡，但拜占庭方面实在没有钱可以付给这位工匠，就在他心灰意冷之际，穆罕默德二世用重金雇用了他。他所制造的乌尔班火炮最终轰开了城墙。千年帝国就此覆灭。

腹背受敌

屹立千年的拜占庭帝国也终究逃不过覆灭的命运，然而令人欷歔的是，为自己带来这覆灭命运的不只有来自东方的外族人，更有来自西方的“伙伴”。

洗劫君士坦丁堡

第四次十字军东征
东征资费需要威尼斯商人的帮助

威尼斯商人想要独占地中海贸易
与十字军勾结侵略君士坦丁堡

1204 年，君士坦丁堡陷落

1204 年，十字军与威尼斯舰队攻破并洗劫了君士坦丁堡，拜占庭帝国因此变成拉丁帝国并被一分为三。虽然后来拜占庭帝国曾被恢复，但是帝国势力已衰，再不可能恢复往日的荣光了。

攻破君士坦丁堡

穆罕默德二世聘请了在拜占庭未受重用的工程师乌尔班，乌尔班则为其设计制造了攻城大炮，正是这件武器摧毁了中世纪以来从未被攻破的君士坦丁堡城防。

古典与新颖的交会点

包罗万象的拜占庭社会文化

拜占庭文化是一种古希腊文化与东方文化互相渗透并达到一定程度的产物。

◇ 传承与保留

拜占庭帝国的统治者们极为重视教育，特别是基础教育，其普及程度相当高，除了公办学校之外，私人讲学也十分盛行。拜占庭帝国的教育内容主要有两个方面，一方面是世俗内容，主要是古典时期的文化思想，另一方面就是宗教内容，即基督教的神学思想。尽管世俗与神圣之间常有相悖之处，并且统治者的政策偏向一般都会指向宗教教育，但是世俗思想的继承与传播在拜占庭的文化教育中始终未曾中断过，这使得古希腊罗马的文化思想得以很好地保存并发展。拜占庭学校的主要课程包括语法、诗歌、修辞以及哲学，一些教育机构还会专门教授法律知识。书籍是拜占庭贵族的日常用品，拜占庭的皇宫、主教宫殿和修道院都有自己的图书馆。当时还有专门的抄书人不断誊抄古典著作，因此大量古希腊、罗马的文献典籍被拜占庭收集并保存了下来。这些抄本对后来欧洲文艺复兴的发展产生了重要影响。

◇ 独特的拜占庭文化

早在4世纪末，罗马帝国划分成东西两部分以后，东罗马就开始逐渐发展自己的文化。公元5世纪上半叶，拉丁文逐渐被希腊文所取代，由古希腊罗马的文化传统、新兴基督教文化以及近东文明古国的文化等三种文化因素融合的拜占庭文化产生。这种别具一格的文化风格体现在拜占庭的各个文化领域。在音乐创作上，他们继承了古希腊和罗马音乐的特色，创作出具有开创性的圣歌作品。在建筑上，他们借鉴了罗马城的建筑经验修建城市水道，建筑风格上则从罗马风格中借鉴发展出了半球形穹顶风格。在宗教研究上，受到犹太教神学和古希腊哲学的影响而发展出的具有希腊特点的东正教，在查士丁尼时代和马其顿王朝的黄金时代得到了极大的发展，并最终传播到了东欧等地。

继承与创新

与西罗马帝国遭受外族入侵破坏不同，拜占庭帝国对于古希腊罗马的文化保存较为完善，在保存的同时，拜占庭文化也发展出了自己的特色。

对古典文化的保存

君士坦丁堡大学

↓

开设课程

语法　修辞　法律　哲学

君士坦丁堡皇家图书馆

↓

誊抄古希腊书籍

↓

藏书超过十二万册

↓

后世所看到的古希腊罗马经典基本以皇家图书馆的抄本为底本。

拜占庭建筑

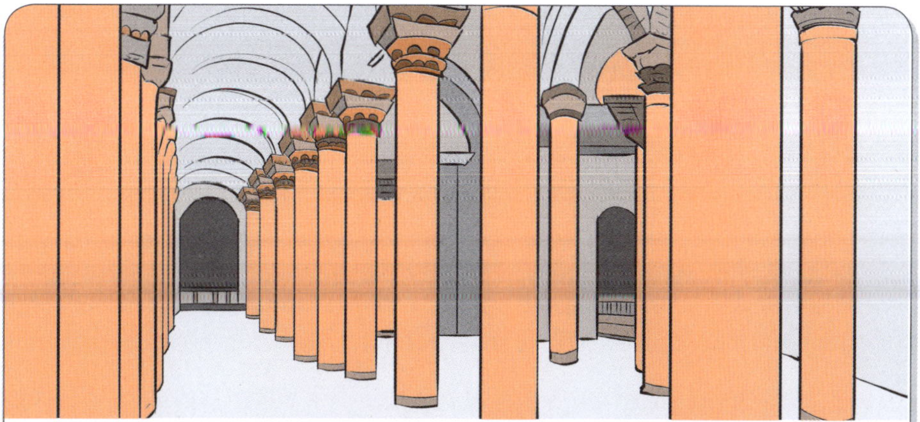

除了圣索菲亚大教堂这类建筑外，君士坦丁堡的基础建设也将实用、审美和科学有机地结合在一起。以图中的蓄水池为例，建造它的目的是为君士坦丁堡提供生活用水，其圆柱和拱顶充满了规则对称的形式美，而之所以能呈现出这种美是因为它的设计符合数学与物理的精准计算。

第二章
说斯拉夫语的世界

从游牧到定居
保加利亚王国的兴衰

保加利亚王国的形成是一个民族融合的过程，在几个世纪的过程中，原来的保加利亚人逐渐被同化，并最终成为斯拉夫人。

◇ 保加利亚王国的由来

现代保加利亚人是保加尔人和斯拉夫人的混血后裔。保加尔人是中亚突厥部落的一支，370 年左右和匈奴人来到了伏尔加河西部的草原。7 世纪初，保加尔人在库布拉特的统治下，建立了一个统一的保加尔汗国，称“大保加利亚”。汗国分裂以后，一支保加尔人部落移居到了巴尔干半岛东北部，并与当地的斯拉夫人结成联盟，共同对抗拜占庭。681 年，斗争成功，第一保加利亚王国成立。在这个国度里，保加尔人接受了斯拉夫人的文化生活习惯，大家也都统一说斯拉夫语。

◇ 战火中的保加利亚

保加利亚的兴衰与拜占庭有着密不可分的关系。在 8 世纪末，趁着拜占庭正处在破坏圣像运动两派斗争的混乱之际，保加利亚人打败了拜占庭军队。至此，保加利亚人开始东征西讨，扩大领土，并在 10 世纪时达到了强盛，当时的保加利亚国王西蒙一世一度被罗马教皇承认为“罗马人和保加利亚人皇帝”。1018 年，第一保加利亚王国被并入拜占庭帝国。一个半世纪后的 1185 年，保加利亚人又一次揭竿而起，成立了第二保加利亚王国。但第二保加利亚王国成立不久便遭到了蒙古的大规模入侵，之后又陷入连绵的内乱中，最终在 14 世纪末被奥斯曼帝国吞并。

保加利亚大事记

自7世纪上半叶至12世纪后期，保加利亚经历了从汗国到王国，从王国的鼎盛到王国的覆灭，再到人民起义争取独立，成立第二王国。

保加尔汗国

7世纪前半期，保加尔人在库布拉特的领导下，建立了保加尔汗国，被称之为“大保加利亚”。

库布拉特死后，保加尔汗国分裂。

第一保加利亚王国

汗国分裂后，阿斯巴鲁赫率领一支保加尔人部落渡过多瑙河，在与拜占庭长期征战中，他们与斯拉夫人结成联盟。公元681年，双方缔结和约，拜占庭方面承认保加利亚的独立，这一保加尔人与斯拉夫人共同建立的国家，就是第一保加利亚王国。

保加利亚黄金时代

7世纪至10世纪是保加利亚的扩张与封建化时期，也是保加利亚的强盛时期。在西蒙一世的统治下，保加利亚完成了有史以来最大范围的领土扩张，成为当时的东欧强国。深受希腊文化熏陶的他也为王国带来了一个无与伦比的文化繁荣。这一时期被认为是保加利亚的黄金时代。

第二保加利亚王国

在拜占庭皇帝巴西尔二世的征服下，保加利亚第一王国于1018年灭亡。直到1185年，伊凡·阿森领导保加利亚人起义，迫使拜占庭方面承认保加利亚的独立，保加利亚第二王国自此成立。

寻求统一与独立

波兰与捷克的王国兴衰

地理与民族方面的一致性往往会促进政治方面的统一，尽管这种统一可能会来得晚一些。

◇ 波兰的统一

波兰人属于西斯拉夫人的一支，自古以来他们就住在东欧平原的西部。6 至 10 世纪期间，波兰人的原始公社制逐渐解体。10 世纪末，国家基本完成初步统一。11 世纪，封建关系迅速发展，国内矛盾激化。到 12 世纪时，国内已经形成封建割据的局面。趁着国家分裂，外族乘虚而入。国家危急时刻，瓦迪斯瓦夫一世挺身而出，于 1320 年统一波兰。波兰的统一促进了经济的发展。农业上耕地面积扩大，大片森林被开垦。手工业则出现了地区分工的特点，其中克拉科夫的呢绒业、西里西亚的纺织业闻名遐迩。国内许多大城市商业活跃，并先后成为自治城市。

◇ 捷克的斗争

捷克人也属于西斯拉夫人的一支，主要聚居在易北河流域和摩拉瓦河流域。7 世纪中叶到 9 世纪初，原始公社制逐步解体，国家产生。捷克成为大摩拉维亚公国的成员之一，906 年，大摩拉维亚公国被匈牙利灭亡后，捷克又被纳入神圣罗马帝国的统治之下，直到 10 世纪末才获得独立。11 世纪以后，捷克成为神圣罗马帝国中独立的一部分。

独立以后的捷克，生产力得到了长足发展，同时，相应的社会矛盾的加剧也让农民苦不堪言。最终在 1419 年到 1434 年，捷克爆发了对欧洲历史影响深远的胡斯战争。这场战争不仅促进了捷克的独立和发展，还影响了欧洲各国。

胡斯战争

胡斯战争以胡斯抗议教会在捷克的特权与腐败行径并被杀害作为导火索，是捷克人民奋起反抗、争取民族独立的战争，尽管温和派势力的倒戈导致战争最终失败，但这场战争为后来的宗教改革和各国民族独立运动树立了榜样。

胡斯的抗议

权力：反对教会具有特权

权威：《圣经》是最高权威

教产：教产应交还国家

1415 年，胡斯因宣扬宗教改革思想被判为宗教异端并被处以火刑。

起义力量

圣杯派：由贵族和中产阶级组成的温和派，以城市为中心。

圣杯派目标达成后，倒戈镇压起义军。

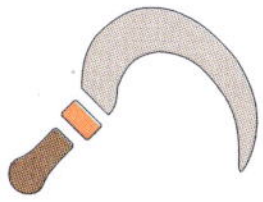

塔波尔派：由农民和下层劳动者组成的激进派，起义军的主力。

胡斯战争虽然因内部力量的倒戈而以失败告终，但却使捷克作为民族国家得以独立。

罗马帝国的继承人

从基辅罗斯到莫斯科公国

就像13世纪俄罗斯民族英雄亚历山大·涅夫斯基所说的那样："带剑来犯吾者必被剑诛。"

◇ 基辅罗斯公国建立

862年，维京人留里克在诺夫哥罗德建立了第一个罗斯王国。879年，奥列格继任王公后，率领亲兵队南征。882年，他率军打败另一支维京人建立的基辅国家，并迁都基辅，从此开始了基辅罗斯的统治。与同时代维京人一样，他们也喜欢掠夺和商贸。首先，他们用武力征服周边的部落，然后劫掠和征贡统治地区人民的财物，最后将这些财物用船运到君士坦丁堡出售，并从那里买回必需品和奢侈品。

弗拉基米尔一世继位后，基辅罗斯进入全盛时期。他征服了波兰人、芬兰人，将版图扩张到黑海地区，使基辅罗斯一跃成为东欧强国。马其顿王朝时期的拜占庭为了与他结盟，还将公主嫁给他。正因为这次婚姻，弗拉基米尔成为基督教徒，东正教也成为基辅罗斯的国教。但弗拉基米尔死后，封建割据加剧，国家四分五裂。

◇ 从蒙古的簇拥者到罗马帝国的继承者

1235年，蒙古铁骑横扫东欧，占领了基辅罗斯，建立了横跨东欧和北亚的钦察汗国，即欧洲人口中的"金帐汗国"。钦察汗国主要通过罗斯王公来控制罗斯。伊凡一世巧妙地利用蒙古人，让莫斯科公国凌驾于诸公国之上。在莫斯科公国悄悄发展的时候，钦察汗国却陷入了宫廷争斗和封建分裂的乱局中。莫斯科公国开始对钦察汗国动手，并取得了不错的战果。伊凡三世成为王公后，他一边对汗国用兵，一边收服罗斯各公国，终于在他和他儿子的努力下，以莫斯科为中心的中央集权国家得以建立，俄国实现了统一。由于伊凡三世的儿子具有拜占庭血统，而此时拜占庭已经灭亡，因此，俄国一直以罗马帝国的继承者自居。

商贸与征战

从基辅罗斯到莫斯科公国，流着维京战血的罗斯人与东斯拉夫人一道慢慢经营、渐渐崛起，积少成多、分久必合。

瓦希商路

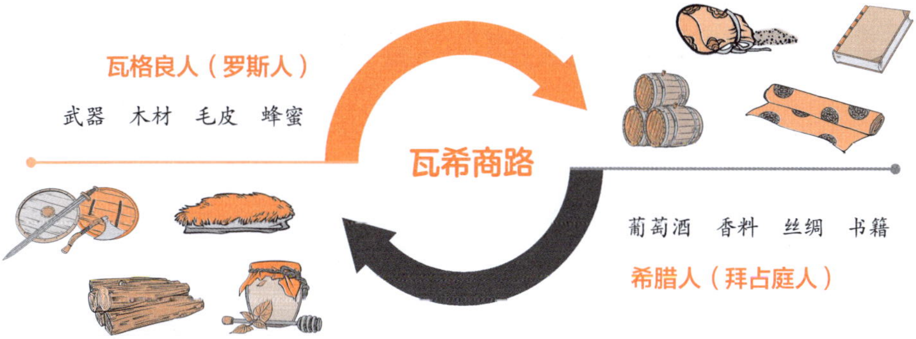

库里科沃战役

莫斯科大公 底米特里

13世纪，蒙古人入侵东欧，建立钦察汗国
罗斯各公国接受蒙古人统治

↓

莫斯科公国逐渐崛起并开始反抗钦察汗国
钦察汗国开始陷入内乱并走向衰落

↓

1380年，库里科沃战役
莫斯科大公率领公国联军战胜了蒙古军

在库里科沃战役中，莫斯科军以惨重的代价打败了蒙古军。这场战役的胜利虽未能使罗斯各公国摆脱蒙古的统治，但却激发了罗斯人民的反抗精神与民族向心力，同时也使莫斯科获得了在诸公国联合中的核心地位。

第三章
西欧混乱的开始

挟天子以令诸侯
“铁锤”查理与欧洲封建制

公元 8 世纪，高卢地区的政权统一开始于“铁锤”查理，完成于其子丕平。

◇ 法兰克的崛起

法兰克人是日耳曼人的一支。481 年，墨洛温家族出身的克洛维在法兰克人、罗马人及教会的支持下建立法兰克王国，至此开启了墨洛温王朝的统治。克洛维通过教会势力来巩固自己的统治，并且在教会的支持下对西哥特人发动战争，征服了高卢，同时也通过教会与拜占庭搞好关系。511 年，他被拜占庭皇帝封为执政官。在他的统治下，法兰克王国成为当时的西欧强国。但克洛维死后，按照旧习王国将由他的儿子瓜分，于是围绕王权争霸的分裂兼并战争不断上演，王权由此衰落。

◇ “铁锤”查理挟天子以令诸侯

王权衰落以后，各地“诸侯”纷纷崛起。所谓乱世出枭雄，查理 · 马特便是在这个时候出现的。715 年，查理出任宫相，为结束纷乱的局面，他做了两手准备。一方面他推出论功行赏的采邑制，结束了以前无条件分封土地给王国臣属的情况。封建制度的推行为他带来了充足的兵源。另一方面他发挥军事才能，带领法兰克人平定各地的叛乱，并在 732 年击退入侵的阿拉伯人，从此一战成名，赢得了“铁锤”的称号。此时的查理虽然已经是王国的实际统治者，但他始终保持宫相的身份。直到查理去世，他的儿子丕平三世才迫使国王将王位禅让给自己，从而开创了加洛林王朝。

中世纪欧洲的采邑制

采邑制是将土地分封给对国家有功劳贡献的人，要求接受土地者必须以服兵役作为交换条件的制度。采邑制的实行和推广为王国的战争资源提供了保障，同时也促进了欧洲封建化的进程。

查理·马特

查理·马特

“马特”的本义是“锤子”，这个称号因查理于普瓦提艾战役中成功击退阿拉伯人而来。查理是墨洛温王朝末期的宫相，也是当时法兰克王国的实际统治者。面对连绵不断的战争，国家的经济收入与兵源面临着严重危机，于是查理进行改革，他改革的最重要的方面就是实行了采邑制。

采邑制

采邑制
有条件的分封

- **权利**
  - 受封者终身享有封地。
  - 受封者可将封地再向下赐封。
- **义务**
  - 受封者服从赐封者。
  - 赐封者保护受封者。
- **限制**
  - 封地不可世袭。
  - 受封者如不履行义务，赐封者有权将封地收回。
  - 赐封者与受封者任何一方死亡，封地须归还。

条件

受封者必须服兵役，为国家提供兵力和装备。

封建教会的崛起

国王对教会的酬谢

宗教社会的一大特征就是统治者会将自身提高到一个远高于被统治者的地位，并给自身赋予一种独特的神圣性质，以使后者服从自己。

◇ 从思想到世俗的统治

自从基督教成为罗马帝国的国教以后，教会便开始在整个欧洲传播基督教义，有组织地发展基督教徒。尽管这一传教过程与外族入侵和西罗马帝国覆灭所处的时间段相同，但是战乱似乎并没有给基督教带来多大的影响，反倒是蒙昧落后的外族人更容易接受基督教思想的控制，这使得教会的力量渗透到整个欧洲，并在各大王国中站稳了脚跟。根据基督教的教义，因为亚当和夏娃受到了魔鬼的诱惑而堕落，所以作为其后代的人类生下来就带有原罪，因此人生的全部意义就在于赎罪。在当时，要赎罪只能找教会。为了赎罪，王公大臣们时常向教会捐赠大量的土地和财富。教会就这样在累积财富的同时实现了对世俗的控制。到了公元 7 世纪时，教会在法兰克王国所占有的土地面积接近其国土总面积的三分之一。教会在欧洲已经成为一支不可忽视的重要力量。

◇ 封建教会的锋芒与隐患

从克洛维意识到教会的强大时起，法兰克王国就一直与教会保持着不可分割的关系。丕平三世正是意识到了这一点，才通过得到罗马教皇的支持迫使墨洛温王朝的国王退位，并在 754 年接受教皇加冕，确立自己对王国统治的合法性。为了酬谢教会，丕平率兵进攻威胁教皇的伦巴第人，并将罗马附近及拉文纳地区献给教皇，史称“丕平献土”。一个政教合一的“教皇国”自此诞生。教皇在这里发出了很多影响中世纪的决策，而这些决策想要实现离不开地方教会；但随着采邑制的深入推广，地方教会只要效忠国王，也可以从国王手中获得土地，这使得地方教会开始在效忠教皇与效忠国王之间摇摆不定。教权和王权的斗争在此起彼伏中推动着历史的前进。

罗马天主教会组织结构

中世纪的罗马天主教之所以能够长达千年地统治着精神与世俗生活的方方面面，除了其宗教内容外，更与其教会的组织结构有关。从某种角度来说，这种组织结构的设置为宗教权力的稳定性提供了保证。

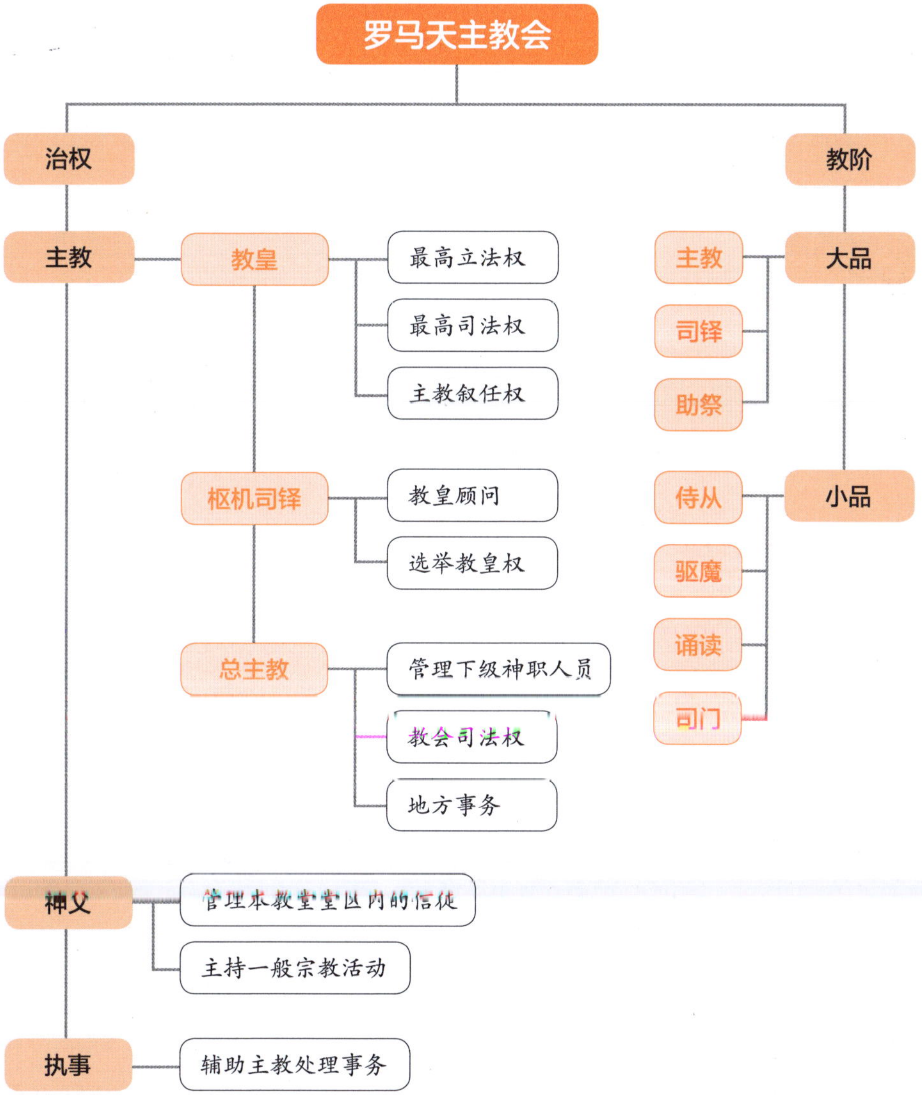

“红桃 K”的查理大帝

加洛林帝国

查理大帝确实是他那个时代的伟人，如同其传记作者艾因哈德所说：“除了他的事业之外，不会再有什么可以使你惊奇或景慕的了。”

◇ 查理大帝的欧洲版图

768 年，法兰克国王查理继位。他继续推行采邑制，初步建立了封君封臣制的王国制度，然后他带领这些受封的贵族开始东征西战。772 年，他对生活在今天德国境内的萨克森人用兵，历时三十三年才最终征服了这个地区。774 年，他击败伦巴第人，控制意大利；778 年开始对盘踞在西班牙的阿拉伯人用兵；796 年击败东部的阿瓦尔人。800 年前后，查理的法兰克王国版图已经大致与西罗马帝国的欧洲部分相合。800 年圣诞节，查理获得教皇加冕成为“罗马人的皇帝”。在查理统治时期，如今德国、奥地利、意大利、北巴尔干、比利牛斯山一带都被纳入了他的帝国版图中。这为查理成为“欧洲之父”奠定了基础。

◇ 加洛林文艺复兴

如果只有领土扩张，查理还不足以被称为“欧洲之父”，除了武功之外，查理大帝也非常重视文治。由于当时基督教在欧洲地区已经深入人心，牢牢地掌控着人们的精神文化生活，所以查理也便从基督教文化入手，从倡导基督教文化和发展宗教教育两个方面开始了他的改革。首先，他在宫廷内办起了教育，邀请来自欧洲各地的基督教学者来王宫中讲学，在王宫中营造起一种具有国际性的沙龙氛围。然后，他又在王国内建设了大量修道院和学校，这使得在战乱中几乎被毁灭的古希腊罗马文化得到了保护，同时也为后来欧洲教育制度的建立和完善奠定了基础。同时，他还组织了当时优秀的基督教学者，收集了大量的古代手稿，对《圣经》重新进行修订，为中世纪西欧的宗教文化发展找到了立足点。在这场被现代学者称为“加洛林文艺复兴”的运动中，基督教教义与活动得到初步规范，系统的宗教教育机构开始出现，具有宗教性质的拉丁文学开始萌发，欧洲完成了它的第一次觉醒。

查理大帝及其时代文化

法兰克王国的国王查理，因其丰功伟绩而被同时代及后人尊称为“查理大帝”。伟大的人物引领着伟大的时代，伟大的时代也推动了文明的发展与进步。

罗马人的皇帝

查理大帝的戎马一生为法兰克王国开疆拓土，使之成为当时欧洲最为强大的国家。公元 800 年圣诞节，教皇利奥三世为查理加冕，并宣布他为“罗马人的皇帝”。

教育与文化

阿尔昆改革

- **教育**：改善宫廷学校教学水平，增添文学及宗教研究内容。
- **文化**：组织修订拉丁语《圣经》，此版后被视为《圣经》的标准译本。

阿尔昆本是英国僧侣，受查理大帝的邀请来到了法兰克王国。在阿尔昆的主持和带领下，法兰克王国的文化水平得到很大提升，加洛林文艺复兴由此开始。

欧洲版“三家分晋”

法兰克王国的分裂

匆匆建立又匆匆崩溃，查理大帝建立的帝国在其死后不久就在内战中四分五裂。

◇ 三分法兰克

查理大帝戎马一生，为法兰克王国开拓了广袤的国土。因为查理的个人威望以及高寿，其在位期间，法兰克王国一直都保持着稳定的统一局面。814 年，查理大帝去世，其子“虔诚者”路易继位，法兰克王国的动荡时代由此开始。与父亲的丰功伟业相比，路易对于王国的贡献似乎不值一提。因为缺少父亲那种强悍的政治手腕，路易在位期间，他的儿子们多次起兵造反，帝国的分裂已经不可避免。843 年，“虔诚者”路易去世，依据传统，国家将由他的三个儿子分而治之，于是罗退尔、“日耳曼”路易、“秃头”查理在凡尔登缔结条约，将法兰克王国一分为三。“日耳曼”路易分得东法兰克王国，其疆域大致与近代的德国西部相合；“秃头”查理得到了西法兰克王国，其疆域大部分在现在的法国境内；从尼德兰沿着莱茵河延伸到意大利北部的地方归罗退尔统治，这一部分就是中法兰克王国。法兰克王国从强盛到分裂，中间只隔了一代人的时间。

◇ 分家以后的西欧

855 年，罗退尔去世，中法兰克王国再次被他的儿子们分成了洛林、普罗旺斯和意大利。不过分得了洛林与普罗旺斯的两个儿子不久后便相继去世，于是路易与查理又开始打起了分割中法兰克王国的主意。870 年，查理和路易签订《墨尔森条约》，瓜分了中法兰克王国北部的洛林和普罗旺斯，而意大利的部分则保留了下来，继续由罗退尔的儿子统治，留下来的这一部分就成了今天意大利的雏形。东法兰克王国和西法兰克王国原本都是加洛林王室成员在统治，但随着王室后继无人，便逐渐被其他日耳曼贵族所占据。911 年，法兰克尼亚公爵康德拉继位，东法兰克王国归入神圣罗马帝国；西法兰克王国的王位则在 987 年由罗贝尔家族的休·卡佩取而代之。

创业容易守业难

加洛林王朝的辉煌由查理大帝造就，也因查理大帝的离世而终结。其子“虔诚者”路易死后，路易的三个儿子将法兰克王国一分为三。

843 年《凡尔登条约》

图为查理大帝开拓的法兰克王国版图。由于查理大帝七十二岁时才去世，他的儿子中还活着的就只剩下了“虔诚者”路易，所以王国完全由“虔诚者”路易继承下来。

《凡尔登条约》→

“虔诚者”路易死后，其长子罗退尔继位，但他的两个弟弟“日耳曼”路易和“秃头”查理却联合起来反抗他。最终，三人于843年签订《凡尔登条约》，法兰克王国由此一分为三。

870 年《墨尔森条约》

罗退尔一世去世后，“日耳曼”路易和“秃头”查理瓜分了中法兰克王国，只留下了由罗退尔的儿子统治的意大利王国。《墨尔森条约》签订后，后来的神圣罗马帝国、法兰西王国与意大利王国的国界雏形基本形成。

欧洲版“田氏代齐”
卡佩王朝的法兰西王国

随着采邑制的深化，国王的力量逐渐变弱，国内的贵族不再听从国王的领导，甚至连王室区域的人也不再服从国王。

◇ 导致王权衰落的封建城堡

877年，西法兰克王国的“秃头”查理决定深化采邑制。他颁布了《克尔西敕令》，正式承认受封的土地可以世袭，这就使得受封的贵族更加珍惜自己的土地。但此时，北方的维京人南下，到处劫掠，这些贵族为了维护自己的财产，防止外族人的侵扰，纷纷在自己的领地内修筑高大的城堡，并不断壮大自己的私人武装。这些封建主在自己的领地里发展经济，拥有自己的一套行政和司法规则，俨然一个个小王国。封建割据势力壮大之时，王权则在不断衰弱。987年，加洛林王朝的末代国王死后无嗣，罗贝尔家族的休·卡佩被拥立为王，建立卡佩王朝。由于卡佩的祖上因抵抗维京人入侵有功而被封为法兰西公爵，因此“西法兰克”被改称为“法兰西”。

◇ 一切为了王权

卡佩王朝初期，封建割据势力依然很强。法兰西国王能控制的领地只有从巴黎到奥尔良的狭长地带。整个法兰西王国有六十多个大领主拥有领地，其中如诺曼底公国、安茹伯国、勃艮第公国、阿基坦公国等大领地则更是享有完全的独立。卡佩王朝的国王们为了一统全国、建立唯一的权威可谓是使出了浑身解数。打得过的就用武力吞并，不能吞并的，那就通过联姻的方式合并。到了腓力二世继位的时候，王权已经得到加强，王室领土比原来扩大了三倍。腓力二世继续延续祖上的政策，最终将王室发展成为王国内最强大的封建领主。王权至此再也不用担心被人撼动。

从弹丸之地到最大的封建领地

卡佩王朝创立之初，休·卡佩所拥有的王室领地只有从奥尔良到巴黎的一小条狭长地段，其他大部分区域则由十个公国与伯国分而治之。在后来的两个世纪中，王权不断强化，到了第九任国王腓力二世时，法兰西王国的绝大多数领土都已为王室所有。

中世纪欧洲王权的来源

休·卡佩

因加洛林王朝绝嗣而被选举出的国王

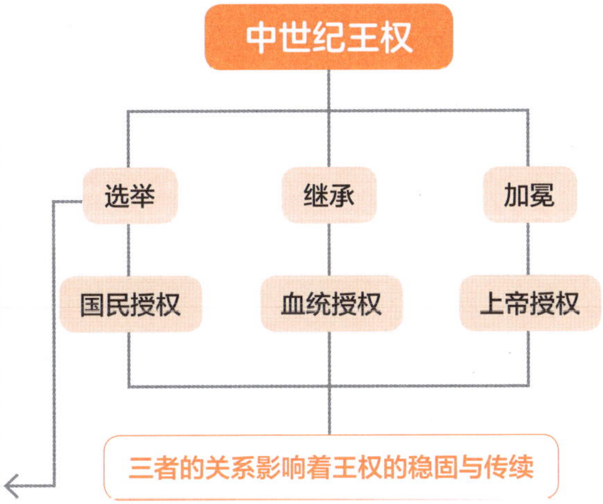

“奥古斯都”腓力二世

腓力二世在其统治期间最伟大的成就是收复了诺曼底公爵领、勃艮第公爵领、阿基坦公爵领以及安茹伯爵领的绝大部分封地，这使腓力二世获得了“奥古斯都”的美誉。此后，王室成为法兰西王国最强大的封建领主。

千年帝国的诞生
神圣罗马帝国挂牌上市

当奥格斯堡战役胜利时，军队高呼奥托是“祖国之父”。

◇ 纷乱中的王权崛起

三分法兰克以后，东法兰克王国外部直面北欧的维京人和东部的匈牙利人，内部则土地兼并严重；加之这里纳入法兰克王国版图的时间较晚，王权经常旁落，王国可谓内忧外患。因此，想要在王国中建立强大的中央集权异常困难，即使建立也很难长久维系。911 年加洛林王室绝嗣以后，你争我夺的权力游戏更是在这片土地上频繁上演。

919 年，萨克森公爵亨利取代法兰克尼亚公爵，开创了萨克森王朝。为了争取各地贵族的支持，亨利赋予了他们各种特权。地方贵族势力得以壮大，而王室的力量则缩小到只能影响公爵原本的领地。

936 年，亨利去世，其子奥托一世继位。但奥托的弟弟表示不服，于是发动叛乱，其他公国纷纷响应。奥托采取各个击破的方法，最终在 941 年成功地镇压了叛乱。叛乱平定后，他采取政治联姻和出兵征讨的方式控制各公国。当这些大公国被控制后，奥托便召开国王会议，重新分配土地，把自己的亲信安插到各地区。

◇ 神圣罗马帝国挂牌上市

奥托对内镇压叛乱，对外则施行积极的扩张政策：951 年征伐意大利并一度成为意大利的国王；955 年击退匈牙利人的入侵；帝国疆域很快便超过了原东法兰克王国。961 年，意大利人兵临罗马，教皇若望十二世向奥托一世求援。962 年，为答谢奥托一世击退意大利人，教皇加冕奥托为罗马帝国皇帝。他的继任者腓特烈一世则进一步在帝国名称前加上“神圣”二字。至此，神圣罗马帝国挂牌上市。

奠定帝位的胜利

奥格斯堡战役是欧洲抵抗匈牙利人入侵的一场决定性战役，奥托一世领军击败了匈牙利人，此后匈牙利人未有任何入侵欧洲的行动，反而定居下来，建立了匈牙利王国。

背景

匈牙利人本是西伯利亚或中亚地区的游牧部落
↓
9 世纪末开始向西迁移入侵欧洲
↓
劫掠对象不是城堡或城市，而是村落
↓
严重地破坏了欧洲的农业生产

匈牙利骑兵

奥格斯堡战役

战役

955 年，匈牙利军队入侵巴伐利亚，包围奥格斯堡
↓
德意志国王奥托一世率军夺回奥格斯堡
↓
在莱希河畔与匈牙利军展开决战
↓
奥托军队大获全胜

影响

匈牙利人不再入侵欧洲，转而定居并皈信天主教
↓
欧洲的和平得到维护
↓
奥托一世的威信因此战而得以极大地提高
↓
为后来神圣罗马帝国的建立奠定基础

德意志国王 奥托一世

德意志选帝侯们的权力游戏

分崩离析的神圣罗马帝国

确如法国思想家伏尔泰所说，神圣罗马帝国既非神圣，也非罗马，更非帝国。

◇ 谁强谁说了算

古代日耳曼人的部落有通过选举的方式产生首领的传统。这一传统并没有因为王朝的出现而完全消失。在东法兰克王国的加洛林王朝绝嗣以后，王国重新找回了这种传统；而在神圣罗马帝国时期，这种方式依然存在。但这种选举并不是民主的选举。因为欧洲封建制的特点，帝国根本无法形成绝对的中央集权，往往是谁强谁说了算。不服，那就打一架。于是，这些强者在不断的摩擦中达成了默契：谁征服了所有人谁就是所有日耳曼人的国王，如果最后在罗马被教会加冕，那就可以升级为“罗马皇帝”。这导致了帝国如果出现强势家族，便会进入稳定的王朝；而一旦家族势力衰弱，又会回到武装选举中。

◇ 坐下来商量

在神圣罗马帝国的早期阶段，各个封建贵族与领主之间的差距并不是很明显，但是经过上百年的彼此间的征伐战争，有一些家族势力脱颖而出，成为拥有绝对实力的强势家族，于是，这些家族开始左右帝国皇帝的选举。1356 年，时任帝国皇帝的查理四世为了确保自己的继承人能够得到各大公侯的认可与支持，遂颁布了《黄金诏书》，该诏书确立神圣罗马帝国的皇帝将由七个最有权势的公侯选举产生，这种由公侯选举皇帝的制度便是选帝侯制度。

选帝侯制度的确立使帝国的中央集权变得更加无力，皇帝的选举过程演变成了帝国内各大势力的力量角逐。在这种对权力的撕扯中，帝国最后变得分崩离析。另一方面，帝国的衰落给英法两国的崛起提供了空间与机遇，使两国开始在国际上拥有属于自己的发言权。

《黄金诏书》与选帝侯

《黄金诏书》的颁布以及选帝侯制度的形成，使得原本为王权寻求支持以确保稳定的想法变成了王权被削弱的事实。选帝侯权力的增强也导致了帝国始终难得统一。

《黄金诏书》

黄金印玺

目的 → 使继承人获得大领主支持

结果 → 王权被削弱

影响 → 帝国分裂加剧

七大选帝侯

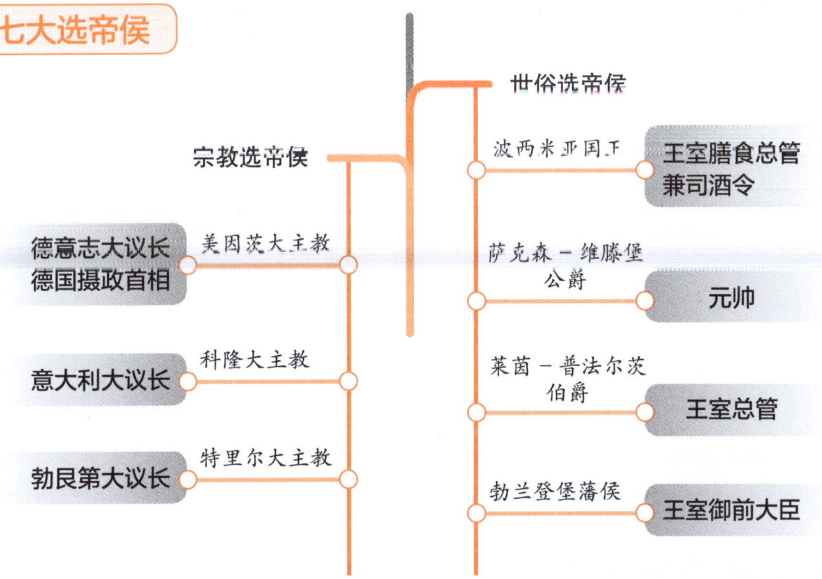

第四章
维京人搅动了整个欧洲

维京战吼
异教徒的狂欢

维京时代的来临意味着欧洲迎来了新一轮的混乱。

◇ 令欧洲战栗的维京战吼

在9世纪和10世纪，欧洲出现了最后一批侵略者——维京人。他们的老家在北欧——瑞典、挪威、丹麦，他们最大的喜好就是通过海路洗劫城市，有时甚至溯河而上深入内陆，掠夺想要的一切。维京人的巨大长船是露天的，这让他们只能在夏天出征，冬天则要返家过冬。因此，他们什么都抢，如果实在带不走，就全部摧毁。他们一路上烧杀抢掠，手段极其残忍。民众虽然对他们恨之入骨，但更多的是害怕。由于当时的欧洲正处在封建分裂当中，军事力量分散，加之西罗马覆灭以后，西欧基本没有海军，因此，维京人在两百年里席卷了整个欧洲。

◇ 不信基督的维京人盯上了修道院

在维京人眼中，积累了大量财富的修道院是他们的最爱。当初为了躲避陆路入侵而修建在河边或海岸附近的修道院，如今却方便了维京人的劫掠。为此，修道院的修士们在维京人的尾追下开始向内陆搬迁。教会对这些异教徒非常痛恨，然而维京人不是基督教徒，教会既没有谴责他们的资格，也不具备号召所有基督徒进攻北欧的能力。但维京人有一个好的特点，他们如同曾经的罗马人一样，信奉的是多神教。对付这种异教徒，教会有着丰富的经验。于是，教会派出了大量的传教士对这些“老对手”进行精神控制。由此，维京人的时代也即将结束。

骁勇好战的维京人

提到维京人，他们骁勇好战的形象总会跃然纸上，而这正是维京人能在中世纪欧洲畅行无阻的原因所在。凭借着长船与利刃，他们在海域与河道上所向披靡、无往不胜。

维京长船

维京长船的优势使维京人能自由穿梭往来于各类水域。在海面，这种长船的龙骨结构使其不惧风浪；在内陆河流，吃水浅的特点让维京人可以任意停靠、随时发起攻击；其航行速度是陆地行军的三倍以上，当救援军队赶到时，来去如风的维京战士早已不见踪影。

“维京时代”的开始

维京战士经常使用的武器是斧，盾牌中间的半球形铁块可以更好地保护持盾的手臂。剑是他们最重视也最宝贵的武器，被视为身份与地位的象征。

793 年 6 月 8 日，维京人袭击了英格兰东北部的林迪斯法恩修道院，这是当时英格兰最富有的修道院。维京人的袭掠将这里变成满地尸体的废墟。欧洲“维京时代”就此开始。

维京落幕

皈依与定居

精神控制也是一种力量的展现，也许它没有武力那么直接，但是效果却比武力好很多，维京人皈信天主教这件事就证明了这一点。

◇ 再一次证明自己的中世纪宗教力量

传教士来到北欧以后，开始在民众中传播基督教义，虽然也曾经发展出一些小团体，但都没有得到大规模的传播。直到 10 世纪末，北欧出现了一位传奇的王者——“蓝牙王”哈拉尔。他将维京人的海盗事业推向了顶峰，但同时也结束了维京人四处劫掠的生活。哈拉尔凭借自己的军事力量统一了整个丹麦和挪威。强大的北欧让南方的国王和教会愈发不安，于是一直就在北欧传教的教士们开始攻略这位“蓝牙王”。功夫不负有心人，哈拉尔最终被教士的精神折服皈信了天主教，并且在 980 年将天主教立为国教。维京人对修道院的态度发生了转变，并且在教会的教育下，不再干抢劫的勾当。到 10 世纪以后，维京人基本安定了下来。

◇ 走出去的维京人最后都怎么样了

维京人走出北欧以后，一部分人选择返家，另一部分人则带着妻小在欧洲各地建立了自己的家园。他们广布在俄国、法国北部、英格兰和爱尔兰等地区。

当时的英格兰是盎格鲁 - 撒克逊人的领地，而且正处于七国分裂当中，维京人乘虚而入，试图占领整个英格兰。此时，英格兰出现了一位伟大的国王——阿尔弗雷德大帝。他整合了整个英格兰的力量来抵抗维京人的入侵，英格兰逐渐从七国时代走向统一，维京人则始终无法真正占领整个英格兰。

在海峡的另一边，维京人却获得了不一样的待遇。911 年，不堪侵扰的西法兰克国王与维京人签订和约，将北部沿海地区割让给维京人，封其首领为诺曼底公爵。诺曼底公爵领出现在历史舞台，诺曼人影响欧洲的时代也即将开始。

8—11 世纪维京人的分布

烧杀抢掠的生存方式并不能给维京人带来长期的稳定，对天主教的皈信也让好战的维京人愿意尝试去过一种与传统不一样的定居生活。

斯堪的纳维亚半岛的维京人

- **丹麦**：丹麦在“蓝牙王”哈拉尔的统治期间，成为当时北欧最强大的王国。哈拉尔使丹麦人改信了天主教，宗教信仰的改变使日后丹麦、挪威、瑞典这北欧三国逐渐与欧洲其他国家连成一体，海上掠夺争战的传统慢慢从维京人的生活中消失。
- **东欧**：据传，东斯拉夫人不同部落间征战不断，为了获得和平不再内耗，他们请来了强悍的罗斯人来担任他们的领袖，于是罗斯人留里克在东欧开始了其留里克王朝的统治，其后继者不久后便建立了基辅罗斯公国。
- **英格兰**：871 年，被贤人会议推举为英格兰国王的阿尔弗雷德刚即位就面临着丹麦维京人对伦敦等重要城市的进攻，阿尔弗雷德领导的英格兰军队对这些侵略者的抗争直到 892 年才以与丹麦维京人划界而治告一段落。
- **西法兰克**：为了不再受来自维京人的侵犯，911 年西法兰克王国国王查理三世被迫将北部沿海的诺曼底地区赠予之前侵入巴黎的维京人首领罗洛，并封其为诺曼底公爵。此后诺曼底的维京人成为诺曼人，他们影响着后来欧洲的历史进程。

第五章
诺曼人改变了欧洲

诺曼征服

从诺曼底公国到英格兰诺曼王朝

公元 789 年，第一批丹麦人来到了英格兰人的土地上，一个新的历史阶段就此开始。

◇ 诺曼底公国的崛起

自从 911 年从西法兰克国王手中获得封地后，维京人便一直定居在塞纳河下游一带。历代诺曼底公爵一边通过使自己基督教化和与周边的贵族联姻，逐渐融入这一地区；一边又与北欧老家的海盗勾结在一起，对周边用兵。经过百年的发展，诺曼底公爵已经和周边的贵族产生了盘根错节的纠葛。如诺曼底公国的公主爱玛便曾两次嫁人，而且每一任丈夫都是英格兰国王。“忏悔者”爱德华便是她的儿子。

◇ 诺曼征服

自阿尔弗雷德大帝以后，英格兰进入盎格鲁 - 撒克逊王朝统治时期。其间，北欧的海盗帝国开创者克努特大帝曾短暂地统治过英格兰，但“忏悔者”爱德华很快便恢复了王朝的统治。爱德华早年曾逃亡诺曼底，与诺曼底公爵建立了深厚的友谊。其继任者哈罗德加冕前也曾来到了诺曼底，并承诺帮助诺曼底公爵威廉成为英格兰的王。

但爱德华一死，哈罗德便自己加冕为王。这惹怒了威廉，也遭到了克努特大帝的后裔哈拉尔三世的质疑。哈拉尔三世首先率领挪威军队入侵英格兰。哈罗德刚击退哈拉尔三世，诺曼底公爵便渡过海峡，剑指伦敦。最终，疲惫不堪的哈罗德军队败给了以逸待劳的诺曼底公爵。1066 年，威廉在伦敦加冕，开启诺曼王朝，史称“诺曼征服”。

从诺曼底公爵变成英国国王

由于诺曼底公爵理查二世将姐姐爱玛嫁给了英国国王埃塞尔雷德二世，所以诺曼底公爵与英国王室就有了联姻与血缘关系，这种关系正是诺曼底公爵威廉征服英国成为英国国王的前提条件。

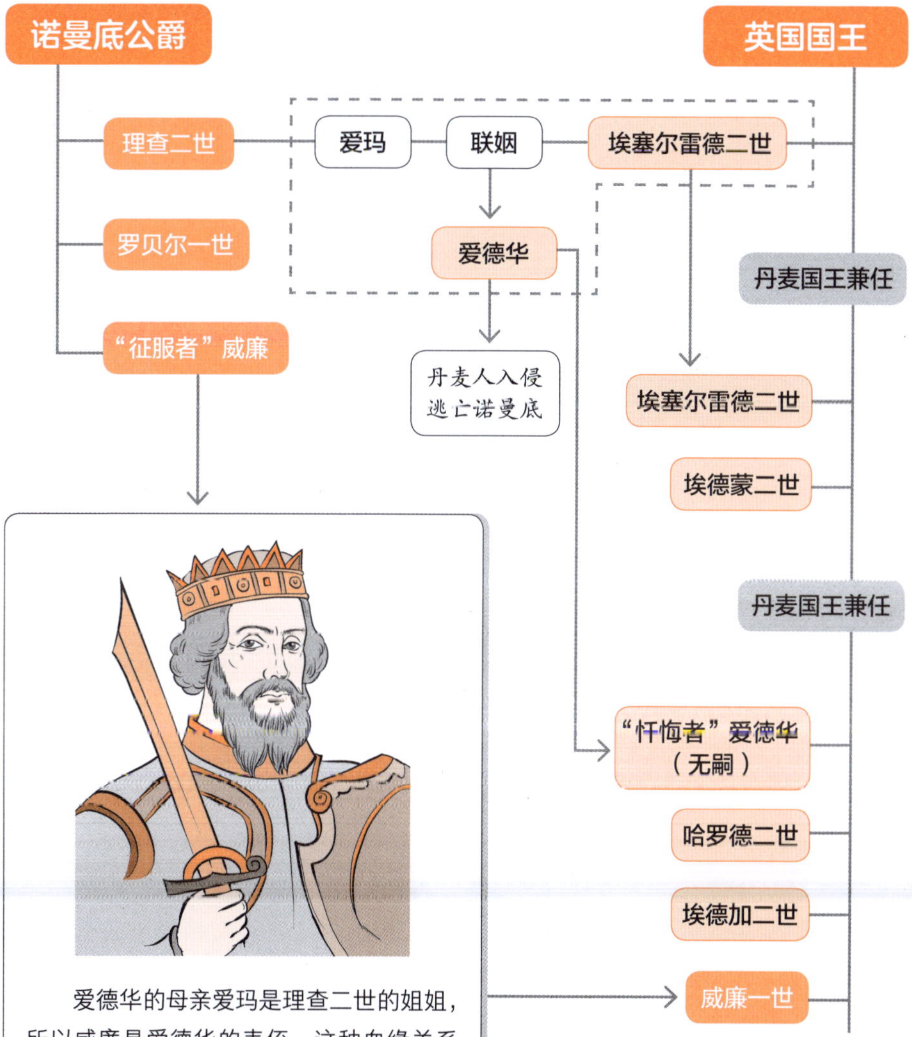

爱德华的母亲爱玛是理查二世的姐姐，所以威廉是爱德华的表侄。这种血缘关系让威廉认为自己是英国王位的合法继承人。1066 年爱德华死后，威廉遂率军进攻英格兰并加冕为英国国王，史称“诺曼征服”。

诺曼远征

诺曼人在意大利

坦克雷德家族在意大利的成功向欧洲人展现了诺曼人的勇气与力量。

◇ 雇佣军征服南意大利

11 世纪初的意大利正处在多个势力相互争斗的混乱时期：南部由拜占庭马其顿王朝控制，西西里岛上盘踞着阿拉伯人，北部则存在着教皇国和神圣罗马帝国。拜占庭想要恢复昔日荣光，罗马是必夺之地，神圣罗马帝国国王想要成为皇帝也必须来到罗马，而基督徒想要去耶路撒冷朝圣，必会先到罗马拜谒教皇以后再前往圣城。意大利因为罗马的特殊地位而成为各方争夺的焦点地区之一。这时候，来自诺曼底公国奥特维尔家族的强势插入使得地中海的格局发生了微妙的改变。

1035 年，奥特维尔的长子威廉来到意大利。他带着手下加入了拜占庭征服西西里岛的雇佣军。威廉因为表现卓著，获得了“铁臂”的称号，成为南方诺曼人的领袖并获得公爵爵位。威廉去世后，他的弟弟“狡猾者”罗伯特来到了意大利。他重新组织起诺曼人开展征伐。1071 年，罗伯特将拜占庭彻底赶出意大利，成为南意大利的唯一主人。

◇ 永不止步的奥特维尔家族

罗伯特并不满足于现状，他开始策划对君士坦丁堡动手。1081 年，罗伯特率大军向拜占庭本土进发，但国内的叛乱和拜占庭的杰出将领阿历克塞却不断阻挠他的步伐。1085 年，罗伯特不幸病逝，但他的弟弟罗杰和儿子博希蒙德，则将诺曼人带得更远。1090 年，罗杰征服了阿拉伯人，实现对西西里岛的统治；而博希蒙德则响应教皇的号召，披上绣有十字徽章的战袍向耶路撒冷进发，最终在安条克建立公国。诺曼人在地中海成为一股不可忽视的力量。

从诺曼底到安条克

诺曼人在意大利的历史就是奥特维尔家族的战斗史与征服史。仅仅两代人的时间，奥特维尔家族就从雇佣兵晋级成为伯爵、公爵。

诺曼底 — 坦克雷德 →

奥特维尔的坦克雷德是已知的奥特维尔家族最早的祖先，他只是一个小男爵，娶了两任妻子，生了十二个儿子。然而他那点儿可怜的财产根本不足以平分给孩子们，在别人的建议下，他让孩子们去意大利闯荡一番。

↓

意大利 — “铁臂”威廉 德罗戈 汉弗莱 →

坦克雷德最年长的三个儿子都通过英勇作战的方式在意大利赢得了地位与财富，而更令人瞩目的则是稍后来到的、他们同父异母的弟弟“狡猾者”罗伯特。

↓

西西里 — 罗杰 →

罗杰是坦克雷德与第二任妻子所生的最小的儿子，在征讨西西里逐出穆斯林后，便受封为西西里伯爵。他在政治上比哥哥们要高明，在其治理下，西西里在战火后迅速恢复到往日的繁荣。

↓

拜占庭 — “狡猾者”罗伯特 →

“狡猾者”罗伯特的野心并没有在意大利和西西里得到满足，他将目标投向了君士坦丁堡，尽管征战最后以失败告终，但他仍然使自己成为当时欧洲最为强大的政治力量之一。

↓

安条克 — 博希蒙德 →

同父亲一起征讨君士坦丁堡的失败并没有浇灭他体内诺曼人的热血，在第一次十字军东征中，博希蒙德迅速以其实力成为十字军的领袖人物。在攻克安条克后，他并没有继续进军耶路撒冷，而是驻留下来，建立起自己的安条克公国。

诺曼浮沉

诺曼人在王权与教权斗争中的起伏

中世纪的天主教会拥有至高的地位，任何不与教会保持一致者，都不被认可为天主教徒。

◇ 从敌到友

罗伯特刚来到意大利时，因为统治手段残暴而惹怒了教皇利奥九世。教皇试图带领军队围剿他，但很不幸，教皇被罗伯特客客气气地囚禁了起来。罗伯特称霸南意大利以后，教皇与诺曼人和解。之后，历代教皇都会选择依靠诺曼人的力量来驱逐外敌。

◇ 王权与教权斗争中的诺曼解救

1073 年，格列高利七世就任教皇。当时由于封建制的影响，地方主教叙任权被皇帝控制。理想主义者格列高利七世自然不会同意。1075 年，他向神圣罗马帝国皇帝亨利四世提出要收回这一权力。但皇帝需要通过地方教会削弱其他封建贵族的势力，所以没有同意教皇的要求。教皇便开除了亨利教籍。亨利刚开始选择屈服，但不久后的 1081 年便率军入侵罗马，准备一雪前耻。格列高利七世不得不向罗伯特求助。1085 年，罗伯特率军将教皇从帝国军队中救出。

◇ 用血缘姻亲征服

征服整个意大利是当时神圣罗马帝国和拜占庭帝国的愿望，神圣罗马帝国皇帝腓特烈一世打算通过扶持一个听命于自己的教皇来确认自己对意大利的合法统治。1167 年，腓特烈攻破罗马城，眼看就要成功，一场瘟疫把他赶出了意大利。此后，他让自己的儿子和当时西西里诺曼国王威廉二世的姑母康斯坦丝结婚。1189 年，威廉逝世而且死后无嗣，于是神圣罗马帝国利用康斯坦丝的关系成功登陆西西里，很快便征服了这座诺曼人在意大利的堡垒。

世俗权力与宗教权力的博弈

在中世纪的中后期，随着欧洲封建制度的深化，以封建领主为代表的世俗权力和以教皇为代表的宗教权力之间的博弈，成为欧洲历史发展的内在轨迹之一。

对抗与联合

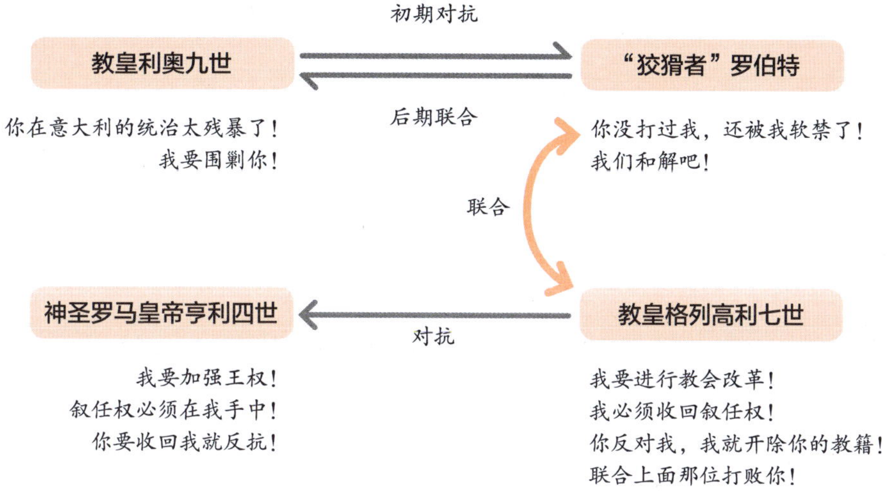

三种关系

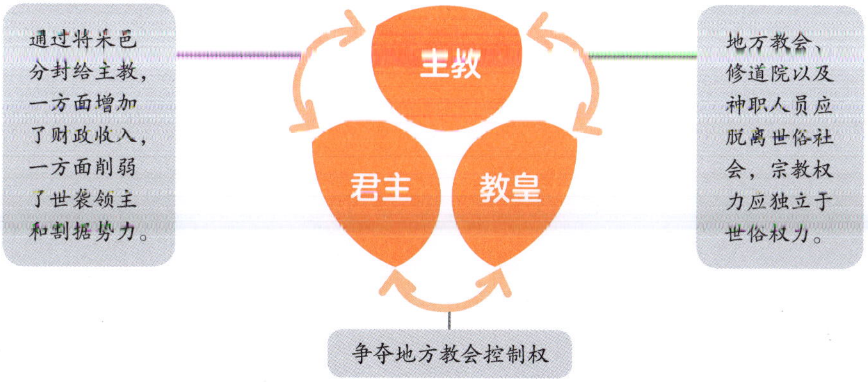

10 世纪时克吕尼修道院展开了一场改革，这场改革席卷了整个欧洲，史称“克吕尼改革运动”。此后王权与教权又相互较量了半个世纪，直到 1122 年双方签署了《沃尔姆斯宗教协定》，这场政教的斗争最终以教会的胜利收场。

诺曼力量

诺曼人造成的大空位时代

王朝更迭的方式既可以是战争的，也可以是和平的，在从霍亨斯陶芬王朝到哈布斯堡王朝这段时间里，意大利各城市不仅没受到政局混乱的影响，反而走向独立并飞速发展起来。

◇ 霍亨斯陶芬王朝的终结

在霍亨斯陶芬家族统治时期，神圣罗马帝国进入全盛期。西西里王国王位继承人康斯坦丝的儿子腓特烈二世成为神圣罗马帝国皇帝后，同时继承了西西里王国的王位，将整个意大利半岛纳入了帝国的统治。

霍亨斯陶芬家族重视意大利的政策，虽然扩大了帝国的疆域，但为了和意大利的教皇与诺曼人争斗，皇帝将德意志境内的一些城堡送给了领主们，甚至还下放了许多权力给了地方贵族，包括关税、铸币等，这让整个帝国越来越松散。拥有诺曼人血统的腓特烈二世成为皇帝后，基本不管德意志境内的事，家族在德意志境内的影响力不断被地方贵族侵蚀。腓特烈二世死后，意大利便脱离帝国。其子康拉德四世继位后便开始对意大利用兵，企图恢复对此地的统治，但却不幸战死。这导致了霍亨斯陶芬王室绝嗣，强大的王朝被迫终结。

◇ 大空位时代

霍亨斯陶芬王朝结束后，统一的帝国崩溃了。从 1254 年到 1273 年，地方诸侯又陷入了王位争霸赛中，但很遗憾的是，在这期间没有一个贵族能统一全国。帝国内部封建势力错综复杂，即使有人被推选为皇帝，也没法长久保住皇位。帝国出现了约二十年的“大空位”时期。直到 1273 年，看似年老体弱且容易被操纵的鲁道夫 · 哈布斯堡被众人推举为皇帝，帝国才逐渐实现统一。到他的儿子时，帝国皇帝基本由哈布斯堡家族世袭，这段空位期才真正结束。因为大空位的出现，意大利诸城市重新回归独立，这使得意大利城市的工商业继诺曼人统治期后又一次得到了飞速发展。

三百年间七代人

从维京人罗洛成为法国诺曼底公爵，到腓特烈二世成为神圣罗马帝国、西西里王国和耶路撒冷王国的君主，诺曼人在三百年的时间里，历经七代人，创造了欧洲历史进程中一段属于自己的辉煌篇章。

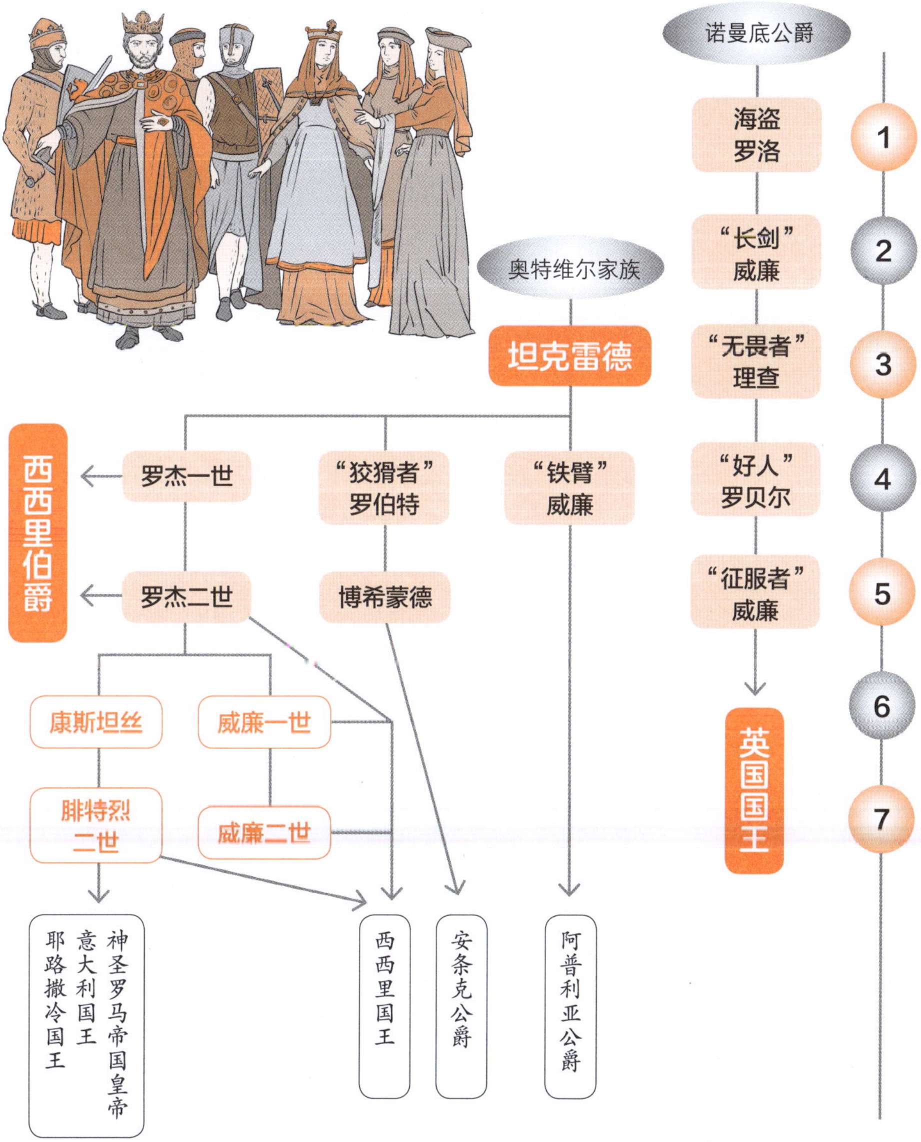

第六章
百年英法

金雀花的别样开放
自由大宪章

只有限制国王的权力，不使之任意妄为，对国家和人民才是有益的。

◇ 金雀花王朝三狮军团的兴与衰

威廉在英格兰开创诺曼王朝后，法国安茹伯爵亨利二世因为血缘关系被指定为英格兰国王，金雀花王朝由此开启。通过联姻的方式，亨利不仅掌握英格兰、诺曼底公国和安茹伯国，还掌握了阿基坦公国的领土。1189 年，亨利的次子理查继承王位，他在位时积极响应教皇号召去讨伐东方的侵略者，并因卓越的军事才能被人称为“狮心王”。但理查的继任者约翰却没有继承父辈的优良基因。他志大才疏，好战却没有军事才能。频繁的战争，让国库入不敷出。他不断对国内贵族施以重税，这使得国内对他的不满情绪与日俱增。1215 年，忍无可忍的贵族们终于联合其他同样对国王不满的力量共同讨伐约翰王。

◇《大宪章》与英国议会制度

面对贵族们的联合讨伐，约翰王别无选择，只能在贵族们起草的一份文件上签字。根据这份文件，国王权力将被限制，而贵族与教士权利将得到保护。这便是英国历史上著名的《大宪章》。1295 年，亨利三世的继承者爱德华一世为了赢得战争，召开了一个包括贵族、教士、骑士、市民在内的会议，他希望通过会议协商的方式，争取各阶层对增加税收政策的支持。这次会议的召开，标志着议会制度在英国成型，因此人们把这次会议称为“模范议会”。就这样，一个封建社会矛盾的产物摇身一变成为孕育民主的摇篮。

君主立宪的基石

自诺曼底公爵“征服者”威廉成为英国国王开始，英国国王的多重身份就一直是英法两国矛盾冲突的关键所在。两国间长期的战争使国家财政严重消耗，高额的赋税最终引发了贵族与平民的强烈不满。

法兰西在对抗教皇中实现集权

用三级会议实现阿维农之囚

有控制就有反抗，教皇在以宗教控制世俗君主的同时，世俗君主也以自己的方式反抗着教皇。

◇ 向教会征税

1285年，腓力四世即位成为法王。腓力一心要把整个法兰西置于他的权力之下，但国内封建领主和因为血亲关系而对诺曼底公国和安茹伯国享有所有权的英国成了他的绊脚石。卧榻之侧岂容他人酣睡，于是战争不可避免。庞大的战争开支和扩大的官僚机构的开支让王国的财政日显拮据。为了筹措经费，腓力决定向一直都没有交过保护费的教会征税。这让当时的教皇卜尼法斯八世非常生气。1296年，教皇下了一道敕令，申明教会的免税特权不容侵犯。腓力四世立即下令禁止把金银、货币、武器、马匹等物资输往国外，从而间接断绝了教皇的经济来源。卜尼法斯八世只得允许国王向教会征税。

◇ 将教权关进笼子里

1301年，因为审理主教的问题，腓力四世与卜尼法斯八世再次产生冲突。按照教会的规定，世俗权力无权对主教进行审理，即便是国王也不行，只有教皇才有权审判主教。为此，卜尼法斯八世发布《一圣教谕》。这道通谕完全是针对腓力四世的。该通谕声称只有臣服于罗马教皇的权威，信徒才有可能得到拯救。然而腓力四世根本没有理睬教皇这种想要树立权威的做法，反而将通谕当众烧毁，气急败坏的教皇随即宣布开除腓力四世的教籍以示报复。

为了对抗教皇，腓力四世于1302年召开了由高级僧侣、贵族和市民等三个等级的代表参加的法国历史上第一次三级会议。在会议上，腓力四世提出要继续向教会征税，同时严惩与自己作对的教皇。国王的想法获得了国民的支持。卜尼法斯八世死后，腓力四世授意法国波尔多大主教担任教皇，即克莱门特五世。由于新教皇长期滞留法国，教会也被迁驻至法国阿维农。此后七十年里，教会再也不能对王权指手画脚了。

国民战胜教皇

被战争消耗国库财富的不只有英国，法国也同样面临着战争资金紧缺的问题。对此，腓力四世决定向法国教会征税，这一决定在法国历史上第一次三级会议上得到了全体国民的支持。

三级会议

腓力四世

和英国打仗没钱了，我要向教会征税，大家同意吗？

教皇反对征税，然而他罪迹斑斑，我们要讨伐他，大家同意吗？

法国三级会议

阿维农之囚

教皇卜尼法斯八世死后，腓力四世任命克莱门特五世为新教皇，此后共七位教皇都被囚禁在阿维农教皇宫殿中。通过三级会议，教皇权力被限制，教皇无权再干涉法国内政。

史上最长的战争连续剧

英法百年战争

从“征服者”威廉征服英格兰那一刻起，英法之间就必然会因为王位问题发起战争。

◇ 百年战争的起因

1328年，法国卡佩王朝王室绝嗣，英王依据自己母系与卡佩家族的血缘关系，想要继承法国王位。法国人自然不同意，他们自己选出了新的国王。英王爱德华三世对此表示不满。恰逢当时新法王镇压国内起义影响了英国羊毛生意，财政收入受损的英王借机自立为法王，新法王则要收回英王在法国境内的领地。英法两国因此开始了一场长达百年的战争。

◇ 查理五世：卧薪尝胆天不负

1337年至1360年期间的农民起义频发和黑死病爆发，让陷入经济危机的法国雪上加霜。虽然双方在黑死病爆发时约定休战十年，但内忧外患的局面导致法军在与英军的对阵中连连失败，最终连国王都被英国俘虏。法国摄政王查理五世被迫签署和平条约，将南部法国的大片领土割让给了英国。查理五世通过牺牲部分利益换取了和平发展的时间。在这段时间，他的一系列改革使法国恢复生机。1369年，他发起复仇之战，到1374年时，他已收复了大部分领土。英国在欧洲大陆的领地只剩下了五个港口，因而不得不与法国签订停战协定。

◇ 圣女贞德：她不是一个人在战斗

1415年，法国爆发了贵族内乱和农民起义，英国趁机进攻。五年后，法国国王承认英国国王有权继承自己的王位。法国彻底陷入了劣势当中。这时法国出现了历史上著名的英雄——贞德，她率领法国人民多次打败英国入侵者。虽然1431年她被叛徒卖给了英国而牺牲，但她的出现和牺牲激发了法国人民的爱国热情。法国人民同仇敌忾，相反英国则陷入玫瑰战争中，导致英国在英法战争中节节败退。

英法百年战争的原因

英法王室之间的联姻与血缘关系、领地所有权与王位继承权一直都是英法问题的焦点所在，从英法百年战争中我们看到，在国家利益与权力游戏面前，血缘亲情微不足道。

王位争夺

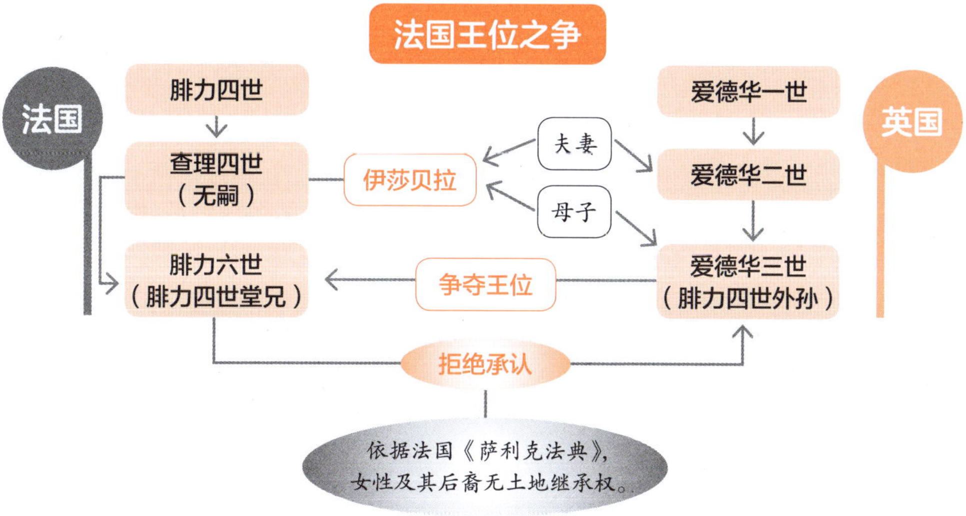

战争原因

英国中世纪的终结

英国玫瑰战争

每一个拥有王室血脉的人都想戴上王冠、坐上王位，当这种欲望足够强烈时，就能引发旷日持久的战争。

◇ 玫瑰战争的原因

百年战争后期，亨利六世成为英国国王。然而亨利六世并不是一个强而有力的君主，在与法国的作战中，由他父亲赢来的战果在他这里几乎丧失殆尽；再加上长期受到间发性精神疾病的困扰，亨利六世很难做好英国国王的角色。这样，政务便旁落到约克公爵理查·金雀花的手中。亨利六世所在的兰开斯特家族和理查·金雀花所在的约克家族本来都是英王爱德华三世的后裔，对于王位都有相当的继承权。看到亨利六世这般光景，理查在摄政期间逐渐萌生了要将之赶下台让自己成为国王的想法。戏剧性的是，正在理查加紧夺权之际，亨利六世的病症竟然奇迹般地痊愈了。心灰意冷的理查最终被逐出了王庭，但强势的玛格丽特王后却不打算放过理查。于是，理查再次发起了反抗。

◇ 混乱的三十年

1455 年，玫瑰战争爆发。战争初期，约克公爵打败了以亨利六世为代表的兰开斯特家族。理查提出让自己作为亨利继承人的调停方案，而兰开斯特家族则回应：还是打仗吧。这次兰开斯特家族旗开得胜，理查不幸战死沙场。就在兰开斯特家族欲斩尽杀绝时，理查的儿子爱德华逃走了。他发誓一定要报仇雪恨。于是 1461 年，他率领军队成功报仇，并成为新英王。但在他执政九年后，亲信背叛了他，亨利六世趁机武装复位。虽然最终爱德华四世没让他成功，但心有郁结的爱德华四世却也在不久之后便离世了。

此时，原本作为托孤大臣的爱德华四世之弟欺压幼主，趁机篡位。就在其扬扬得意之际，兰开斯特家族支持的亨利七世强势回归，打败了他，并娶了约克家族的伊丽莎白，化解了两个家族的恩怨。红白玫瑰重新一起出现在皇家徽章中，玫瑰战争结束，名震历史的都铎王朝开始了。

始于家族终于婚姻

如果说英法百年战争争夺的是王位继承权，那么英国的玫瑰战争争夺的就是王位本身。这场两大家族的王位争夺战争进行了三十年，最终以约克家族的伊丽莎白和兰开斯特家族的亨利七世成婚而告终，都铎王朝由此开启。

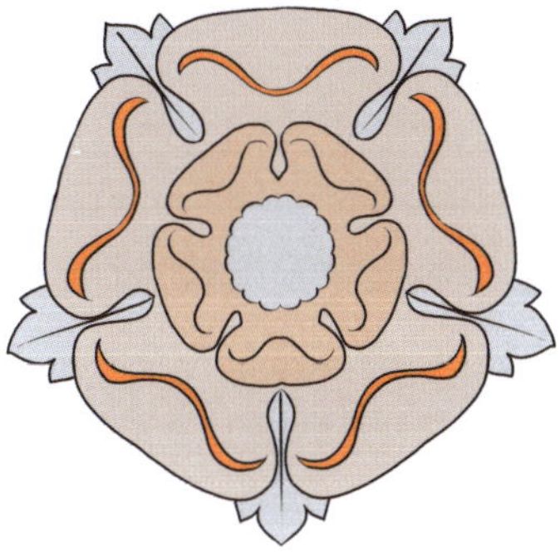

约克家族的白玫瑰

兰开斯特家族的红玫瑰

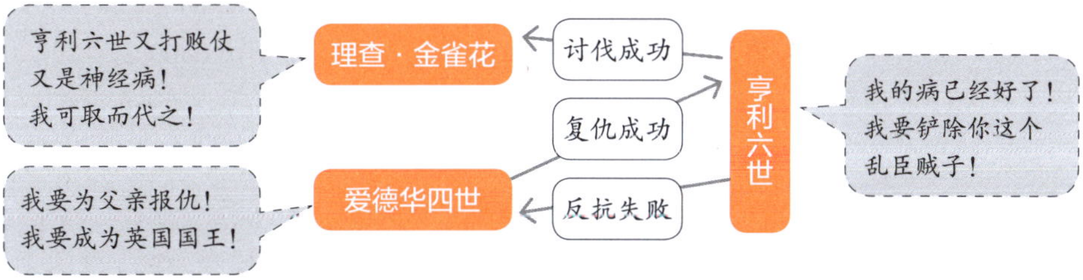

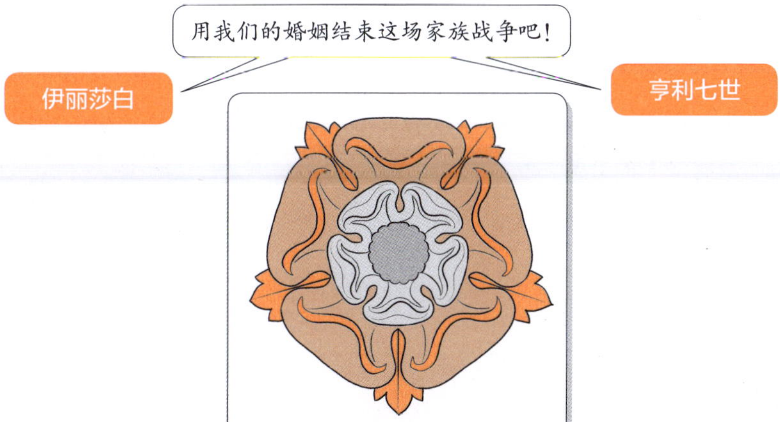

都铎玫瑰

第七章
中世纪欧洲社会与文化

中世纪的死神
瘟疫

瘟疫对于中世纪的欧洲人来说是无解的，只要染上瘟疫，死亡随时都会到来。

◇ 瘟疫从何而来

在中世纪欧洲最频繁发生的除了战争，还有瘟疫。中世纪的瘟疫犹如那个时代的核弹，一旦暴发瘟疫，就会迅速传遍整个欧洲，染上瘟疫的人基本只能等死。

瘟疫到底从何而来？首先是频繁的战争，战争加速了人口的流动，难民的迁移将瘟疫病菌从亚洲和非洲传了过来，而战争带来的大量无人处理的死尸则成了孕育瘟疫的温床。其次是城市中拥挤的贫民区以及未经处理的大量城市垃圾，这些地方成为苍蝇蚊虫滋生的场所，它们携带着致命的病菌，随时可以将之传染给接触它们的人。

◇ 瘟疫带来的后果

瘟疫一旦暴发，首先会使欧洲的人口锐减。1347 年至 1353 年黑死病暴发，使欧洲在半个世纪内失去了至少三成的人口。其次，飘忽不定的疾病与随时死亡的威胁，刺激了人们及时行乐的想法，使人们开始更关注人本身。最后，医学的软弱，让人们开始祈求超自然力量的帮助，教会则试图通过各种神迹巩固它的地位。为了证明神迹，教士们往往身先士卒，但也由于经常接触病人，教士的死亡率非常高。这导致教士人才队伍青黄不接，新教士往往有数量没质量，教会开始走向腐化与堕落。黑死病的暴发，动摇了教会的统治地位，中世纪即将结束。

黑死病

黑死病带来的死亡对欧洲的历史进程产生了极大的影响，这种影响既表现在政治宗教方面，也体现于人们的生活及思想中。

黑死病的来源

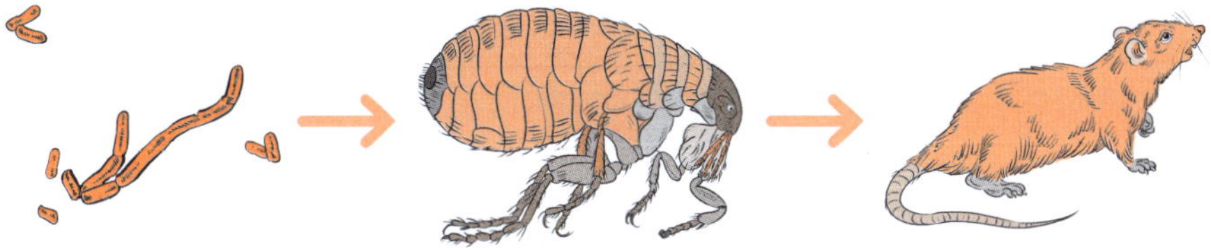

鼠疫杆菌
黑死病的致病菌

鼠蚤
病菌携带者

老鼠
鼠蚤携带者

黑死病由亚洲传播到欧洲的三种主要方式：通商、战争、人口迁移。

黑死病时期的文化形象

鸟嘴医生

黑死病时期的经典形象。鸟嘴形的设计是在其中填充草药和棉花以过滤空气。手中拿着的木棒可以让医生在给病人做检查时避免直接接触。

死亡之舞

黑死病让欧洲人认识到了死亡的平等与突然，欧洲至少三分之一的人口因它丧命，恐惧使人们对生活的态度有所转变。《十日谈》中许多追求现世享乐的故事便是以佛罗伦萨瘟疫流行时期为背景。

哪里可以安居乐业

中世纪城市与乡村的死与生

在历史发展的进程中，不同经济模式之间总是矛盾的，这一点在中世纪城市工商业与封建庄园经济的关系上体现得尤为明显。

◇ 城市的衰落与封建庄园的兴起

古典时代的欧洲，人们向往的地方是如同罗马一样的城市。但自从外族入侵，西罗马毁灭，西欧的城市变成了强盗的最爱。随着维京人的南下，城市更加不安全。而9世纪以后，随着西欧采邑制的不断发展，获得封地的封建领主开始建设自己的领地。他们在广袤的封地上建立庄园，并在领地内建立城堡，领主可以依仗坚固的城堡抵御外敌的攻击。

封地里有三种人：一是领主，二是封建依附农民，三是农奴。领主负责保护他所辖地区的人民不受强盗和外族的侵扰；封建依附农民可以从领主那里租到土地，然后要按领主要求缴纳实物租、货币租；而农奴则生活在领主的庄园里，他们在交了继承金以后，可以拥有份地。农奴平时需要耕种庄主的自营地和份地，同时还要承担其他劳役。于是，那些从城里逃回农村的人发现乡村生活并没有他们所想的那样安逸平静。

◇ 城市的发展与自治运动

随着各国王权复苏，外族被逼退，城市得到喘息的机会。手工业者和商人又开始活跃起来。但不幸的是，城市成为封建领主盘剥的主要对象。封建领主为了发动吞并战争，将城市当成提款机，但却不怎么重视城市的建设和管理。因此，手工业者们和商人们联合起来自发组成了城市自治组织——行会和公社。他们已经厌烦了封建领主的贪得无厌，他们要求争取更多的自治权。于是，他们向国王请求自治权，这就出现了法国著名的“法国城市公社运动”。国王和市民联合起来对抗封建领主。城市获得了发展，王权得到了加强。这为文艺复兴的产生奠定了坚实的基础。

封建庄园与城市

在中世纪的欧洲，累积财富、发展壮大的前提是占有更多的土地，而对土地的需求也让封建领主、城市行会和国王这三者处在一种微妙的关系之中。在这种关系中，我们能看到三者彼此间权力与实力的较量与平衡。

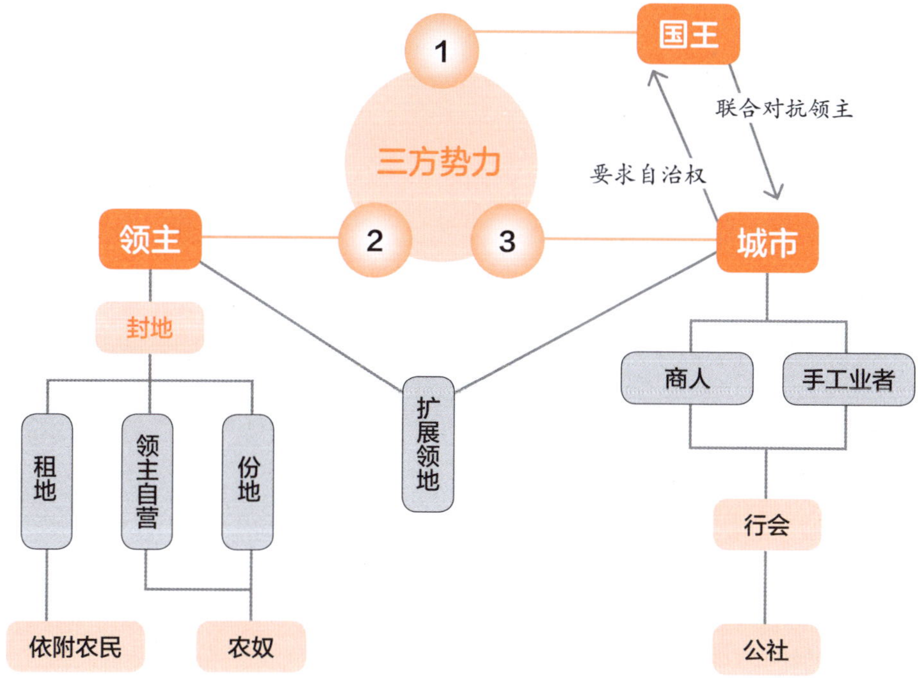

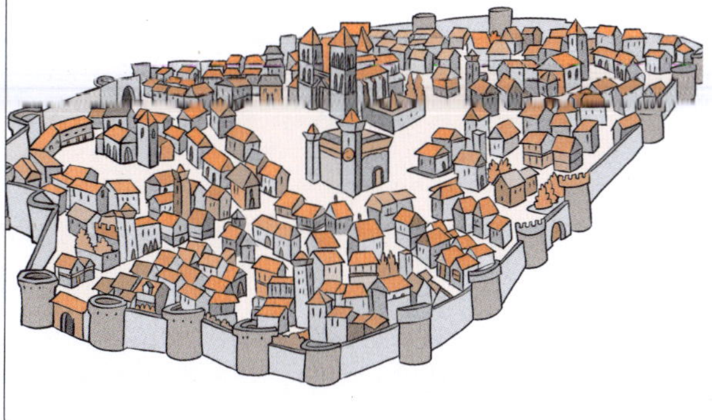

在三方关于土地与利益的博弈中，国王和城市市民最终走到了一起，联合对抗封建领主。国王与城市市民的联合是双方互利的，一方面国王能够削弱地方领主势力进而加强王权，另一方面城市获得更多的自治权也推动了市民阶层和资产阶级的崛起。

黑暗中的摸索与前行

中世纪文化

想要维持宗教的统治就必须保证僧侣的质量，所以在中世纪，僧侣们像学者一样接受训练，其受训内容就是七艺。

◇ 霸道的宗教文化

中世纪早期，教会的学者们非常熟悉希腊古典文化，他们抄存了大量古希腊罗马时代的典籍，然后将这些典籍束之高阁，仅仅利用其中部分思想来快速建立《圣经》解释体系。教会将古典文化进行筛选，仅留下文法、逻辑、修辞、算数、几何、天文和音乐。教育和知识几乎完全被教会和国王控制。他们输出这些文化既是为了利用古典文化巩固宗教，更是为了通过教义改造古典文化，从而控制人们的思想。

◇ 城市自治带来的文化

随着城市自治权的不断扩大，城市发展出了自己的教育机构，即中世纪的大学。城市的商贸流动带动了学者的流动。学者们在大学中研究传播罗马法，传播从阿拉伯传过来的古典著作，学习阿拉伯数学等。但除了独立的意大利商业城市大学相对自由，其他地区的大学都是从教会学校发展而成的。这也是意大利成为文艺复兴发源地的重要原因。

◇ 拉丁语与民族语言交相辉映

拉丁语是中世纪西欧正规的书面语言，所有的著作、教会和国家的正式文件都是用拉丁语来书写。12 世纪以后，各国开始逐渐使用本民族的语言，但直到 18 世纪，西欧通用的学术语言仍然是拉丁语。12 世纪以后，方言创作的文学作品大大增加，代表作品有讲述古代勃艮第人国王的《尼布龙根之歌》，讲述加洛林王朝骑士英雄罗兰故事的《罗兰之歌》等。传颂英雄的文学作品在这一时期大放异彩，这是教会所不能禁止的。

中世纪教育与文化

中世纪的宗教神学之于欧洲思想与学术，可以说既是禁锢者也是解放者。“禁锢”是说一切思想都要为神学服务；“解放”是因为中世纪教会大学为思想的传播交流搭建了平台。中世纪也是欧洲民族文学最早兴起的时代，这一时期文学作品中所塑造的“骑士”形象，至今仍有其影响。

中世纪大学

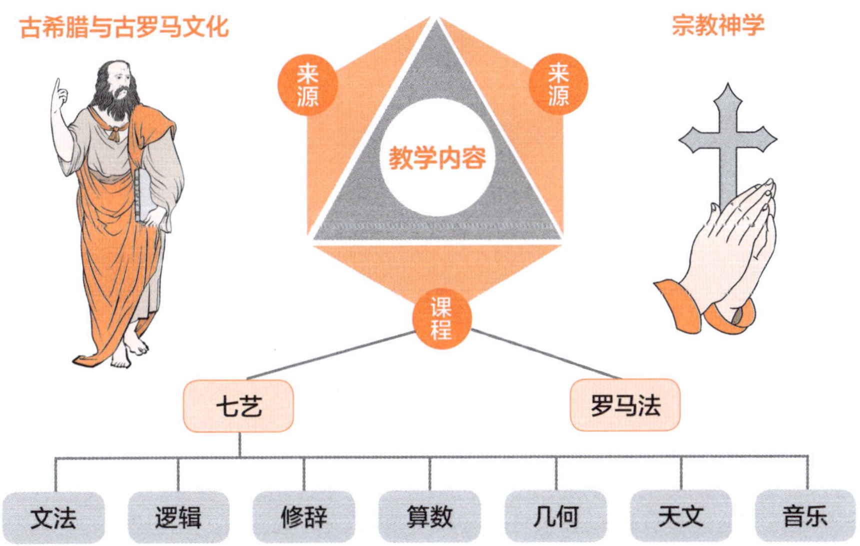

《罗兰之歌》

《罗兰之歌》讲述的是查理大帝出征西班牙回国时，罗兰率领殿后军与敌军英勇战斗的故事。罗兰的好友曾三次劝其吹响号角让先行的查理大帝调军援救，但罗兰认为保护君主是自己的职责，直至临死之时才吹响号角。《罗兰之歌》的这种骑士精神成为骑士文化中的一种典范。

专题：东土与西土

中世纪欧洲与中国

商业联结与文化联结从来都不是彼此独立的，而是有着紧密的联系。

◇ 重新联结

公元 5 世纪后，罗马帝国衰落，东西交通为伊朗的萨珊王朝所阻断，而中国也陷入了三四百年之久的政治分裂和混乱状态，东西方的物质文化交流趋于枯萎，甚至一度中断。直到公元 7 世纪，随着中国盛唐时代的到来，中国与欧洲商路又恢复畅通。唐贞观九年（635 年），被唐人称作“景教”的基督教派（聂斯托利派）开始在中国传播，唐德宗建中二年（781 年）的《大秦景教流行中国碑》中对此有明确的记载。这些教士通过传教，将西方的宗教思想、宗教生活、宗教建筑带入中国，也使得西方对中国有了了解。

◇ 欧洲对中国的再发现

公元 8 世纪后，阿拉伯人成为东西方商贸往来的主角，经由阿拉伯商队，中国与欧洲在物质文化交流方面进入了一个新的历史时期。在这一期间，中国向欧洲输送的不只有丝织品、陶瓷、茶叶等传统商品，像火药、罗盘等重要的发明与技术也随着阿拉伯商队一同被带往了欧洲。这些发明与技术的西传，对欧洲文明乃至全世界的历史进程都产生了深远的影响，正是这些发明与技术造就了欧洲的坚船利炮，使欧洲在中世纪结束之时，能够迅速走上海外殖民扩张的道路。

1275 年，意大利商人马可·波罗跟随父亲和叔叔，途经中东，历经四年多的时间来到了中国。他在中国游历了十七年，游览了中国许多城市。回国之后，他将自己多年来的旅行经历写成了一本书，这本书就是《马可·波罗游记》。书中记述了他在中国这个东方最富有的国家的所见所闻，并对中国表达了由衷地赞美。尽管考古界与历史界的学者们对于马可·波罗是否真的来过中国一直争论不休，但无法否定的是，马可·波罗的这本游记确实在欧洲产生了极大的轰动与影响，欧洲人经由这本游记了解到了中国发达的物质文明与精神文明，并生起了对东方的强烈向往。

欧洲与中国的再连线

罗马帝国的衰落、中国汉末至南北朝的动荡，再加上萨珊王朝的崛起，使得连通东西的丝绸之路一度凋敝甚至断绝。7 世纪后，随着东西方步入稳定阶段，欧洲与中国重新建立起连接。和之前的丝绸之路相比，新开启的连通除了商品贸易之外，还出现了文化上的交流：欧洲带给中国基督教，中国带给欧洲四大发明以及文明强盛的东方印象。

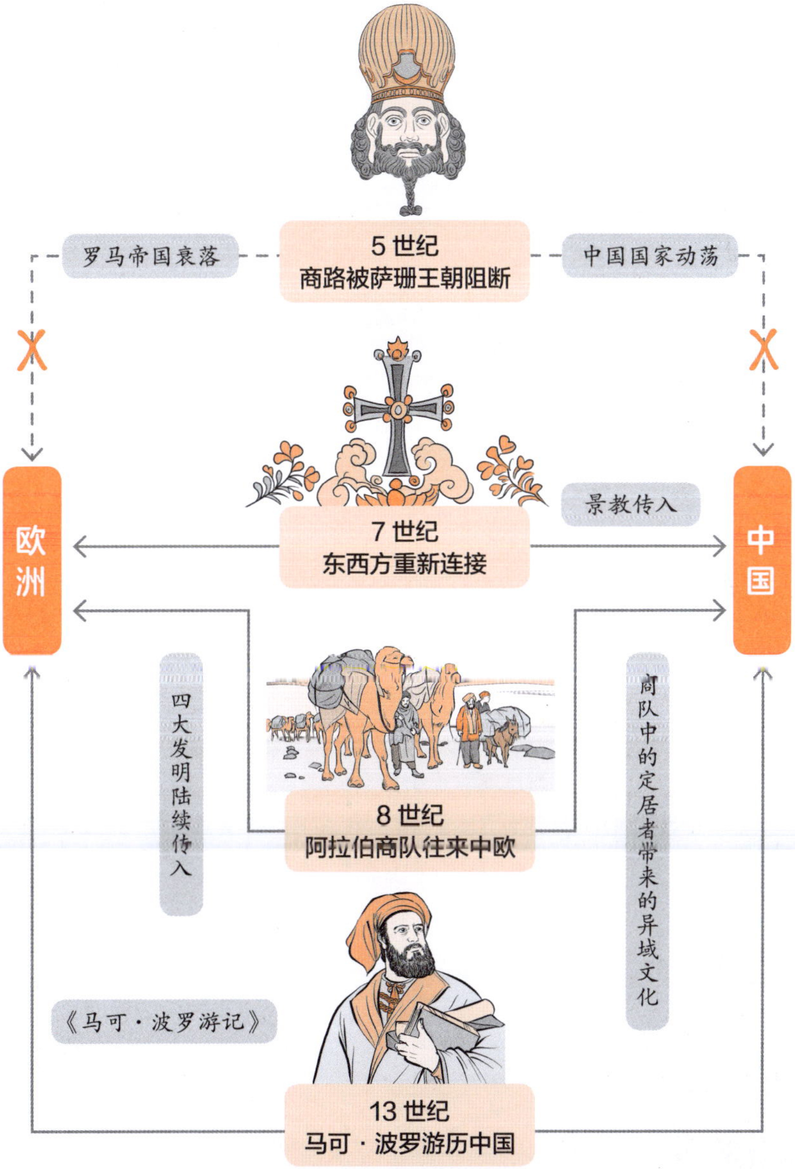

第三部分

近代欧洲

第一章
文艺复兴与新航路开辟

奥斯曼帝国带给欧洲的震撼
战争与文化

奥斯曼帝国的向西扩张，使曾经失落的古希腊文明得以在欧洲重现。

◇ 发生在匈牙利的战争改变了欧洲格局

君士坦丁堡被攻破的消息震惊了整个欧洲。1526 年，奥斯曼土耳其人在摩哈赤与匈牙利人相遇。奥斯曼土耳其人利用先进的火炮击败了身着中世纪铠甲的匈牙利骑士军队，匈牙利作为独立王国的历史被终结。统治神圣罗马帝国的哈布斯堡家族趁机兼并了这片土地，这使得东西两大帝国在这里正面对峙。这场对峙让马丁·路德有了传播宗教改革的机会，同时也让法国获得了崛起的时间。欧洲格局在悄然发生改变。

◇ 奥斯曼帝国给欧洲带来的另一个礼物

亚历山大开创希腊化帝国之后，西亚与埃及等地一直受到希腊文化的影响。这片区域的新统治者奥斯曼帝国主动接受古希腊的遗产。在 8 — 9 世纪时，大部分古希腊著作都被翻译成了阿拉伯文。奥斯曼帝国的东进让这些留在中亚的古希腊典籍传回欧洲。十字军征讨西班牙时发现了大量的阿拉伯文的古希腊著作，于是在托莱多城，翻译学校应运而生，大批学者来到西班牙着手翻译和学习这些经典，并将之传播到其他地方。一个全新的世界出现在欧洲人的面前。

古典文化的东去西还

虽然西罗马被入侵，但一些修道院还是保存下了一部分古典文献，然而这些文献的内容大多是帝国末期的作品，古希腊时期的文献则较为少见。东罗马因为地理优势和强大的军事力量，较好地保存了许多古希腊时期的经典作品。随着阿拉伯世界的崛起，这些经典来到了中东，又随着阿拉伯帝国的扩张回到了西欧。

失而复得

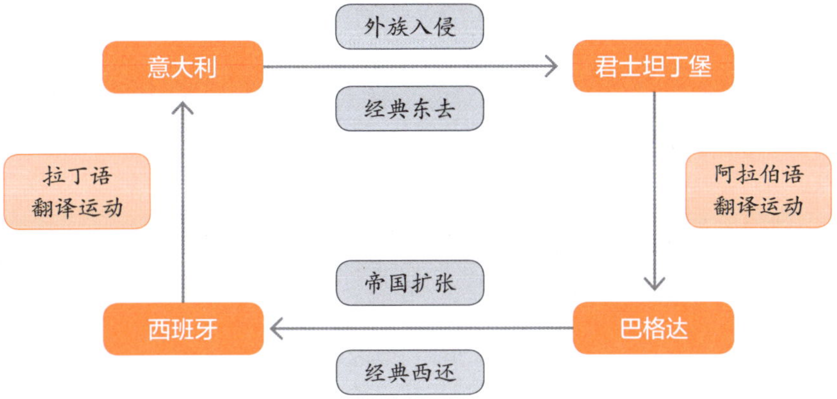

翻译运动

经典东去

阿拉伯语翻译运动

公元830年，哈里发麦蒙在巴格达创建了“智慧宫”，大量的古希腊哲学、数学、自然科学典籍在这里被翻译成阿拉伯语并得以保存下来，这场翻译运动促成了阿拉伯文化的辉煌成就。

经典西还

拉丁语翻译运动

阿拉伯人治理下的西班牙文明而富强，吸引着欧洲各国的学者前来学习，在十字军征服托莱多城后，学者们在此开始大量地将阿拉伯文的古希腊著作翻译为拉丁文。古典文化重新进入欧洲人的视野，宗教改革与科学发展的种子开始萌。

在黑暗中成长的力量

从中世纪走来的欧洲商人

中世纪欧洲城市的发展，离不开善于理财、精于买卖的商人。

◇ 封建教会的代理人

中世纪，教会一方面提倡尊崇贫穷，一方面又大量敛财。而为了保持教士的高洁，教会往往需要商人来帮助其理财。比如，中世纪教皇的矿产便是交给了当时的意大利商人代管。在意大利，最典型的商人形象便是掌控了教会资产的佛罗伦萨美第奇家族。该家族创立的美第奇银行在 1460 年时在整个欧洲开设了八个分支机构，实际业务囊括了商业、工业和金融业等。

◇ 封建领主的代理人和债权人

那些封建领主同样也是如此。领主虽然拥有大量的土地，但却不善于经营；因为军费和生活开支无度，他们经常入不敷出，因此需要代理人来管理领地，同时还要向商人举债，才能维持体面的生活，甚至连皇帝都要向商人借钱。而商人通过代理、借债迅速致富。如神圣罗马帝国的“红顶商人”福格尔家族就曾经借钱给哈布斯堡王朝的皇帝们。这个家族到 1545 年时，凭借皇帝的关系迅速在欧洲发展壮大，成为当时的欧洲首富。

◇ 欧洲商人的特点

中世纪瘟疫频发，贫民因为拥挤和不卫生的环境随时面临死亡，而商人则过着相对滋润的生活。贫富差距因为死亡的威胁变得更加明显，许多商业精英对在传统道德和商业存亡之间产生的冲突感到担忧。“仇富”心态在当时变得更加强烈。商人们一方面希望通过将自己的财富捐出去，来弥补自己犯下的罪恶，一方面又强调财富独立的重要性。为了保证财富能独立保有，商人们会告诫他的孩子，不要依赖他人，不要炫富，低调处理甚至隐瞒自己的成功。

商人地位的改变

在中世纪时，商人地位并不高，教会和封建领主虽然利用他们，但更厌恶这些满身铜臭的人。然而教会与领主对商人的需要，以及商贸活动带来的利润，使得商人在欧洲的地位越发地重要起来，商业城市与商业行会的影响力也越发突显。商人逐渐成为推动近代欧洲发展的重要力量。

从商业城市到商业共和国

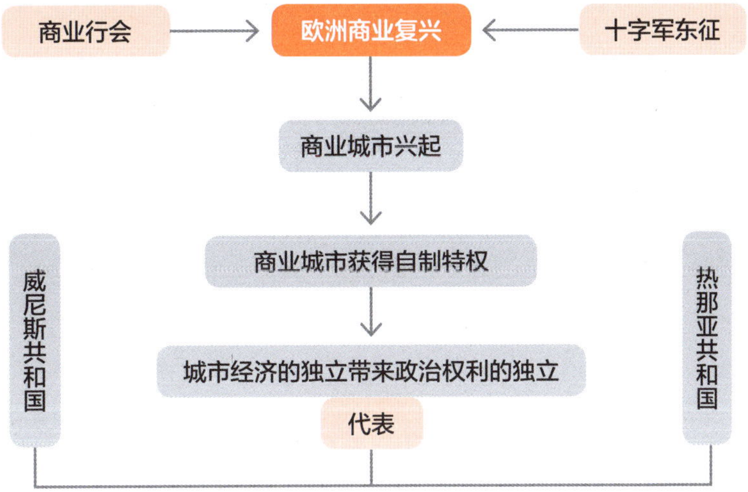

商业行会

中世纪商人形象

商业行会道德标准

1. 保证产品质量，反对弄虚作假。
2. 会友间平等、民主，以“兄弟姐妹”相称。
3. 互助友爱，相待如手足。
4. 彼此谅解，抛弃旧怨。
5. 诚实守信。
6. 敬业乐业，保守技术秘密。
7. 买卖商品必须通过市场，价格公道，禁止非法利润。

教会和城市催生的复兴

意大利的早期文艺复兴

文艺复兴如同一盏明灯，照亮了黑暗的中世纪。

◇ 文艺复兴是有预谋的运动吗

说起文艺复兴，大家都会说文艺复兴影响了后世欧洲乃至全世界的文明发展历程，都会说文艺复兴犹如一颗炸弹，炸开了中世纪宗教的黑幕与束缚，释放出夺目的人性之光。然而事实却并非如此，文艺复兴并不是14世纪突然出现的产物，相反，它是一种因长时间的累积而引起的从量变到质变的飞跃。那么是什么样的累积引发了文艺复兴这一质变呢？答案就是隐藏在中世纪宗教文化之下的古希腊罗马文化。

在中世纪漫长的千年岁月中，基督教文化和古希腊罗马文化之间的关系很像时下人们常说的主流文化与非主流文化之间的关系。古希腊罗马文化犹如非主流文化，一直在主流的基督教文化的压制下暗自发展着；而作为主流的基督教文化，也在不断地借鉴吸收非主流的古希腊罗马文化以丰富自身的内涵。就当时的历史环境而言，教会已经出现了几次较为严重的分裂，在教会内部的派别斗争过程中，教会自身的权威也在不断降低；而位处意大利独立城市之间的教皇国，面对周围自由而世俗的环境，也不免会受到新风尚的影响。

◇ 文艺复兴的契机

中世纪的教会虽然用宗教限制了文化思想的自由发展，但它也为文艺复兴的到来留有馈赠，这就是大学的建立。虽然教会建立大学的最初用意乃是为了培养神职人员，但是融在神学血液里面的古希腊罗马哲学思想却悄然地用怀疑、批判和创新的精神引领着人们去探索自然科学与现实生活。同时，东西方的商贸往来使意大利的威尼斯、佛罗伦萨等地成为经济贸易的中心。经济的发展推动着人们对财富的追求和对美好现实生活的向往。古希腊罗马文化精神的复兴在内，经济贸易发展、资产阶级兴起的社会变化在外，两者共同催生出了意大利文艺复兴的蓬勃发展。

美第奇家族

佛罗伦萨之所以能成为文艺复兴的发祥地，与一个家族的关系密不可分，这个家族就是美第奇家族。做银行放贷生意的美第奇家族虽然富可敌国，但作为虔诚的基督徒，他们也深知自己的生财之道有悖于《圣经》，为了能够赎罪，美第奇家族选择用资助艺术的方式向上帝献礼。

欧洲名门

三位教皇

利奥十世
克莱门特七世
利奥十世

两位法国女王

凯瑟琳·德·美第奇
玛丽·德·美第奇

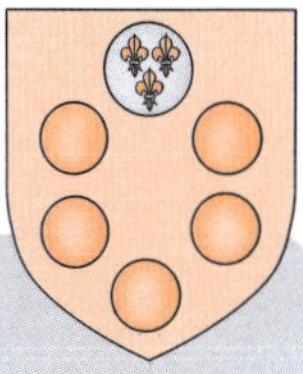

纹章上圆球的来源

说法 1：
圆球是药丸，美第奇家族的祖先是在民间卖药的药剂师。
说法 2：
圆球是美第奇家族的祖先阿韦拉多在战胜巨人后盾牌上留下的印记。
说法 3：
圆球是金币，美第奇家族的祖先以银行放贷起家，所以用金币来装饰纹章。

艺术殿堂

波提切利名作《维纳斯的诞生》

在美第奇家族资助的艺术家中，有很多震古烁今的名字：波提切利、达·芬奇、米开朗琪罗、拉斐尔、提香……这些人于文艺复兴时期留下的创作成为艺术永恒的典范。佛罗伦萨的乌菲兹美术馆本来是美第奇家族的办公厅，后来改建为美术馆，该馆将许多被美第奇家族资助过的艺术家的作品收藏起来，变成展现文艺复兴伟大作品的艺术殿堂。

伊比利亚半岛的抗争

西班牙和葡萄牙的建立

从北部的边陲据点到两大王国，天主教徒用了七个世纪的时间从阿拉伯人手中夺回了伊比利亚半岛。

◇ 天主教徒的反抗

公元8世纪初，随着阿拉伯帝国的崛起与扩张，穆斯林在占领了北非之后，开始试图渡过直布罗陀海峡入侵伊比利亚半岛。大约在714年，伊比利亚半岛大部分已经完全由阿拉伯人占领。半岛的新统治者在其统治初期实行的是较为宽容的宗教政策，然而宽容的政策终究弥补不了宗教上的巨大差异，于是一些不愿接受穆斯林统治的天主教徒开始进行反抗。由于有着不同的宗教背景，故而这一反抗过程也被视作由罗马教皇发起的十字军东征的一部分。来自天主教徒的反抗力量起初十分弱小，他们不得不离开家园，在半岛北部地区积攒力量。到了11世纪之后，在半岛的北部逐渐形成两个反抗阿拉伯帝国的天主教中心：位于西北部的卡斯提尔王国和位于东北部的阿拉贡王国。从这两大王国开始，半岛上的天主教势力开始逐步扩大、南移，从阿拉伯人手中重新夺回伊比利亚半岛的收复失地运动慢慢走向高潮、走向胜利。

◇ 半岛光复

从父亲那里继承了葡萄牙伯爵爵位的“征服者”阿方索，于公元1139年7月在奥里基战役中击败了穆斯林军队，随即他便宣布葡萄牙王国独立，并自封为葡萄牙国王。此后葡萄牙军队继续向南与穆斯林军队奋战，到公元1249年时，阿方索三世收复了阿尔加维，至此葡萄牙王国的版图得以确立。公元1469年，卡斯提尔王国的伊莎贝拉一世与阿拉贡王国的费迪南联姻，随后两大王国逐渐合并，最终统一为西班牙王国。公元1492年，西班牙军队收复了位于半岛南部的格拉纳达——阿拉伯人在伊比利亚半岛的最后据点。至此长达七个世纪的收复失地运动宣告结束，伊比利亚半岛重新回到了天主教世界。

收复失地运动

收复失地运动在西班牙语和葡萄牙语中也叫“再征服运动”，这是一场基督徒从穆斯林手中夺回伊比利亚半岛并建立封建王国的“十字”对“新月”的战争。

运动进程

8 世纪	阿拉伯人征服西班牙，被驱逐的基督徒北上到半岛边陲。
10 世纪	被驱逐的基督徒整合势力，建立了卡斯提尔王国。
11 世纪	穆斯林的倭马亚王朝开始衰落、分裂，为基督徒的反攻提供了机会。
12 世纪	同样位于半岛北部的阿拉贡王国成立，基督徒的反攻力量增强；1139 年，葡萄牙王国成立。
1212 年	十字军在托洛萨战役中大获全胜，穆斯林势力开始崩溃。
1279 年	卡斯提尔王国与阿拉贡王国通过伊莎贝拉与费迪南的联姻统一为西班牙王国。
1492 年	穆斯林在半岛的最后据点格拉纳达被西班牙军攻克，长达七个世纪的收复失地运动宣告结束。

经过了七个世纪的征战，阿拉伯人被逐出伊比利亚半岛，收复失地运动画上句号。在战争废墟中，葡萄牙王国与西班牙王国形成，开始了对半岛的统治。

寻找通往东方道路的意外收获

新航路开辟

经由新航路的开辟，这个世界开始逐渐向欧洲人展现它的全貌。

◇ 葡萄牙的探险

在阿拉伯人垄断了东方贸易之后，欧洲人急需找出一条新的贸易路线。在陆地上，从北部绕过阿拉伯帝国前往东方的路线危险而漫长；从海上走的话，依据古希腊人的记载，古代的腓尼基人曾经绕行非洲一圈，绕过非洲前往东方，这或许是一个可行的方案。因此，航海家迪亚士决定对后一种方案进行一番尝试。1487 年 8 月，迪亚士率船队离开里斯本。沿着非洲西侧的海岸线，他们开始探索从大西洋进入印度洋的拐点，即非洲的最南端。经过了半年的时间，迪亚士最终抵达了后来被称为“好望角”的地方，在确定接下来的海岸都是西南—东北走向后，迪亚士确信自己已经找到了前往东方的新航线，于是便满意地返回了祖国。十年之后，贵族出身的航海家达 · 伽马率领船队，沿着当年迪亚士的路线继续前行，在花费了一年的时间之后，他们终于真正地抵达了渴盼已久的印度。

◇ 西班牙的探索

由于 1479 年的《阿尔卡索瓦什条约》规定了西、葡两国在大西洋的活动范围，西班牙已经不可能通过绕行非洲找到通向东方的航线了。因此，在 1492 年，西班牙女王派出了哥伦布穿越大西洋探险。正如众所周知的一样，他确实抵达了陆地，但那并不是印度，而是一个一直以来独立于亚非欧的新大陆。

一片新的大陆并不能立刻带来贸易上的收入，因此西班牙在 1518 年又资助了一位叫作麦哲伦的航海家，目的是穿越美洲寻找前往东方的航线。次年，船队出发，经过了三年的努力，他们穿越了南美，跨越了整个太平洋、印度洋之后，绕行地球一周回到了西班牙。这一伟大的创举最终证明了地球是圆的。人类终于可以开始绘制一个完整的世界地图了。

大航海时代

由于指南针能使对海上方位的判断更为精准且不受天气影响，因此在指南针传入欧洲以后，欧洲人迅速将之用于海上航行。同时，随着造船术的发展，欧洲人的远洋航海逐渐成为可能。欧洲大航海时代逐渐拉开了序幕。

开辟新航器

直接原因	对金银的需求量大
精神动力	传播天主教
政治动力	强化王权，向外扩展
商业危机	奥斯曼土耳其控制商路
社会根源	欧洲人沉迷于“寻金热”
经济根源	商品经济发展资本主义出现
主要意义	促进欧洲资本主义发展
主要影响	为世界市场的形成打下基础

复杂的影响

新航路的开辟使欧洲在这个时期得以快速发展并奠定了其超越亚洲的基础。对其他国家和民族而言，地理大发现带来的影响则是复杂而矛盾的。除了物资交流外，殖民贸易带给原生居民的常是死亡和占领。从某种角度来说，欧洲国家的海外贸易史也可以说是一部大侵略史。

开眼看世界以后的欧洲人

整个欧洲的文艺复兴

文艺复兴所带来的人性觉醒，很快就以星火燎原之势，从意大利蔓延到整个欧洲。

◇ 仓廪实而谈文艺

如果仅仅依靠封建庄园经济，一切财富都靠土地的赐予，那么欧洲人也许只能刚好做到吃饱穿暖，或许大的封建领主与国王会吃得更好一些、穿得更华美一些，但也只是量上的不同而已。这样的生活状况孕育不出超越宗教的思考，反而会使人更加依附于宗教，因为这是他们精神生活的唯一选择。15 世纪中叶以后，随着新航路的开辟与海外殖民贸易的兴盛，源源不断的财富经由海上贸易线传入欧洲。在海外殖民贸易的过程中，欧洲人的眼界逐渐打开，认识到了这个世界并不像《圣经》所说的那样。人们慢慢地从宗教与神话的圈子中走出来，不断去探索新的世界、尝试新的生活，而这种探索与尝试都是以殖民贸易所带来的巨额财富为经济基础的。财富让欧洲人的生活，特别是上层人士的生活发生了变化，人们更加急迫地想要突破中世纪宗教文化的藩篱与压迫，去追求个性与自由。

◇ 从文艺到社会

随着欧洲贸易的中心从地中海逐渐向大西洋东岸的欧洲国家转移，意大利的文艺复兴运动也开始向全欧辐射开来。从 15 世纪中叶到 16 世纪，欧洲人开始全面学习古希腊罗马时期的古典文化。这一时期的欧洲人学习古典文化的目的和教会学习古典文化的目的有相似又有不同。相似的地方是，世俗也好教会也罢，二者学习古典文化都不是为了还原、回归或是再现古典文化，而是以古典文化为工具或凭借以达成自己的目的；而这不同之处就在于这个目的上，教会的目的是为了更好地进行精神统治，而世俗的目的则是冲破这种压抑与限制。文艺复兴以文学与艺术为先导，随着影响地域的扩大，其复兴内容也逐渐扩展至整个社会科学领域，人们开始思考如何用古典文化来实现社会的进步。

全面复兴

早期意大利的文艺复兴将人们的视角从宗教拉回到现实中来，对自我、对自然、对生活、对社会的关注引导着欧洲人去转变观念、重塑思想。在文艺复兴运动从意大利扩展至全欧洲之后，从人文精神中孕育诞生的就不再只是对古希腊罗马艺术的复兴，更有属于那个时代的发现与创造。

人类是一件多么了不起的杰作！多么高贵的理性！多么伟大的力量！多么优美的仪表！多么文雅的举动！在行为上多么像一个天使！在智慧上多么像一个天神！宇宙的精华！万物的灵长！

——《哈姆雷特》

莎士比亚

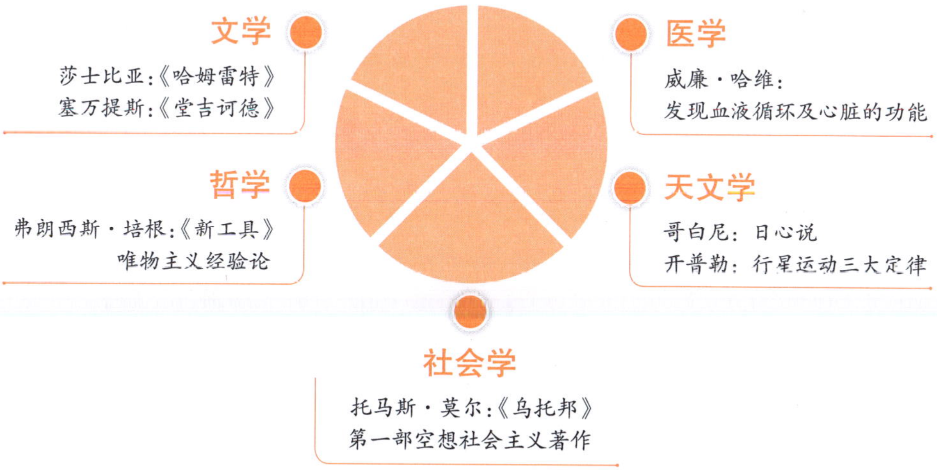

文艺复兴高举人类的理性、价值与地位，在当时对于冲破宗教束缚具有非常重要的作用。但这种过度强调人类独特性的思想在后来也走向人类中心主义的极端化，导致了后期资本主义发展所带来的环境破坏、物欲膨胀以及人的异化等问题。

早期殖民
日不落的西班牙

新航线的开辟在让殖民国家变得富强的同时，也使被殖民国家受到了伤害。

◇ 掠夺财富

虽然美洲并不是马可·波罗笔下遍地黄金的中国，也不是遍地香料的印度，但这个地方确实遍地都是黄金和宝石。有着上千万人口的原住民大国印加，就是这样一个遍地财富的国家。装备着火炮的西班牙部队仅凭不到两百的人数就战胜了印加人并俘虏了他们的国王，他们还勒索印加人交出可以填满一个房间的黄金和两个房间的白银。得到赎金后的西班牙人最终决定撕票，还攻陷了印加首都，大肆搜刮抢劫。美洲最强大的国度之一印加从此沦为西班牙的傀儡。西班牙在这里洗劫的财富，让这个欧洲一角的小国称霸世界整整一百年。

◇ 西葡分割世界

由于西班牙与葡萄牙在探索新航路方面几乎是同步的，所以在关于如何分割自己的势力范围这个问题上，两国间常常出现分歧与矛盾。1493 年，在教皇亚历山大六世的仲裁下，亚速尔群岛和佛德角群岛以西一百里格的子午线被规定为分界线，该线以西的一切土地归西班牙，以东的一切土地归葡萄牙。然而“教皇子午线”让几乎整个美洲尽为西班牙所有，这引起了葡萄牙的不满，于是西葡两国于 1494 年又缔结《托尔德西利亚斯条约》，把这条线向西移动二百七十里格。后来为了解决盛产香料的摩鹿加群岛的归属问题，1529 年，双方又签订《萨拉戈萨条约》，在摩鹿加群岛以东 17° 处再划出一条线，作为两国在东半球的分界线，线西和线东分别为葡萄牙和西班牙的势力范围。至此，新发现的世界基本上被西班牙与葡萄牙瓜分完毕。不过，这一分割方式简单而粗暴，在英法等国开展海外殖民之后遭到了抵制；另一方面，这种分割世界的方法也十分不尊重居住在世界各地的其他人。在西班牙与葡萄牙衰落之后，这些分割条约也就成为历史。

欧洲对外殖民

地理大发现为欧洲带来了广袤而富饶的新世界，然而暴力劫掠却使这新世界成为无法之地，发现财富的人可以任意掠夺，物产与土地的归属由力量裁决。殖民者的富足与殖民地原住民的苦难如光影一般同生共现。

分割新大陆

葡萄牙与西班牙签署《托尔德西利亚斯条约》

原因

“教皇子午线”关于美洲的归属安排引起了葡萄牙的不满。

内容

将“教皇子午线”向西移动二百七十里格。

结果

今巴西东部地区成为葡萄牙殖民地，巴西也成为美洲唯一的葡萄牙语国家。

三角贸易

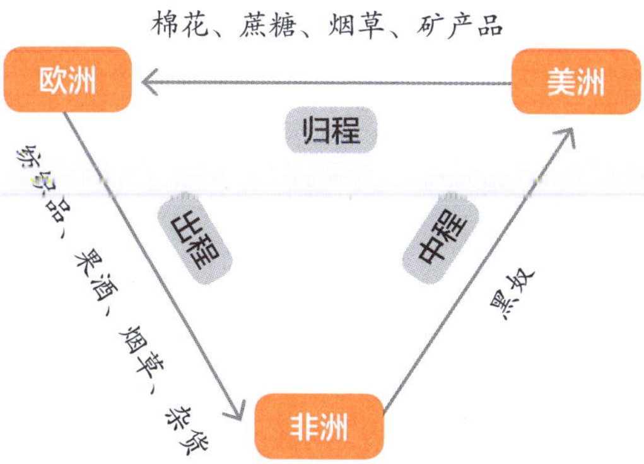

非洲黑人被迫成为奴隶并被运送至美洲

第二章
新教与天主教之间的战争

从教育抓起
欧洲大学的发展

教育无论何时都是一种十分重要的力量。

◇ 中世纪的大学

11 世纪时，为了培养教士，主教们在所辖教区创办了教会学校。其中有一些教会学校进行了教学改革，突破以往教会学校只有一个文科的情况，发展出了教会法规、民法、医学和神学等系，这就具备了早期大学的雏形。12 世纪，这些学校形成了第一批大学，欧洲四大名校之中的博洛尼亚大学、巴黎大学、牛津大学便是这一时期创办的。13 世纪以后，欧洲各地又逐渐建立了更多的大学。中世纪的大学主要研究神学，主要教学对象也是教士，它们为教会加强对世俗的控制输送了大量的人才。

◇ 近代的大学

随着文艺复兴的开展，一些大学开设了希腊语课程，这直接推动了古希腊文化的普及。在古希腊文化的刺激下，学者开始反思人性、反思宗教。最重要的是，大学成为科学革命的重要阵地。然而在大多数地方，神学依然是大学的传统科目，即使在那些提出新学说的科学家当中，也有许多人从未放弃过他们虔诚的信仰。大学并未直接导致革命的发生，但从结果来看，它将在很长一段时间之后带来真正的革命。

大学的振兴

教会设立大学的目的本是培养教职人员以巩固自己在欧洲的精神统治，但古典文化的重归却在教会的大学中孕生出反教会的思想，古希腊思想中的逻各斯之火在这里被重新点燃。

大学的组织与教学

- 神学院：《圣经》与神学著作
- 法学院：民法，教会法
- 医学院：希波克拉底著作，阿拉伯医学
- 文学院："七艺"，逻辑学

中世纪教会大学的课堂

自由与异端

大讨论

经院神学

世界是上帝在七天中创造的
灵魂是不灭的
……

大学授课

世界是永恒的
肉体死亡，灵魂也随之消灭
……

不论是中世纪大学或是近代大学，大学与教师行会都享有很高的自治权。对于教师来讲，他们有权利讲授任何他们认为是真理的内容，这就为大学制造了自由与理性的学术氛围。尽管一些异端思想仍会受到教会的严厉压制，但大学的自治权往往会保护传授"异端"思想的教师的权利与安全。

上帝是所有人的上帝
宗教改革带来的分裂

当信徒能用金钱来讨好他们信仰的对象时，这种宗教就腐化变质了。

◇ 腐败的中世纪教会

中世纪时期，教会宣称前往耶路撒冷或罗马朝圣可以洗涤人的罪恶。在教会大分裂的时代，教会开始为无法前往罗马朝圣的人分发赎罪券。不久之后，赎罪券成了一种销售品，被教会以各种各样的名目来敛财。16 世纪初，为了筹措罗马圣彼得大教堂的修建费用，教皇利奥十世开始大肆销售赎罪券，这引起了世俗领主的不满和教会内部一些人的愤怒。

◇ 马丁·路德的宗教改革

1517 年，对赎罪券感到不满的教士路德发表了《九十五条论纲》，以此希望教会发现错误，改革弊端。路德的观点得到了贵族们的支持，这篇文章被翻译成了德语等语言，传遍了欧洲。路德与教会最大的分歧就在于《圣经》权威与教会权威孰高孰低。他主张“因信称义”，认为人人都可以通过信仰获得救赎，因此人人都可以自行阅读和理解《圣经》，而不必依托教会。被开除教籍之后的第二年，他翻译出版了德语版的《圣经》。此后《圣经》又逐渐被翻译成了各国语言，进一步推动了宗教改革的进展。宗教改革之后新出现的教派，统称为“新教”。

◇ 德意志农民战争

随着德语版《圣经》的出版，农民有机会接触《圣经》文本。有了《圣经》的支持，他们要求废除农奴制度，消除特权并建立公正平等的社会。这场席卷了整个神圣罗马帝国的农民起义始于 1524 年，但是短短一年之后就宣告了失败。不过这场战争也进一步传播了新教思想，支持新教的诸侯国与支持天主教的诸侯国此后争战不断。直至 1555 年，双方缔结了宗教和约，规定各国都可以选择自己的信仰，路德宗从此取得了合法地位，但宗教战争并没有到此结束。

对宗教权威的争夺

宗教改革虽然涉及对《圣经》的理解与阐释、宗教组织与宗教行为等方面，但是其核心是对于宗教权威的争夺。在天主教这边，宗教权威是神职人员；而在新教这边，宗教权威只有一个，那就是《圣经》。

天主教与新教的冲突

天主教	新教
教皇是宗教权威	《圣经》是唯一标准
神职人员是教徒与神的中介	信徒可直接沟通上帝
依靠善功可得救赎	唯有因信称义才能获得恩典
赎罪券可以除罪	上帝的赏罚不可更改

另一种宗教改革

英国国王 亨利八世

进行宗教改革，创立英国圣公会

根本原因

英国王权增长，天主教会成为限制。

直接原因

亨利八世的离婚请求遭到教皇拒绝。

议会立法

通过《至尊法案》；

英王为英国教会唯一的最高首脑。

国教特征

在教权方面脱离罗马教会；

在具体内容方面多承接天主教传统。

天主教徒的反击

法王集权与宗教战争

自查理大帝以来，宗教与世俗的权力是如此紧密地联系在一起，以至于宗教改革在欧洲各地都引发了不同程度的政治危机。

◇ 战争背景

由于商品经济的发展，法国封建社会内部产生了资本主义萌芽，新兴的资产阶级开始崛起。他们逐渐进入统治阶级，期望加强王权，抑制贵族势力。这触犯了封建贵族的核心利益，贵族们不满权势衰落，竭力维护自己的特权和对国王的控制权，伺机向王权发起挑战。正值这一时期，加尔文宗开始在法国传播，随着国王逐步成为贵族和教会的首脑，反对王权专制制度的封建贵族分裂成两大集团，他们相互角逐，觊觎国家政权。

◇ 战争导火索：瓦西大屠杀

1562 年 3 月 1 日，吉斯公爵弗朗索瓦 · 德 · 洛林在路过瓦西镇附近时，发现新教徒违反国王的禁令在城内举行新教仪式。他认为这是对他的权威的公然挑战，于是立即下令对犯禁的新教徒进行攻击，死伤近两百人。由此，长达三十多年、共历八次的法国宗教战争开始了。

◇ 战争结局

1598 年，亨利四世颁布《南特赦令》，最终结束了这场持续了三十多年的战争。《南特敕令》宣布天主教为法国国教，胡格诺教徒在法国全境有信仰新教的自由，在担任公职方面享有同天主教徒同等的权利。虽然这场战争带有浓厚的宗教色彩，但其实质是法国的一场内战，是王权与封建割据势力之间的一场斗争。八次战争，新旧两派各有得失，旧派势力打击了地方割据势力，加强了王权；新教徒争取到了自由信教的权利，打破了天主教一统天下的局面。

法国宗教战争

从一般信徒的角度来看，使用地方方言、简化宗教仪式的加尔文宗与法国传统上信奉的天主教相比，无疑具有更大吸引力，但是转信加尔文宗也就意味着背叛传统。当天主教会与新教都宣称只有自己才是正确时，信徒们就不得不作出一次关于灵魂救赎且没有转圜余地的选择。

1 第一次（1562—1563）

瓦西大屠杀
《安布瓦斯敕令》
保障新教的宗教权利和自由

2 第二次（1567—1568）

圣丹尼战役
《隆朱莫条约》
重申《安布瓦斯敕令》

3 第三次（1568—1570）

雅尔纳克战役、拉罗什拉贝耶战、役蒙孔图尔战役
《圣日耳曼昂莱和约》
设立新教安全区

4 第四次（1572—1573）

圣巴托洛缪大屠杀
《布洛涅敕令》
允许新教徒在拉罗谢尔、蒙托邦、尼姆举行活动

5 第五次（1574—1576）

新教教徒全面起义
《博略敕令》
为圣巴托洛缪大屠杀的死难者正名，加强新教徒的权利

6 第六次（1576—1577）

法国天主教联盟拒绝执行《博略敕令》，双方战事再起
《贝日拉克和约》
取代《博略敕令》，限制新教徒的自由与宗教权利

7 第七次（1579—1580）

由王位继承权引发的天主教与新教间的冲突

8 第八次（1585—1598）

三亨利之战
《南特敕令》
宗教宽容，定天主教为国教，恢复新教徒全部权利

冲动还是睿智

新教在英国

在国家层面改变宗教信仰是不容易的，英国宗教改革在亨利八世之后的曲折前进就是一种明证。

◇ 爱德华六世

亨利八世去世之后，他的儿子、年仅九岁的爱德华六世继承王位，成为新的英国国王。亨利八世在位时虽然为英国确立了新的宗教政策，从罗马教会的掌控中脱离出来，但是英国教会在教义和宗教仪式上仍然因袭了大量的天主教内容。对此，爱德华六世在萨默赛特公爵、诺森伯兰公爵和坎特伯雷大主教的辅助下，对英国国教进行了改革。然而天不假年，体弱多病的爱德华六世在位六年就去世了。由于没有子嗣，在去世前他指定自己的堂妹简·格雷为王位继承人。作为亨利八世的女儿，玛丽显然在王位继承这件事上比简更有优势，于是她废除了继任的简·格雷，加冕成为英国女王。她上位之后，英国的宗教形势出现了剧烈动荡。

◇ “血腥玛丽”

玛丽一世是虔诚的天主教徒，加上父亲亨利的离婚事件给母亲和自己造成的伤害，使她对英国国教以及新教极其仇恨。她在位期间，英国重新改宗天主教。她还大肆迫害新教徒，在其执政时期，大约有八百人死于火刑，这些人被她烧死的原因仅是宗教信仰不同而已。由于这种极度凶残的做法，她也被人称为“血腥玛丽”。

◇ 伊丽莎白一世

玛丽死后，她同父异母的妹妹伊丽莎白承继王位，这就是英国历史上著名的“童贞女王”伊丽莎白一世。伊丽莎白继位后，采取了天主教和新教兼容的政策，对玛丽一世在位时期的部分宗教政策做了保留，对爱德华六世修订的《祈祷书》加以修改。英国国教之争至此结束，英国的宗教政策最终确立。

亨利八世宗教改革之后

出于政治需求的宗教改革必然要面对在教义方面保守与革新所带来的影响，而当受到影响的人是君主时，更会引发影响广泛的社会变革，甚至是流血战争。亨利八世宗教改革之后，他的继承人们因坚持不同的宗教立场而给英国社会带来了动荡。

英国国教之争

英国国教

爱德华六世

亨利八世之子，在位时坚持其父的英国国教政策并进行了改革，对于宗教的态度较为宽容。

玛丽一世

亨利八世之女，信奉天主教，由于母亲的缘故而极端仇视新教。在位时复辟天主教，迫害新教徒。

天主教

英国国教

伊丽莎白一世

亨利八世之女，玛丽死后继承王位，她结束了英国国内宗教对抗的状态，采取宗教兼容政策。

清教徒运动

清教为16世纪60年代传入英国的加尔文宗，信仰该教的教徒被称为“清教徒”。他们多为新兴的资产阶级，要求继续进行宗教改革。清教徒与英国教会之间激烈的争论和冲突，从伊丽莎白一世时期一直持续至詹姆士一世时期，这也是伊丽莎白一世不彻底的宗教政策所导致的结果。

英国女王 伊丽莎白一世

反击天主教的号角

尼德兰革命与崛起

宗教改革不仅带来了宗教内部教派的分立，更催生了欧洲各国的革命与独立。

◇ 独立前史

中世纪时，现在的低地三国分别属于勃艮第公国和神圣罗马帝国。由于皇室联姻，统治神圣罗马帝国的哈布斯堡家族的一支继承了西班牙的王位。从1556年起，尼德兰一带成了西班牙哈布斯堡王朝的领土。尼德兰地区由于面朝北海，一直以来手工业与商业都十分发达，同时也更多地接受了新教，因此西班牙哈布斯堡王朝对之课以重税，还强迫新教徒重新皈信天主教。尼德兰一地的税收占到了国家收入的近半，无数新教徒也遭到了屠杀和驱逐。

◇ 尼德兰革命

1566年，民众的不满已经到了临界点。一场规模巨大的反对罗马教会的运动在尼德兰全境展开。次年。西班牙调遣军队暴力镇压了运动。但是1568年起，富裕的尼德兰贵族们召集了外国雇佣军，着手组建自己的军队，抵抗了西班牙的一次次进攻。1579年，他们宣布成立乌得勒支同盟。这一时期的西班牙又与法国展开了争霸战争，无法全力投入对尼德兰的战争当中。因此在1609年，西班牙被迫签订了《十二年停战协定》，事实上承认了尼德兰的独立。独立后的尼德兰（即荷兰）采取的是共和制度，最高权力机构是联省议会，最高行政机构则是国务委员会。不过，国务委员会的首脑由一个贵族家族世袭，可以说这是一种半共和的制度。共和制下的尼德兰快速崛起，很快就在世界贸易中占据了自己的一席之地。

第一次成功的资产阶级革命

随着新教在欧洲大陆的广泛传播，反对专制统治的力量也披上了宗教的外衣出现在尼德兰地区，而西班牙国王对异端的残暴镇压也激化了尼德兰与西班牙之间的矛盾，最终引发了这场资产阶级革命。

尼德兰同西班牙的矛盾

经济方面	尼德兰面朝北海，手工业和商业发达，西班牙对其课以重税，阻碍了其经济发展。
阶级方面	商业的发达使尼德兰的资产阶级队伍壮大，他们强烈要求反抗西班牙封建专制的压迫。
宗教方面	尼德兰是新教徒国家，西班牙强迫其改信天主教。

“沉默者”威廉

自小在尼德兰宫廷接受天主教教育的威廉并没有因为自己的天主教背景而仇视新教徒；相反，在面对西班牙与法国联合镇压新教徒的密约时，威廉保持了沉默。这种沉默实际上是对自“血腥敕令”发布后的西班牙国王暴政的抗议，以及对尼德兰新教徒的保护。后来威廉成为尼德兰革命的领导者，在他的带领下，尼德兰反抗西班牙统治的独立运动取得了胜利。

西班牙国王腓力二世与威廉·范·奥伦治

革命胜利

尼德兰革命的胜利，沉重地打击了西班牙王国，使西班牙的经济和军事都迅速衰弱，从此由盛转衰。这次革命还打击了天主教会对宗教改革运动进行疯狂反扑的逆流，刺激了欧洲其他地区的新教运动。

新教在海上的胜利

击沉无敌舰队的伊丽莎白女王

作为都铎王朝的最后一位君主，伊丽莎白一世不仅维护了当时英国的统一，更带领英国走进了黄金时代。

◇ 西班牙帝国的衰落

从美洲殖民地带回来的黄金白银并没有让西班牙帝国长盛不衰，相反，正是这些黄金白银铺就了这个日不落帝国的衰落之路——从殖民地那里得来的巨大财富让西班牙人不再重视生产制造业的发展，反而开始了穷奢极欲的享乐生活。当人们生活所需的粮食及其他物品供给不足，而过量的金银货币又导致了金银本身的贬值时，严重的通货膨胀——“价格革命”就出现了。挥霍从殖民地得来的不义之财，未顺应时代潮流发展工商业、完成社会生产方式的转型，是西班牙帝国走向衰落的重要原因。

◇ 伊丽莎白女王的黄金时代

宗教改革运动使欧洲的政治格局出现了严重的分裂，新教国家与天主教国家之间的对立与战争成为这一时期推动历史发展的一个重要侧面。英国自亨利八世与教皇决裂并通过《至尊法案》后，成为一个以国王为宗教领袖的新教国家，尽管经过了波折与反复，到伊丽莎白一世时期，其父亲的宗教改革成果还是被保留了下来。西班牙是天主教国家，并且英国与西班牙在海外殖民贸易方面存在着利益冲突，宗教矛盾加上利益冲突，致使两个国家必须通过战争的方式一较高下。在伊丽莎白一世在位的半个世纪里，英国海军力量得到了很大的提高，这种力量最鲜明的展现，就是1588年英国舰队战胜了西班牙引以为傲的无敌舰队，夺取了海上霸权。从此，英国一跃成为海上强国。

在以军事力量在海上站稳脚跟之后，英国开始积极开展海上贸易，如同当年的西班牙一样，大量的财富涌入国内。但是与西班牙不同，英国并没有因财富而晕了头，资本主义经济在英国得到了良性发展，使英国成为欧洲最为强大的国家之一。在伊丽莎白一世的治理下，英国迎来了自己的第一个黄金时代。

新教之风

为使英国重新成为天主教国家，西班牙国王腓力二世意图将信奉天主教的苏格兰女王玛丽·斯图亚特送上王位，然而这一计划被伊丽莎白一世发现，她以叛国罪处死了玛丽。玛丽的死使欧洲天主教世界一片哗然，腓力二世由此出动无敌舰队讨伐英国。让人意想不到的是，这次上帝似乎并没有站在西班牙这一边。英国海军的灵活反击加上天气的因素，最终使曾称霸海上的无敌舰队在海中沉殒。

战争原因

政治

巩固王权

在尼德兰革命中，英国支持尼德兰反抗西班牙，
腓力二世企图利用玛丽·斯图亚特推翻伊丽莎白一世。

经济

海上贸易

英国商品经济的发展要求加强海上贸易，
与西班牙对海上霸权的争夺势在必行。

宗教

天主教与新教之争

玛丽·斯图亚特被处死一事进一步激起了天主教与新教之间的冲突，
教皇支持腓力二世对伊丽莎白一世进行征讨。

天佑英国

相较于西班牙的无敌舰队，英国战舰具有体积小、速度快、机动灵活、火炮射程远等优点，这使得英国海军特别善于利用天气因素进行作战。而在无敌舰队战败后欲绕过苏格兰返回西班牙时，海上飓风对舰队的破坏远超过英国战舰，出战时的一百三十艘战舰在回国时只剩下四十余艘。在英国人看来，这场飓风象征着上帝对英国新教的眷顾和保护，所以称之为“新教之风”。

新教在大陆的胜利

三十年战争

以宗教为外衣的政治斗争很快从神圣罗马帝国内部向外蔓延，并最终演变为一场长达三十年之久的大规模国际战争。

◇ 扔出窗外事件

神圣罗马帝国的波西米亚王国是信仰新教的地区，当地的宗教自由受到了《奥格斯堡宗教和约》的保护。不过 1617 年，新王斐迪南开始禁止新教活动，激进地恢复天主教信仰。1618 年，布拉格发生了新教徒起义，他们将国王的两个大臣扔出了窗外。这件事被视为三十年战争的开端。

◇ 内战阶段

波西米亚王国的新教徒选出了新的国王，他们招募军队，开始进攻皇帝的领土，进逼帝国的首都维也纳。但是好景不长，皇帝联合了天主教诸侯展开了反扑。1623 年，皇帝获得了胜利，波西米亚王国的官方信仰被指定为天主教。但是，皇帝的胜利引来了周边国家的不安，一个强大的帝国不符合其他欧洲国家的利益，一场规模更大的战争即将开始。

◇ 欧洲大战

1625 年，法国促使英国、荷兰、丹麦结成反哈布斯堡联盟，神圣罗马帝国受到了来自三个方向的夹击。不久之后，丹麦被击败，它在波罗的海沿海的领土也被帝国夺走，这引起了波罗的海强国瑞典的不满。因此，1630 年，瑞典也与帝国开战。虽然瑞典取得了优势，但是国王的阵亡却使他们不得不撤退。帝国接二连三的胜利不仅没有使法国达到目的，反而进一步增强了哈布斯堡王朝的权威。1635 年，一直在幕后资助和支持战争的法国亲自出军，再次联合瑞典夹击帝国，可是却受到了帝国联合西班牙的夹击。不久，荷兰、匈牙利、威尼斯等国家也加入了法国的阵营，战火燃遍了整个欧洲。

从帝国内战到全欧大战

神圣罗马帝国皇权日益衰微，各路诸侯割据称雄，信奉新教的诸侯和信奉天主教的诸侯在宗教纠纷的掩饰下争夺地盘，反对皇帝专权。原本这场战争只是帝国内战，但后来欧洲各国纷纷卷入战争，参战各方心怀鬼胎。

新教徒的抗议

历史上一共有两次“扔出窗外事件”，一次是胡斯战争时期，另一次就发生在三十年战争前期。两者之间具有很大程度的相似性：两次都发生在捷克，抗议的对象都是神圣罗马帝国宗教政策和天主教传统。不同之处在于，胡斯战争时期新教思想还处于萌芽阶段，并没有形成拥有社会影响的现实教派，上层阶级仍然崇信天主教；而到了第二次扔出窗外事件时，新教徒已经成为能够影响全欧的社会群体，并且上层阶级中也出现了信奉新教、反对天主教的人群。当宗教与政治权力相互交织在一起时，牵一发而动全身的战争就在所难免了。

三十年战争的各个阶段

1 第一阶段：波西米亚人民的起义失败，哈布斯堡王朝胜利。

2 第二阶段：法国提议英国、荷兰与丹麦结成反哈布斯堡联盟，丹麦负责出兵，而英国与荷兰则在幕后支持。丹麦战败，哈布斯堡王朝再次胜利。

3 第三阶段：瑞典在法国的资金援助下出兵进攻帝国，战事初期瑞典取得胜利，但由于瑞典国王阵亡，瑞典军队丧失进攻能力。帝国反攻，取得胜利。

4 第四阶段：法国直接出兵，与瑞典联盟对抗帝国，取得胜利。丹麦惧怕瑞典的强大，向瑞典宣战，被瑞荷联军打败。随着法、瑞两国军队的接连胜利和各国的元气大伤，战争双方于 1648 年 10 月缔结《威斯特伐利亚和约》，战争结束。

清教徒的胜利

英国资产阶级革命

从国王与议会开战到克伦威尔的专制统治，再到《权利法案》的通过，英国最终完成了它的资产阶级革命。

◇ 又一场宗教战争

自从成立圣公会以来，英国国王一直尝试将本国的宗教统合在同样的信仰之下，使自己能成为本国信仰的标志。但是随着加尔文宗的传播，苏格兰的新教徒希望能由他们自己选择主教，而不是由英国国王的圣公会指派。1637 年，他们掀起了一场起义。国王查理一世召开了议会，希望获得平定内战的费用，但是议会却主张改革英国国教。无奈之下，国王选择了与议会开战。

◇ 护国公克伦威尔

尽管在数量上具有很大的优势，但议会军的士兵大多未受过专门的军事训练，因而在与王党军的交战中节节败退。直到奥利弗 · 克伦威尔出现，议会军才有了胜利的转机。在克伦威尔的指挥领导下，英国两次内战皆以议会军的胜利告终。查理一世被判死刑，克伦威尔作为“护国公”开始了他的专制统治，但在他去世之后，英国又陷入了混乱之中。

◇ 英国新气象

1685 年，复辟的斯图亚特王朝迎来了第二任国王詹姆斯二世。他进一步提升天主教信徒的力量，引起了圣公会的不满。议会决定邀请国王的新教徒女儿继承王位。这位公主是荷兰共和国执政官的妻子，为了获得更大的力量以对抗日益强大的法国，荷兰的执政官当然很乐意成为英国的国王。年底他率领了一支军队登陆英格兰，詹姆斯二世闻风而逃。由于在这一过程中并没有发生战争，所以这一事件又被称为“不流血的革命”，也就是“光荣革命”。1689 年，议会提出并通过了《权利法案》，为英国的君主立宪制奠定了基础。议会从此成为英国国家生活的中心，一个民主的、包容的新王国逐渐形成。

光荣革命

自约翰二世签署《大宪章》以来，只要国王有意加强王权，议会就会发出抗议，到了查理一世时，这种情况甚至演变成英国内战。从议会的最终胜利中我们可以看到，君权至上的封建制度已经成为历史中被揭过去的那一页，新的篇章开始于资产阶级主导的议会制君主立宪制。

《权利法案》

《权利法案》全称为《国民权利与自由和王位继承宣言》，作为《大宪章》以后最重要的法案之一，它虽然只有短短十三条的内容，但却从限制国王权力与保障议会权力两个角度奠定了英国议会制君主立宪制的法律基础，确立了英国政治中议会权力高于王权、法律权力代替王权的原则。

英国君主立宪制结构

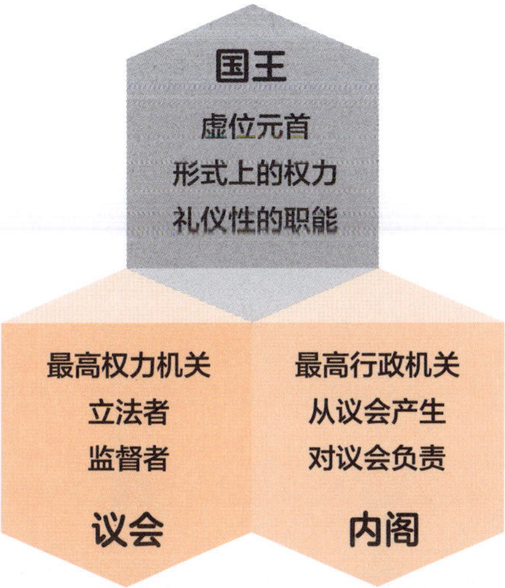

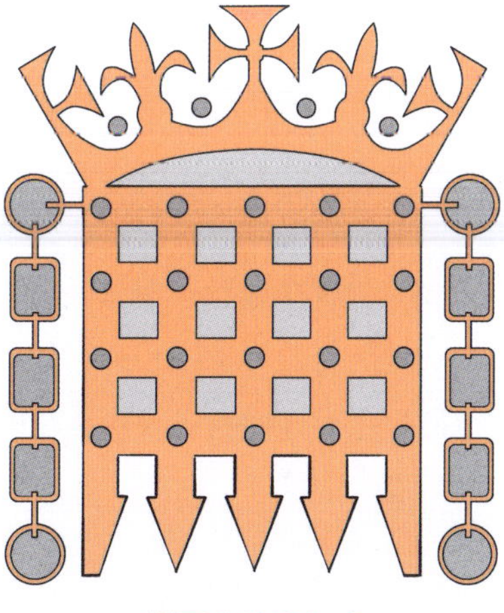

英国上议院标志

一个苹果掉落引发的思考

宗教改革后的科学革命

随着近代科学的发展，一个新的可被理解的世界框架开始慢慢被勾勒出来。

◇ 从地球到太阳，从上帝到自然

如果问从马丁·路德开始的宗教改革那里，近代科学发展所获得的最大助益是什么，那么答案毫无疑问地是从对权威的怀疑中生长出来的蕴含自主与创新意识的批判精神。正是在这种批判精神的推动下，近代的天文学、物理学、医学、生物学等领域才得以摆脱中世纪宗教神学的束缚，并开始对传统的科学体系提出挑战。在最早的那批挑战者中，哥白尼是最令人印象深刻的一位。提出了“日心说”的哥白尼将人类从上帝恩赐的福祉中拉了出来，向世人揭示人类并没有受到上帝的眷顾而恒居于宇宙的中心；相反，没有特殊性的地球与其他行星一样，都是围绕着太阳转动。作为哥白尼“日心说”的有力支持者，伽利略反对毫无验证的传统经院神学的无聊思辨，主张把以事实经验为基础的实验研究和数学方法结合起来，以此来探索发现隐藏在自然现象背后的真理。

◇ 近代自然科学体系

如果说伽利略为科学革命提出了总的原则与方法，那么牛顿就用这套原则与方法设计出了近代自然科学体系的范式。在数学方面，牛顿创立了微积分这一数学方法，解决了物体运动过程中的极限问题，推动了理论物理学的发展；在光学方面，牛顿发现了日光的光色谱并计算出了各色光线的折射率；当然，牛顿最重要的贡献是在他的力学研究方面，力学三定律和万有引力定律的发现让宏观宇宙不再模糊、神秘。数学、光学、天文学、物理学等领域慢慢地被整合到了一起，共同构成近代自然科学体系。近代自然科学体系的确立是这场科学革命的最大成果。从此，宇宙开始在可观察、可实验、可预测的科学研究中逐渐从混沌走向明晰、从分裂走向统一。

近代自然科学的诞生

16 — 17 世纪的科学革命除了为人们带来伟大的发现与发明创造之外，更重要的是颠覆了中世纪时期宗教控制下的神本位的思考方式。与经院神学只用概念推导、验证概念的思辨方式不同，这一时期的科学家们开始用另外一种方法与形式重新表述宇宙的法则，这一方法就是实验，这一形式就是数学。

从思辨到实验

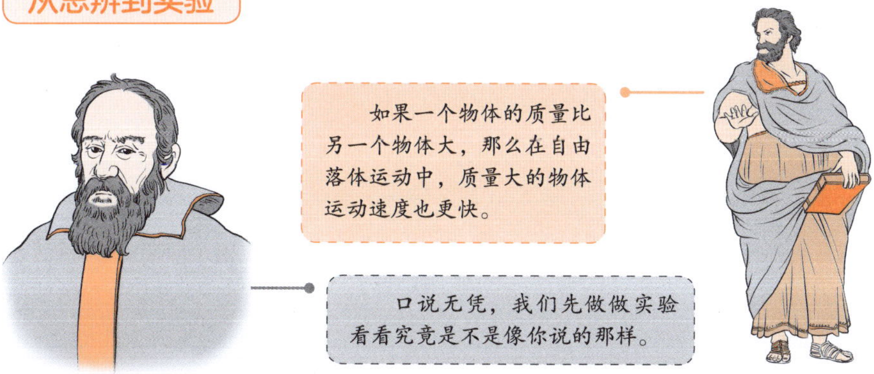

伽利略　　亚里士多德

尽管并没有足够的资料证明伽利略在比萨斜塔上做过铁球落地的实验，但伽利略确实曾用其他的实验方式（如斜面实验）证明了亚里士多德关于做自由落体运动的物体的速度与其质量成正比的论断是错误的。

站在巨人的肩膀上

牛顿

被誉为“近代物理学之父”的牛顿是一个全才式的大师，他在物理、数学、光学、天文学等领域都留下了伟大的成就，称自己是站在巨人肩膀上的他也成为了科学巨人。

一个名为巴洛克的时代

宗教改革以后的文学艺术

巴洛克风格的文学艺术常以一种夸张的方式表达对文化自由的追求。

◇ 不规则的珍珠

如同“巴洛克”一词在葡萄牙语中的含义一般，这种在17世纪的欧洲盛行的文学样式很难用一种“规则”的审美视角去欣赏，也可以说，“不规则”正是巴洛克文学的特质所在。它一方面有贵族式的阳春白雪，同时又兼具下层民众的粗野放荡。虽然巴洛克文学作家常以夸张和强烈的对比手法进行创作，但是基督教的影响仍然在他们的内心中挥之不去。英国有以约翰·多恩为代表的玄学诗派，德国有格里梅尔豪斯的《痴儿西木传》，前者极富神学色彩，而后者也表现了人应从世俗的混乱里回归到内心的单纯中去的主题。

◇ 无所不包的艺术风格

巴洛克风格不仅表现在文学方面，还表现在建筑、雕塑、绘画、音乐等其他艺术领域。在建筑方面，巴洛克风格的建筑特别注重使用多彩的颜色与视觉上的动态感，往往使用贵重的建筑材料并辅以各式各样的雕像和图案做装饰。由维尼奥拉设计的罗马耶稣会教堂作为第一座巴洛克建筑，其风格华贵而新颖，是巴洛克建筑风格的典范。在雕塑方面，巴洛克风格的雕塑一改古典主义雕塑静态性的庄严与肃穆，开始以多样的身体姿态来表现富于变化的动态美，让人感觉所看到的雕塑仅仅是一种暂停，雕塑的人物随时都会继续自己的动作。在巴洛克风格的雕塑中，以意大利艺术家贝尼尼的《圣特雷萨的沉迷》最为人们熟悉。在绘画方面，卡拉瓦乔的《基督下葬》通过对人物表情与动作的细致刻画以及色彩与明暗之间的强烈对比，营造出了一种深沉的悲怆情绪，这种戏剧性正是巴洛克绘画的风格所在。在音乐方面，巴赫的《马太受难曲》、亨德尔的《弥赛亚》、维瓦尔第的《四季》等人们耳熟能详的音乐作品是巴洛克音乐的代表之作。

神圣与世俗

在文艺复兴冲出基督教禁欲的藩篱，重拾古典文化中的人性之后，巴洛克艺术则一方面进一步颠覆了古典文化的肃穆，走向了世俗享乐，另一方面又紧紧依附于宗教，并以一种世俗的方式使宗教在人们的审美中获得新生。

丧钟为谁而鸣

没有谁是一座孤岛，
在大海里独踞；
每个人都像一块小小的泥土，
连接成整个陆地。
如果有一块泥土被海水冲刷，
欧洲就会失去一角，
这如同一座山岬，
也如同一座庄园，
无论是你的还是你朋友的。
无论谁死了，
都是我的一部分在死去，
因为我包含在人类这个概念里。
因此，
不要问丧钟为谁而鸣，
丧钟为你而鸣。

英国玄学派诗人约翰·多恩的这首《没有谁是一座孤岛》，在相当程度上代表了巴洛克文学的精神特质所在。在文艺复兴与宗教改革之后，人们并没有放弃宗教信仰，反而在新教对基督教的纯化过程中找到了信仰的本质所在，即关注人的本性为何以及应该过怎样的生活。

音乐的兴盛

相较于其他艺术形式，巴洛克音乐更为人们所熟悉，而谈及巴洛克音乐就必然会提到被誉为“西方音乐之父”的 J. S. 巴赫。巴赫对西方音乐最重要的贡献是将十二平均律应用于音乐创作之中。他创作了大量的器乐作品，几乎涉及他那个时代所有的乐器。如今我们耳熟能详的《G 弦上的咏叹调》《G 大调第一无伴奏大提琴组曲·前奏曲》等，都是巴赫的杰作。巴赫的音乐作品既包含庄严的宗教主题，也为贵族的世俗娱乐服务，这正是巴洛克艺术的特征所在。

J. S. 巴赫

羊吃人
英国圈地运动

当羊所能带来的经济利益超过人时，原来给人的那部分资源就会转而给羊，这就是所谓的“羊吃人”。

◇ 从养羊开始

羊毛的纺织与出口一直以来都是英国经济的重要支柱，为了占有生产资源与贸易市场，英国甚至不惜对外发动战争，如在引起英法百年战争的各种原因中，在经济方面就有英国想要夺取法国羊毛纺织业重镇佛兰德尔的因素。16 世纪时，由新航路开辟所导致的海外市场的扩大与海外贸易的扩增，使得国际贸易中对羊毛制品的需求量急剧增加，这极大地刺激了英国羊毛纺织业的发展，这一产业也因此迎来了繁荣。然而英国国内原有的羊毛产量已远不能满足扩大了的市场对于羊毛的需求，于是见有巨利可图的英国贵族与地主们纷纷开辟牧场开始养羊。原来用以生产粮食作物的耕地被种上了牧草，大片无主的森林、草地、沼泽、荒地也被贵族与地主们化为己有并改造成可以养羊的牧场。声势浩大的圈地运动就这样开始了。

◇ 从乡村到城市

在欧洲封建制度中，不论是农民还是农奴，都需要依靠庄园领主的土地才能生存。而当原本的耕地变成牧场，大量的公有土地又被私人分割占有时，无地可种的农民除了一身子力气，可以说是一无所有，唯有来到城市出卖自己的劳动力，才能换得活下去所需要的衣食住所。从农民的角度看，中世纪依附于土地的田园牧歌式的小农生活已经远去，等待他们的是追求利益最大化的商人们对其劳动力无休止地剥削。然而从英国于这段历史时期的进程来看，圈地运动所带来的结果从两个方面增强了资本的原始积累：一方面是羊毛产业本身所带来的利润，另一方面就是农民转化为工人所带来的大规模工业生产及盈利所需要的大量劳动力。尽管后者在未来让英国付出了相应的代价，但在历史的进程中，这是必须要经历的。

“羊吃人”的另一面

准确来讲，“羊吃人”并不是对圈地运动最恰当的表述，但这种说法却非常形象地展现了当经济制度与生产模式发生转变时，被动接受这种改变的群体在不得不付出某些代价时所抱有的一种愤怒与无奈。历史的发展有其自身的规律，从某种角度来看，在圈地运动中，正是农民所付出的代价造就了后来的“日不落帝国”。

圈地运动的背景

新航路开辟后，英国对外贸易扩大，刺激了羊毛出口业和纺织业的发展。

贵族利用自己的势力，将英国大量公有土地变为牧场。

政府政策的支持，国会废除反圈地法案。

毛纺织业迅猛发展，羊毛价格上升，圈养羊需要大片的土地。

把土地租给农业资本家比租给农民更为有利可图。

圈地运动的影响

为资本主义发展提供自由劳动力

大量农民失去土地，被迫以雇佣工人的身份流入城市。

土地所有制发生改变

圈地摧毁了小农经济，
使封建土地所有制转变为资本主义土地所有制。

为英国资产阶级革命准备了阶级条件

圈占土地的贵族成为资产阶级新贵族，
他们在经济利益上与资产阶级是一致的，
在后来的资产阶级革命中两者结成联盟共同领导了革命。

推动了英国工业革命的出现

圈地运动造就了自由劳动力，积累了资本，扩大了市场，
为工业革命准备了条件。

海上霸主之战
英荷战争

在击败了西班牙之后，英国在海上唯一的强敌就只剩下荷兰。以己之所长攻彼之所短，拥有强大海军实力的英国笑到了最后。

◇ 前三次战争

英格兰联邦时期，为了保护本国商业的发展，1651 年英国通过了《航海条例》。这个法案要求只有英国的船能在英国的统治范围内运载货物。这对于依靠贸易立国的荷兰来说是一个非常不友好的法案。因此，次年英荷开战。荷兰人虽然擅长贸易，但并没有维持一支规模庞大的舰队的意愿，于是很自然地失去了制海权。1654 年，荷兰被迫承认了《航海条例》。

1665 年，英国在斯图亚特王朝复辟后，出手占领了北美的荷兰殖民地，荷兰则占领了南美洲英国的殖民地苏里南。双方干脆在战后互换了这两块领土，不再归还对方。1672 年，法国联合英国、明斯特、科隆等国与荷兰开战，形成包围之势。这时站出来力挽狂澜的就是年轻的荷兰执政威廉三世。他从危机中拯救了国家，赶跑了法国人，还通过外交手段离间了法国的盟友。英国迫于舆论压力，停止协助法国，并将詹姆斯二世的长女玛丽嫁给了威廉三世。然而常年的战争已经使荷兰商业走向了凋敝。

◇ 第四次英荷战争

通过光荣革命，威廉三世成为英国的国王。有了英国的同盟，在荷兰看来保持一支强大的海军似乎变得有些多余。但是随着英国逐渐取代荷兰的贸易地位，心有不甘的荷兰支持了美国的独立战争。英国以此为借口于 1780 年向荷兰开战，曾经的贸易帝国终于在这场战争之后彻底走向了没落，沦为二流国家。

笑到最后的英国

经过争取独立的八十年战争后，荷兰因其地理优势与商业传统，迅速成为欧洲的造船中心并获得了“海上马车夫”的称号。然而正在崛起的英国资产阶级不能允许荷兰在全球贸易中占据垄断的位置，英国议会通过《航海条例》，限制了荷兰在海外贸易上的中介作用，两国由此展开了对海上霸权的争夺。

第一回合

荷兰通过海上贸易运输积累大量财富，被称为“海上马车夫”。
英国为保护本国商业，颁布《航海条例》，损害了荷兰的利益。
1652 年至 1654 年，两国交战，荷兰战败，签订《威斯敏斯特和约》。

第二回合

英国订立更严苛的航海法，1664 年，侵占荷兰在北美殖民地。
1665 年，荷兰向英国宣战；1667 年，荷兰舰队进攻泰晤士河。
英国战败，两国签订《布雷达和约》，互换殖民地。
英国修改航海法，出让部分权益给荷兰。

第三回合

1672 年，法国入侵荷兰，荷兰与西班牙结盟击退法军。
英国趁机攻打荷兰，但四次海战均告失败。
1674 年，两国签订和约，英国以二十万英镑换得荷兰部分殖民地和贸易特权。

第四回合

1775 年，美国独立战争爆发；1780 年，荷兰支援美国，英军向荷兰宣战。
1784 年，英国靠着强大的海军，把军备废弛的荷兰彻底打垮。
英国丧失了北美十三州，但国力和竞争力得到增强。
伦敦取代阿姆斯特丹成为新的欧洲金融中心，荷兰从此一蹶不振。

第三章
现代欧洲的孕育期

新君主制的诞生

“太阳王”路易十四

或许在18世纪法国人的心中，他们的国王路易十四所开创的时代就是法国历史上最接近尽善尽美之境的时代。

◇ 波旁王朝的建立

16世纪下半叶，作为传统天主教国家的法国爆发了内战。1589年，瓦卢瓦家族的国王亨利三世遭到了天主教徒的杀害，波旁家族的亨利四世继承了法国的王位，法国最后一个王朝波旁王朝由此开始。不久，支持天主教的西班牙攻入了法国。击退了西班牙人之后，新的王朝颁布了一项法令。这项法令是近代第一份宗教宽容法令，规定天主教徒和新教徒拥有同等的自由和权利。

◇ 路易十四时代

路易十四统治的时期是封建法国最强盛的时期。那时三十年战争刚刚结束，但是法国与西班牙之间的战争依然在继续。1649年，路易打败了西班牙，获得了比利牛斯山以北的领土，还迎娶了西班牙的公主为王后。这时的欧洲对法国来说已经没有了强大的敌手。西班牙国王死后，路易随即宣称自己应当获得荷兰以西原属于西班牙的领土。1667年，战火再燃，虽然路易不敌英国、西班牙与瑞典三国的进攻，但他依然在和平条约中争取到了一些战略要地。在接连不断的战争中，路易十四逐渐强化了法国的王权，继续推动法国殖民与商贸的发展，建立起了一个强大的绝对王权国家。

朕即国家

当国家权力完全集中于一人之手时，这个人的命运也就成了国家的命运。在“太阳王”路易十四与其统治时期的法国的关系上，我们看到，早年的励精图治让法国在欧洲如日中天，而晚年的妄自尊大则使法国日薄西山。太阳最终西落，法国也随着“太阳王”的转变由盛转衰。

朕即国家

法国国王 路易十四

为了百姓本身的利益，国君应当使他们无条件服从。只有当全部权力完全集中在唯一的国君手里时，臣民的幸福和安谧才有保障。

在童年经历过资产阶级与平民联合反抗君主专制的路易十四深深地明白，想要维护法国的统一并抵御外敌，唯有国王独揽大权、使自己的意志成为国家的意志这一种方式才能实现，所以自他亲政起，王权至上就成了他所有政策的核心。

加强王权

- **政治**
  1. 修建凡尔赛宫，宣召贵族进宫侍奉皇室，削弱地方力量。
  2. 向各省派驻监督官，总揽地方大权。
  3. 取消巴黎高等法院对国王敕令的指摘权。
  4. 不再召开三级会议。
  5. 整顿军队，使用警察、密探迫害异己分子。
- **文化**
  1. 撤销《南特敕令》，要求法国民众一律皈信天主教。
  2. 判新教为异端，驱逐、残害新教徒。
  3. 文化国家化，建立大量文化机构，维持意识形态的统一。

展翅翱翔的俄国双头鹰

彼得大帝

当时的俄国人很难理解他们的沙皇为什么要去当一名木工学造船，不过后来的事实证明，他们沙皇的选择是正确的。

◇ 开眼看西欧的造船木工

17 世纪末，面对俄国与欧洲其他国家，特别是与西欧各国的巨大差距，年轻的俄国沙皇彼得一世决定向先进的西欧国家学习，对落后的俄国进行全面改造，使之成为一个可以在欧洲占有一席之地的强国。面对国内贵族的不解与反对，1697 年，二十五岁的彼得一世化名为彼得 · 米哈伊洛夫，以下士的身份率领一个约有二百五十人的使团开始对欧洲进行游学访问。在普鲁士，彼得学会了火炮的制造和使用；在荷兰，他以一个木工的身份学习造船技术，并顺利地获得了造船的资质证书；在英国，他继续深入学习造船技术与航海知识，同时访问参观了牛津大学、科学院、兵工厂和各种工厂，甚至还曾旁听过英国议会的会议。这一行让彼得一世眼界大开，他看到了当时世界上最为先进的科学技术与生产工艺，了解了西欧各国的政治体制与文化风貌，这些与落后的俄国社会状况形成鲜明的比照。十八个月后，彼得一世学成回国，开始了改变俄国未来的大改革。

◇ 俄国最杰出的沙皇

回国后，彼得一世开始对俄国进行全方位的改革。在军事方面，彼得一世重建了俄国的陆军和海军建制，使军队的整体素质与实力大幅度增强；在政治方面，彼得一世加强了中央集权，并对国家机构进行改革，以提高行政工作效率和政府威信；在经济方面，彼得一世大力扶持工场手工业和商业贸易的发展，为资本主义的发展创造条件；在文化方面，彼得一世强调要全面向西欧学习，这种文化上的改革涉及着装外貌、生活习惯、学校教育和文化交流等方方面面。彼得一世的改革结束了俄国百年来的落后状况，让俄国腾空而起，极大地提升了俄国在欧洲的地位与影响力，使俄国跻身欧洲强国之列。

改头换面

就在欧洲各国正如火如荼地进行各种改革和革命时，位处欧洲东北边缘的俄国还在封建农奴制的死水中一片沉寂。为了不让俄国被时代抛弃，彼得一世决定全面向西欧诸国学习。彼得一世在位时的改革使俄国得以改头换面，并在未来时局变化里以强国的形象参与其中。

游学欧洲

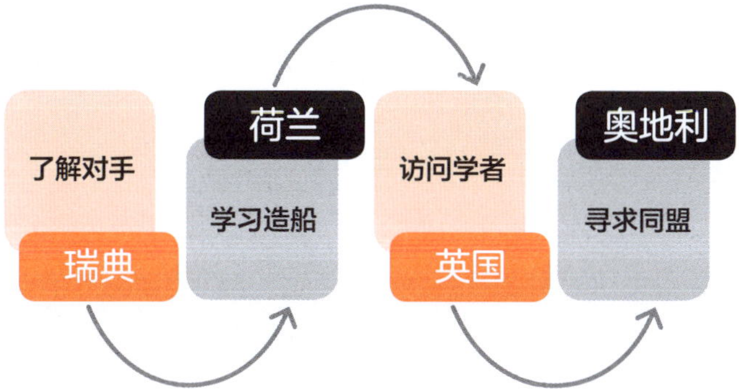

学习造船的彼得一世

在外国移民聚居的日耳曼村里见闻到西欧的文明与富强的彼得一世，在远征亚速之后，便组织使团开始了对欧洲各国的学习访问。学成回国后，彼得一世便开始了全面西化的改革。

彼得一世的西化改革

彼得一世剪掉贵族的胡子

文化	推广欧式妆容服饰，倡导欧式生活方式； 大力发展基础教育，兴建学校和科研机构。
军事	组建海军舰队； 开设军事学校，兴办兵工厂。
政治	改组中央及地方行政机构，提高行政效率； 加强中央集权，提高政府威信。
经济	扶持工场手工业； 推行重商政策，鼓励商贸发展。

改变德意志的艺术家国王

普鲁士的腓特烈大帝

虽被后人冠以“大帝”的名号，腓特烈二世却自称为“国家的第一公仆”。

◇ 斯巴达式教育下的艺术家国王

“士兵国王”腓特烈一世为了培养他认为合格的继承人，在儿子的学习内容方面，他做出了相当严格的要求与限定：接受军事训练、学习军事策略，文化课方面只能学习德意志历史、政治经济学、数学、德语和法语。然而小腓特烈完全不满足于父亲斯巴达式的教育，在母亲的影响与鼓励下，他私自学习了大量的文学和音乐方面的知识。除了父亲要求的德语与法语外，腓特烈二世还会说英语、西班牙语和意大利语，并能听懂拉丁语和希腊语；他在演奏长笛方面颇有造诣，曾经举办过个人音乐会，并受到了“西方音乐之父”巴赫的赞赏；他还起草设计了波茨坦的无忧宫并亲自监督工程进度；在思想方面，他接受了启蒙思想的熏陶，阅读了大量伏尔泰的著作，甚至邀请伏尔泰来王宫中做客，共同讨论切磋。在普鲁士这样一个军国主义国家中，腓特烈二世成为一个开明的国王。

◇ 开明专制

腓特烈二世十分了解并推崇启蒙思想，他在政治上的一系列作为与活动为他赢得了“腓特烈大帝”的美誉。腓特烈二世继承了普鲁士重视军事的传统，普鲁士强大的军事力量为他在奥地利王位继承战争中赢得了富庶的西里西亚。腓特烈二世加强了教育、文化、政治、经济方面的改革。在科教方面，他组织成立了柏林科学院并设立科学奖学金以鼓励科学技术的发展；广建学校并普及义务教育，迅速地提高了国民的文化素质。在经济方面，腓特烈二世倾向于重商主义，鼓励生产和商贸，理智地促进公共财政与进出口产业经济的发展。他从祖辈那里继承而来的宗教宽容政策，也吸引了大量的移民定居普鲁士。腓特烈二世的种种做法，都使其与其他的专制君主极为不同。正是因为他的这种开明专制，普鲁士成为德意志最强大的国家，其所代表的普鲁士精神，日后也成为德意志民族精神的核心。

普鲁士的崛起

普鲁士在神圣罗马帝国参加西班牙王位继承战争时，才从波兰独立出来，由公国晋升为王国。在普鲁士王国第一任国王腓特烈一世军国主义方针的领导下，普鲁士迅速成为德意志邦国中唯一可以与奥地利王国争霸的国家。到了军事天才腓特烈二世统治时，普鲁士开始走上了扩张道路。经过奥地利王位继承战争、七年战争和第一次瓜分波兰，普鲁士获得了大片土地，这成为后来普鲁士统一德意志的序曲。

一个有国家的军队

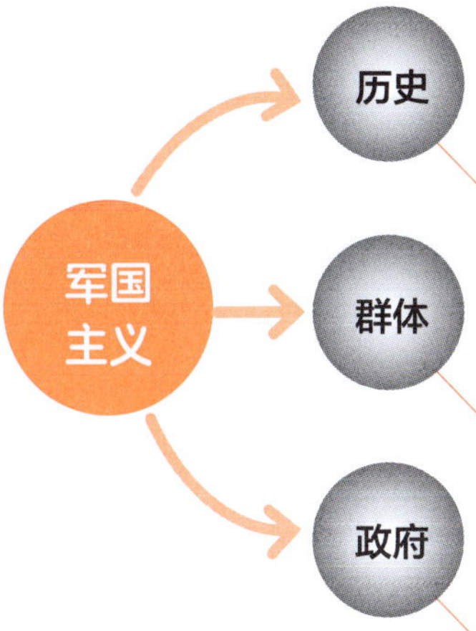

条顿骑士团

中世纪时期，在征服了普鲁士地区的异教徒后，
条顿骑士团便在普鲁士建立了世俗国家。
军队先于国家成了普鲁士未来发展的历史基因。

容克阶级

容克阶级指的是普鲁士的贵族与地主，
他们是军国主义的积极支持者，
军国主义政策能为他们带来的好处包括地产、官职和军衔。

行政系统

军队直接负责地方税收及行政事务；
军队化的官僚体系与执政方式；
专制主义与军国主义相结合。

普鲁士精神

军国主义与专制主义只是普鲁士精神在国家层面上的一种表现，所以这并不意味着普鲁士精神的内涵仅止于此。在腓特烈大帝身上，我们能够看到更多积极正面的普鲁士精神，比如勇敢、果断、冷静、坚毅、理性、精准、责任等，都是如今我们在谈到德意志民族时常会使用的词语，而这些品质，正是在普鲁士崛起、德意志统一的过程中被塑造出来的。不论是被扭曲或是被继承，普鲁士精神都是推动欧洲乃至世界历史进程的重要力量。

普鲁士国王　腓特烈二世

改变世界格局的战争

七年战争

这场同时发生在欧洲大陆与海外殖民地的战争，的确可以被称为一场世界大战。

◇ 外交革命

奥地利王位继承战争结束后，普鲁士占领了奥地利的西里西亚地区。为了夺回西里西亚，在大臣考尼茨的建议下，奥地利女大公玛利亚·特雷西亚决定联合法国对抗普鲁士；而普鲁士则联合英国应对法奥同盟。这次双方的联盟是一场大反转，因为在奥地利王位继承战争中，普鲁士曾与法国结盟，而英国则支持特雷西亚继承王位，以继续对付它的老对手法国。俄国两位沙皇的前后易帜更增添了这场战争的戏剧性。这场外交革命重建了欧洲各国力量的平衡关系，然而尽管同盟关系对调，不变的仍是两种对抗关系：英国和法国的对抗，普鲁士和奥地利的对抗。

◇ 英法海上争霸

七年战争是欧洲各国在发展和扩张道路上不可避免的战争冲突，然而这场战争的影响却并不局限在欧洲大陆上，或者说七年战争的真正影响实际上是在欧洲大陆之外，而造成这种世界影响的，正是英国与法国的海上争霸战。从这一角度来看，英法两国对海上霸权的争夺也可以说是七年战争的一条主线。英国与法国之间的矛盾冲突由来已久，在发现新大陆和海外殖民贸易兴起之后，两国间的矛盾冲突进一步升级为世界范围内的霸权争夺。也正在这一时期，英法两国之间的实力悄然地开始出现差距。在海外移民及殖民地数量、海军力量以及国内工商业的发展状况等方面，英国都逐渐把法国甩在了后面，两国之间的差距最终导致了法国在七年战争中败于英国，在失去大陆霸权的同时也失去了海上霸权。根据 1762 年签订的《巴黎条约》，法国在北美、西印度群岛、印度和非洲的部分殖民地要让与英国，法国在海外的殖民势力被极大地削减，英国因而牢牢掌握住了海上霸权，成为七年战争中的最大赢家。

世界大战的预演

七年战争之所以具有世界大战的性质，是因为这场战争的两条主线除了欧洲大陆上奥地利与普鲁士的对抗外，还有在海外进行的英法海上霸权与殖民地争夺战，后者使七年战争的影响范围辐射到了北美、中美、菲律宾、印度和西非。加上欧洲本土，这场多国参战、涉及六大战场的七年战争确实可以称为是一场世界大战。

联盟大反转

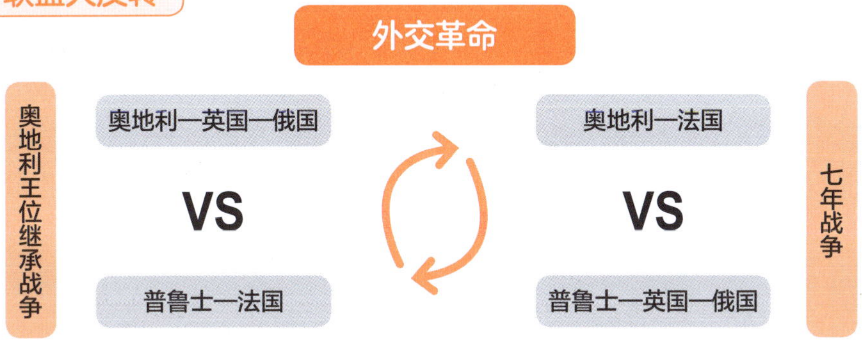

不变的对抗	
英国—法国	争夺海上霸权及海外殖民地
普鲁士—奥地利	争夺德意志霸主地位

英国成为最大赢家的原因

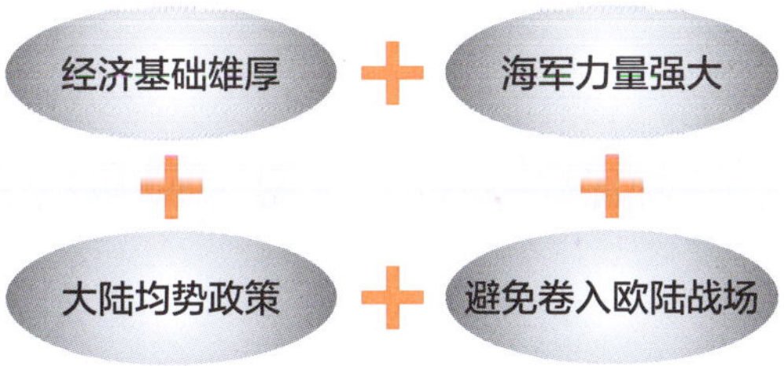

七年战争结束之后，英国与法国签订了《巴黎条约》，该条约将法国在加拿大的殖民地全部割让给英国。适时英国国内正在开展工业革命。海外殖民地的扩展加上国内工业革命所带来的生产力的极大提高，让英国在日不落帝国的道路上越行越稳。

盘旋在中欧上空的双头鹰

瓜分波兰

与俄国、普鲁士、奥地利相邻的波兰并没有在列强崛起的时代发展壮大，其结果就是被它的这三个邻国瓜分殆尽。

◇ 三国密谋

七年战争结束之后，俄、普、奥三国并没有停下对外扩张的脚步，被此三国环绕的波兰早已不复以往的强大，自然成为了众矢之的。1772 年 2 月，瓜分波兰的协议计划在维也纳被签署；8 月，俄、普、奥同时起兵入侵计划中各自要瓜分的地区；9 月，波兰被迫承认瓜分协议。这是波兰第一次被瓜分，在这次瓜分中，波兰失去了约二十万平方千米的土地，近三分之一的国土被俄、普、奥三国瓜分。1793 年，俄、普两国第二次瓜分波兰，波兰又失去了三十多万平方千米国土。1795 年，三国再次联合瓜分波兰，波兰再次失去了二十一万多平方千米国土。三次瓜分结束后，波兰亡国，从此在欧洲地图上消失了一百二十三年。

◇ 叶卡捷琳娜大帝

在俄国历史上，被冠以“大帝”称号的君主只有三位：伊凡四世、彼得一世、叶卡捷琳娜二世。作为唯一一位被称颂为“大帝”的女君主，叶卡捷琳娜二世确有获此称号的资格。叶卡捷琳娜二世自诩为彼得大帝的继承者，而她也确实延续了彼得一世的西化改革。她重视农业生产和工商业发展，同时也大力扶持教育、艺术，鼓励人们学习西方文化。然而为了获得贵族的支持，叶卡捷琳娜二世的部分政策加重了农民的负担甚至引发了农民起义，对启蒙思想的态度转变也表现出了其“开明专制”的虚假性。不过，最能确立其“大帝”地位的，还是叶卡捷琳娜二世的扩张政策：两次俄土战争、一次俄瑞战争、三次瓜分波兰，使俄国版图南抵黑海、西括波兰，极大地改变了欧洲的政治格局。

波兰的衰落

在中世纪后期，波兰作为欧洲中部非常强大的封建国家，其疆域东至黑海，西至波罗的海，连普鲁士都是波兰王国的藩属。然而自16世纪开始，波兰的政治改革让这个强大的国家迅速走向衰落，最终于1772年至1795年被俄国、普鲁士和奥地利三次瓜分，以至波兰这个国家在世界上消失了一百二十三年。

变质的民主

自由选王制

国王由贵族选举产生，贵族可以推选任何能代表自己利益的人当选国王。

自由否定权

议会决议必须全票通过，如有一人提出异议或否定，则决议必须停止不可继续。

自由选王制和自由否定权在其产生之初作为民主制对专制制度的反抗是有其历史进步意义与价值的，但是随着贵族与议员之间的利益冲突逐渐加大，这两种制度的弊端也越发凸现出来：自由选王制造成了贵族之间的冲突与国家内乱，自由否定权则使议会陷入瘫痪状态，无法进行任何立法及行政事项。这两者都导致了波兰的无政府状态。

吹响新世界的号角

第一次工业革命的萌芽

就在法国进行大革命的同时，英国也在进行另一场革命。英国的这场革命同法国大革命一样，都深远地影响了世界的历史进程。

◇ 比快更快

面对印度棉布的质优价廉，英国政府为保护本国的棉纺织业，出台了限制印度棉布进口的政令，而英国国内的棉纺织业想要占领市场，就必须让自己的产品更具优势。增加劳动力是一个方法，于是工厂将棉纺织工作转移给了家庭作坊；另一个方法就是提高纺织效率、改进纺织方法。1733 年，由约翰 · 凯伊设计的飞梭，使原本需要两个人进行的棉布纺织可以由一个人完成，同时还可以提高产量。棉布纺织的效率提升，使得棉线的供应出现短缺，一环带动另一环，飞梭的出现也催生了纺纱机的革新。1764 年，詹姆斯 · 哈格里夫斯发明出珍妮纺纱机，实现了多纱锭同时纺纱。技术与设备的改进使棉纺效率迅速提升，而这还仅是这场革命的萌芽。

◇ 技术发展的多米诺效应

飞梭催生出珍妮纺纱机从而提高了纺织效率，这让人们看到技术设备革新所能带来的巨大价值。仍然在棉纺织业领域，人工手动式的纺织已经无法满足人们对于效率和利润的追求。1767 年，理查德 · 阿克莱特改进了水力纺纱机，并于 1771 年建立了第一家水力纺纱厂；1779 年，塞缪尔 · 克朗普顿结合珍妮纺纱机和水力纺纱机，发明了走锭精纺机，该纺机在提高纺织效率的同时还提高了棉布的质量，使英国制棉布在质与量上都具有非常强大的竞争力。同样是在 18 世纪 70 年代，詹姆斯 · 瓦特改良了蒸汽机，使原有的蒸汽机更具实用价值。亨利 · 科特在 1783 年左右发明用焦炭冶炼生铁的工艺，使冶铁工业不再依赖英国稀缺的木炭，这让英国的煤炭开采和冶铁工业得以迅速发展。技术发展的多米诺效应，让英国走在了工业革命的最前端。

工业多米诺

凭借英吉利海峡这一天然屏障，英国在欧洲大陆各国争战时得以独善其身，专心地进行工业发展。当相对稳定的社会环境、资本初步积累完成、贸易市场扩大、劳动力资源充足等条件因素成熟时，工业革命应运而生。

从纺织业开始

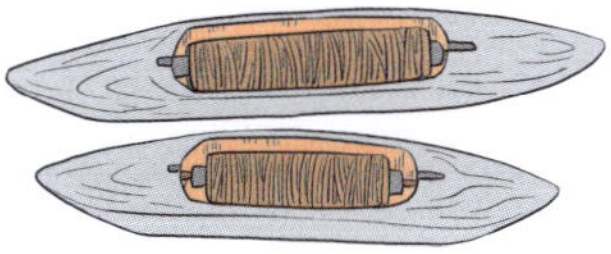

1733 年
约翰·凯伊发明飞梭

1764 年
詹姆斯·哈格里夫斯发明珍妮纺纱机

1767 年
理查德·阿克莱特发明水力纺纱机

1779 年
塞缪尔·克朗普顿发明走锭精纺机

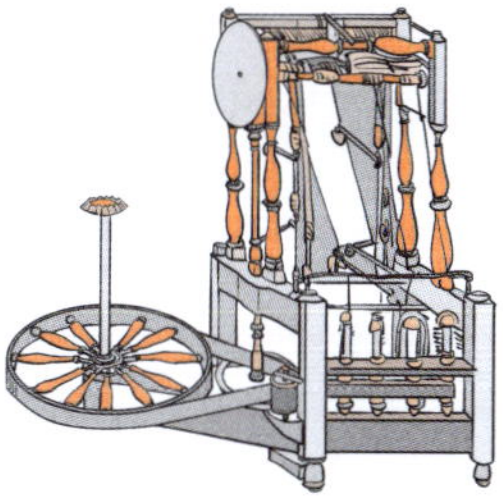

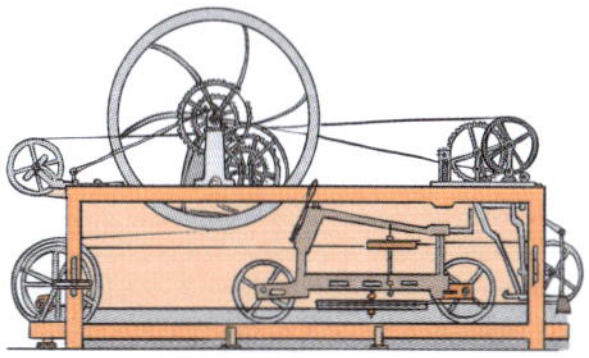

蒸汽时代

对蒸汽机的需求
推动了机械制造业的发展

机械铸造需要钢铁
钢铁工业迅速崛起

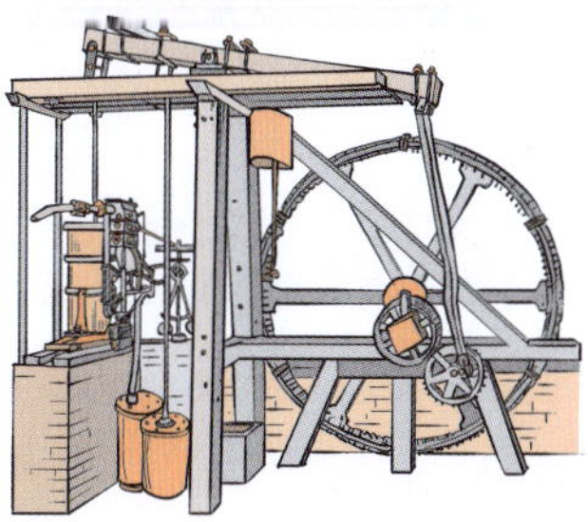

大量原材料的运输
催生出了蒸汽火车与汽船

1776 年，詹姆斯·瓦特成功改造了蒸汽机

理性智慧的开启

启蒙运动

“要有勇气运用你自己的理智！”德国古典哲学家康德称这就是启蒙运动的口号，他认为只有拥有运用理性的自由，人类才能获得真正的启蒙。

◇ 从“专”到“分”

从城邦到帝国、从神权到君权，欧洲国家的政治体制一直在随着社会的发展而改变着，并没有哪一种政体是神圣而永恒的。同样，君主专制虽然带来了民族国家的统一与社会生活的进步，但它也并非可以因此而永远存续下去。法国思想家孟德斯鸠在其著作《论法的精神》中就提出了这样一种政治理论：没有哪种单一政体能普适于任何时代或地方，最好的政体总是与当时当地的自然与社会特征相适应。在孟德斯鸠看来，18 世纪的君主专制显然已经不再是那个最好的政体，只有把君主的“专”改造为共和的“分”，只有立法、行政、司法三种权力彼此分离独立、相互制约协调，国家才能免受暴政之苦，人民的自由才能得到保障。

◇ 百科全书派

由法国思想家狄德罗发起的《百科全书》编撰工作，集结了一批在当时具有先进思想的杰出人物，孟德斯鸠、伏尔泰、卢梭、爱尔维修、霍尔巴赫等名声显赫的思想家都参与了这项工作，因此这些人也被称为“百科全书派”。百科全书派的思想涉及社会文化中的各个领域，包括哲学、政治学、法学、文学、艺术等。从对启蒙运动的推动角度来看，百科全书派的思想家们重视人的理性知识、重视科技的发展进步，反对宗教的愚昧和迷信、反对专制对人的压迫，提倡人的自由与善良的本性。他们所编纂出的这些主题词条，日后也成为法国大革命在解决社会问题过程中的导向参考。

西欧第三次思想解放

15 至 16 世纪的文艺复兴确立了人的价值，17 世纪的科学革命动摇了以神为中心的世界观，受这两个文化运动的影响，17 世纪末到 18 世纪，欧洲发生了一场彻底重新评价和理解人类、社会乃至国家的伟大运动。那就是启蒙运动。

启蒙运动开展的条件

文艺复兴 + 科学革命 + 商品经济

确立了人的价值　　动摇了以神为中心的世界观　　资产阶级队伍壮大

启蒙运动的高潮

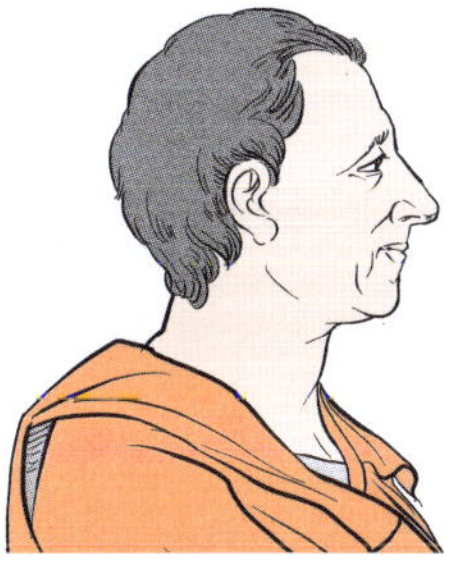

孟德斯鸠

反对君主专制
提出“三权分立”
法律应当体现理性

伏尔泰

人生来自由而平等
法律应以人性为出发点
在法律面前人人平等

卢梭

天赋人权
主权在民
社会契约论

启蒙运动的核心思想是“理性崇拜”。这次运动有力批判了封建专制主义、宗教愚昧及特权主义，宣传了自由、民主和平等的思想。它为欧洲资产阶级革命做了思想准备和舆论宣传，为美国独立战争和法国大革命提供了理论框架，鼓舞了殖民地与半殖民地人民通过斗争获得民族独立。

专题：差距的显现

近代欧洲与中国

从葡萄牙人在澳门建立殖民地开始，中国便正式与欧洲各国面对面地“打交道”。在这一过程中，中欧双方近代以来的差距开始逐渐显现出来。

◇ 打开殖民的大门

新航路的开辟，使得近代欧洲与中国的连接更加紧密。中国虽自汉代就和欧洲通过丝绸之路建立了联系，但中世纪奥斯曼帝国的崛起使得这条商道完全被穆斯林掌控，高昂的征税使得位于商道末端的西欧诸国无法继续享用中国的丝绸、瓷器、茶等商品，开辟海上商道对于近代欧洲来讲已是势在必行。由于明朝的海禁政策禁止海外贸易，西方的殖民者只能以武力撬开中国的市场。嘉靖三十六年（1557 年），葡萄牙殖民中国澳门，使澳门成为西方殖民者在中国最早的一个据点。

◇ 文化输入

虽然西欧殖民者也想将征服美洲的殖民策略用在中国，但是面对中国稳定的社会环境和强大的军事力量，他们不得不暂时打消完全靠武力殖民中国的想法。他们选取了更温和的文化的方式——传教。明末清初这段时间是传教士来华传教的一个高峰期，利玛窦、汤若望、南怀仁等人为中国带来了例如数学、地理、天文历法、火炮设计等西欧先进的科学知识。

◇ “中国热”

文化的交流是相互的，在西欧传教士向中国输送西方文化成果的同时，也借由这些传教士，西欧人通过其翻译的中国典籍，得以管窥中国文化。值得关注的是，由传教士带回西欧的中国文化，在启蒙思想家那里掀起了一场“中国热”。开明的君主、科举制度、重农的经济导向和重视伦理的儒家思想，由此构成的中国社会在他们眼中简直就是现世的理想国，伏尔泰更将中国视为人类社会的最好标本。

中西礼仪之争

是否将中国儒家传统中的祭天、祭祖、祭孔等行为视作宗教行为，一直是来华传播天主教的欧洲传教士争论的焦点所在。隐藏在这个焦点之后的，其实是精神思想及政治权力的博弈。从最初的尊重习俗到后来的教皇禁令，天主教在中国的兴衰反映出的是欧洲势力对中国态度的转化。

利玛窦规矩

利玛窦与徐光启

为方便传教，需先了解中国人的文化风貌

↓

祭祖、祭孔是中国儒家文化最重要的表达方式

↓

只为表达对祖先和孔子的怀念与感谢，不是异端宗教

↓

应该尊重中国人的习俗与礼仪

康熙禁教

以后不必西洋人在中国行教，禁止可也，免得多事。

到了清代，传教士带来的欧洲科学技术与天文历法以及他们所坚持的利玛窦规矩，让他们在朝廷中备受礼遇。然而这种规矩并不为所有来华传教士接受，坚持认为祭祖、祭孔为异端的传教士上书教皇，最终教皇克莱门特十一世的禁令引起了康熙帝的不满。1721 年康熙帝下诏禁止天主教在中国传播，此后来华传教士的传教行为被完全禁止。从宗教的角度，我们可以看出中国与欧洲之间的力量角逐，以及后来中国在历史进程中的抉择与走向。

第四部分

现代欧洲

第一章
旧制度与大革命

遭遇“日食”的法国
波旁王朝的末路

为了反抗法王，开明贵族与普通民众联合起来组建了国民议会，并宣称一定要制定宪法，否则绝不解散。

◇ 18 世纪的法国

七年战争结束之后，输掉了战争的法国失去了其在印度和加拿大的所有殖民地。作为报复，法国支持了美国独立战争，虽然成功使美国独立，但是这两场战争也彻底拖垮了法国的财政。1783 年，冰岛拉基火山爆发，引发气候异常和大规模的粮食歉收。1788 年，法国更是遭遇了大规模冰雹灾害，这进一步加深了粮食危机，直接导致了粮价暴涨和国家收入的锐减。没落中的欧洲最强君主国看上去似乎就要变天了。

◇ 三级会议的召开

为了改善财政状况，国王路易十六无奈召开了三级会议。三级会议是十四世纪以来法国的一种不定期举办的会议。所谓三级指的是教士、贵族和平民。到 1789 年时，由于王权的强化，国王已经整整一百七十五年没有寻求过民众的支持了。这次会议上，第三等级强烈要求获得更大的表决权，另有许多法国贵族也反对自路易十四以来的王权至上、由国王决定一切国事的执政原则。因此他们决定自行召开一个新的会议，即“国民议会”，并邀请其他等级的人参加。国王封锁了会议场地，但是他们找到了一个室内网球场开完了会。这场会议上，他们通过了《网球场宣言》，宣布一定要让法国制定宪法。

革命前的狂风暴雨

革命从来不会无缘由地发生。虽然法国大革命爆发于路易十六统治时期，但是大革命的种子早在“太阳王”的时代就已经埋下。路易十四的绝对王权统治确实使法国成为欧陆霸主，但这霸位仅止于路易十四这一代，从民众那里夺来的权力，迟早都要还的。

大革命的推手

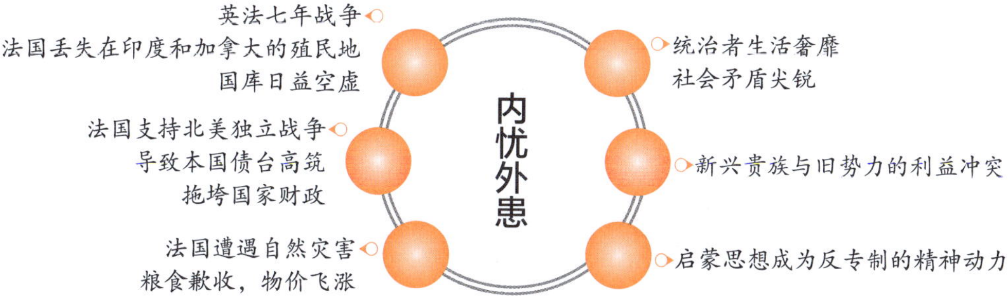

都是开会惹的祸

为解决政府的财政危机，路易十六重开三级会议，企图对第三等级增税；第三等级代表则要求制定宪法，限制王权，实行改革。

↓

投票结果第三等级胜出，路易十六却出尔反尔，强行要求加税，于是第三等级宣布成立国民议会以对抗路易十六。路易十六调集军队企图解散议会，这激起了巴黎民众的武装起义。

↓

路易十六下令关闭国民议会的召开地万国大厅，于是国民议会转到附近一个室内网球场。在室内网球场内他们发表了《网球场宣言》，宣称国民议会将存续至法国宪法制定为止。

法国大革命 1

人权宣言

“在权利方面，人们生来是而且始终是自由平等的。”《人权宣言》中的这一条成为法国大革命最为重要的纲领之一。

◇ 攻占巴士底狱

不立宪则不解散的国民议会引起了路易十六的恐慌，他一方面决定接受国民议会的要求，另一方面又暗中调集军队打算驱散议会。当国王打算动用军队镇压议会并开除为群众说话的财政总监的消息传入巴黎民众的耳朵里时，恐慌与愤怒的情绪瞬间被激起。1789 年 7 月 14 日，“到巴士底去”的口号在巴黎街头回荡着。巴士底狱是一座专门关押反对国王的政治犯的监狱，对于民众来说，这座监狱无疑象征着他们所仇恨的王权专制，只有将之捣毁才能彰显第三等级的力量与决心。这座守兵只有不到两百人、只监押了七名囚犯的专制象征未做任何反抗便被巴黎民众接管，他们还缴获了大量的武器与炸药，准备用来对抗国王军队的镇压。

◇《人权宣言》

1789 年 8 月 4 日，国民议会宣布废除封建制度，贵族和教士阶层失去了原有的特权。同月 26 日，国民议会发布了近代欧洲历史上最著名的一份文件——《人权和公民权宣言》，简称《人权宣言》。这份宣言的内容虽然只有十七条，但却凝结了启蒙运动中政治、法律及社会思想的精华，是法国大革命核心价值观的重要说明。《人权宣言》将人的自由、财产、安全和反抗压迫的权利定为自然、神圣、不可剥夺，认为这些权利在任何时间、任何地方都是普遍适用的。除了人的基本权利之外，《宣言》还强调了政府与个人权利之间的关系，即政府存在的意义就是要保障和增进人民的基本权利，如果不能保障和增进，那么人民有权推翻旧的政府。这为法国大革命推翻君主专制，建立主权在民的共和政府奠定了理论基础。《人权宣言》不仅在大革命时期为法国指明了道路和方向，其世俗自然法的精神也极大地推动了欧洲迈入自由与民主的历史进程。

大革命的纲领

《人权宣言》，全称《人权和公民权宣言》，是法国大革命的纲领性文件。它以人权和法治为核心，吸收了孟德斯鸠的分权思想和卢梭的社会契约论，提出了国家的最高权力来自国民的“主权在民”原则。当国家权力从君主返还至国民手中后，民众对自己在国家中的主体意识便得到了增强。

宣言内容

人权宣言

1. **前提** 人生来就是而且始终是自由的，在权利方面一律平等。
2. **政治** 旨在维护人类自然的和不受时效约束的权利。
3. **权利** 这些权利是自由、财产、安全与反抗压迫。
4. **主权** 整个主权的本源根本上乃存在于国民。
5. **自由** 自由是指能从事一切无害于他人的行为。
6. **法律** 法律仅有权禁止有害于社会的行为，是公意的表达。

作为资产阶级革命宣言，《人权宣言》对于财富也有非常明确的说明。关于社会税收和个人财富，宣言第14条和第17条这样写道：

所有公民都有权亲身或由其代表决定公共赋税的必要性，自由地加以批准，知悉其用途，并决定税率、税基、征收方式和期限。

财产是不可侵犯与神圣的权利，除非合法认定的公共需要对它明白地提出要求，同时基于公正和预先补偿的条件，任何人的财产皆不可受到剥夺。

法国大革命 2

砍掉法王的脑袋

“路易应当死，因为祖国必须生。”罗伯斯庇尔的这句名言让他可以为祖国杀掉国王，进行恐怖统治，并最终将自己送上了断头台。

◇ 一票之差

在对于如何处置路易十六的问题上，吉伦特派与雅各宾派之间的争执凸显了双方对于革命问题的不同看法。吉伦特派倾向的是温和路线，认为在革命结束之后首要的是维持社会稳定而非处置国王；雅各宾派则走激进路线，认为革命尚未完成，而国王既然是一个卖国贼，就应该以相应的刑罚处死。随着路易十六请求国外用战争干预法国大革命的书信被发现，国王的叛国罪名坐实，国民公会以投票的方式决定判处路易十六死刑。虽然所有人都认为国王有罪，但在票数上体现了两种不同的态度，最终的投票结果是以三百八十七比三百三十四通过处死路易十六的决议，然而在多数派中，有二十六人认为可以延迟宣判。这样，将三百八十七票中的二十六票转移至少数派票数中，就变成三百六十一比三百六十。一票之差，路易十六以叛国罪于 1793 年 1 月 21 日被送上了断头台。

◇ 热月政变

激进的雅各宾派将温和的吉伦特派赶下台，开始了自己的恐怖统治。面对当时法国的内忧外患，《惩治嫌犯条例》、经济统制和军事奖惩措施虽然能够平息国内叛乱、击退反法联军，然而将反对者与不服从者，甚至包括本派内部的执异见者直接推上断头台的做法，也让雅各宾派的领袖罗伯斯庇尔获得了“独裁者”“暴君”的称号。杀人无法带来和平，更无法维护大革命的成果，所以国民公会中反对罗伯斯庇尔的人于 1794 年热月 9 日（7 月 27 日）通过了逮捕罗伯斯庇尔等人的决议。第二天下午，所有被捕者都被送上了断头台，这就是“热月政变”。这场政变结束了罗伯斯庇尔的恐怖统治，使得法国正常的社会秩序得以恢复。

理想与现实

随着革命的热潮愈演愈烈，议会放弃了君主立宪并将王室软禁起来。这引发了欧洲其他君主国的不安。奥地利与普鲁士联手进攻法国，要求恢复路易十六的权威。法国人开始了对外战争，并在 1792 年宣布成立法兰西第一共和国。次年初，国民公会以叛国罪将路易十六送上了断头台。革命逐渐从宽容走向极端。

君主立宪派

理想主义

议会通过《人权宣言》，废除君主专制，建立君主立宪制。
路易十六密谋出逃失败，部分激进领袖和民众要求废除王政，实行共和。
但君主立宪派则主张维持现状，保留王政，希求国王能参与到革命中来。
普奥联军攻入法国。巴黎人民爆发起义，推翻立宪派统治，拘禁国王、王后。

↓

吉伦特派

温和执政

吉伦特派在起义后掌握国家政权，打败外国干涉军，成立法兰西第一共和国。
代表工商业主利益的吉伦特派主张贸易自由主义，不限制商品最高价格。
这种政策主张引起了失业和吃不起面包的群众的强烈不满。
在第一次反法同盟战争中失败后，巴黎人民再次起义，推翻了吉伦特派。

↓

雅各宾派

恐怖统治

雅各宾派上台后，其领袖罗伯斯庇尔实行恐怖统治，大肆杀害异己分子。
恐怖政策遭到了民众的反对，同时也带来了雅各宾派内部的分裂。
国会中的反对势力组成热月党，发动政变，推翻了罗伯斯庇尔的统治。

↓

热月党

重新独裁

热月党人解散国民公会，成立督政府。
因立法机构选举结果不利于督政府，督政府宣布选举无效，日益走向独裁。
英国重组反法同盟，军人势力介入，拿破仑发动政变，结束督政府统治。

不想当将军的士兵不是好士兵

拿破仑的崛起

时势造英雄，在革命与战乱中脱颖而出的拿破仑不仅结束了法国大革命，更开启了另一轮的独裁统治。

◇ 最初与革命的关系

拿破仑并非是正统的法兰西人，他的出生地科西嘉岛在他出生那年才被并入法国。拿破仑的父亲为家族争取到了贵族的身份与权利，由此，拿破仑得以进入只向贵族开放的法国军官团队与军事学校。1785 年，获得炮兵少尉军衔的拿破仑开始了他的军旅生涯。和同时代有抱负的年轻人一样，拿破仑也深受启蒙思想的影响。法国大革命开始后，他投入到了对抗反法同盟的战争中。随着罗伯斯庇尔在 1794 年热月政变中的倒台，拿破仑也因曾支持雅各宾派而受到了牵连。1795 年，已成为督政官的巴拉斯正面临叛军暴乱，于是拿破仑被巴拉斯临时启用并成功镇压了保王党的叛乱，拿破仑也因此获得了“葡月将军”的美誉。这次作战成功让拿破仑恢复准将军衔并被授予巴黎卫戍司令的职务。1796 年，二十七岁的拿破仑以法兰西共和国意大利方面总司令的身份，成功击败了第一次反法同盟。这样，内平叛乱、外退入侵的拿破仑从此成为法兰西共和国的民族英雄。

◇ 雾月政变

伴随着一次又一次政变的，是吃不起面包的群众一次又一次的起义，而他们换来的不是恐怖统治就是军队镇压。人们渴望稳定，而能带来这种稳定的人选，在当时只有能力与声望兼备的拿破仑。1799 年雾月（11 月），拿破仑以下院有人企图恢复恐怖统治为由，武力迫使两院接受政变，解散督政府并建立临时执政府，这就是“雾月政变”，它标志着法国大革命的结束，开启了拿破仑的军事独裁统治。从民主共和到军事独裁，法国大革命的最终结果虽然与大革命的精神相悖，但却满足了维护资产阶级革命成果的需求。此后拿破仑的一系列内政改革，也证明了他的军事独裁确实是当时法国最为需要的。

荒野雄狮

从1792年法兰西第一共和国成立到1799年的雾月革命，不到十年的时间，法国经历四届政府，特别是罗伯斯庇尔的恐怖统治让人们看到了理想与现实的差距。在混乱之中想要求得稳定与和平，只能通过力量才能达成，历史将这个任务委与了一个军事天才，他就是拿破仑·波拿巴。

从炮兵到将军

- 1779年　进入贵族军事学校学习。
- 1785年　以少尉军衔进入炮兵团服役。
- 1793年　土伦战役，率军击败反法联盟，晋升准将。
- 1795年　镇压保王党叛乱，任职巴黎卫戍司令。
- 1796年　任意大利方面军总司令，击败反法同盟。

阿尔科莱战役中的拿破仑

大革命结束

加冕的拿破仑

从一种制度转变为另一种制度是需要时间和经验的，国情与历史的不同注定了法国不可能像英国那样较为和平地走完去专制去封建的道路，大革命期间法国所经历的种种惨痛教训就是历史规律的显现。想要在较短的时间里重新回到和平稳定的社会状态，只能曲折地再走一段法国人熟悉的老路，那就是君主专制；而君主的人选只有一人，他就是拿破仑。

让整个欧洲都战栗的帝国

拿破仑帝国

从称帝到退位，法国在拿破仑的统治下成为欧洲大陆最强大的帝国。

◇ 从掌权到称帝

1799年，年轻的拿破仑发动军事政变，夺取了国家政权，成为法兰西事实上的领导者。虽然恐怖统治早已结束，但开明的独裁开始了——这样的现状其实和路易十四时代的法兰西并没有太大的区别。他下令编撰了一部伟大的法典，作为他开明专治的依据。这部《拿破仑法典》成为现代大陆法系的基础。1802年，拿破仑通过投票成为终身执政。两年后，他受教皇加冕成为法兰西第一帝国的皇帝。

◇ 皇帝的欧洲

1805年，面对拿破仑膨胀的势力，英国、奥地利、俄国三国结成第三次反法同盟。拿破仑挥师亲征，击破了联军，解散了神圣罗马帝国，并让德意志诸国成立莱茵邦联作为自己的附庸。第二年，拿破仑又击破了第四次反法同盟的进攻，打败了以强大著称的普鲁士。虽然拿破仑输掉了和英国的海战，但如今整个欧洲大陆都臣服在他的脚下，这使他可以联合整个欧洲孤立英国，封锁对英贸易。

◇ 皇帝的谢幕

长久以来的同盟并没有给俄国带来什么实际的利益，相反的是法国似乎处处在阻碍俄国的扩张。1810年，俄国退出了大陆封锁体系，怒不可遏的拿破仑随即率领大军进攻俄国。俄国人利用广袤的国土，使拿破仑摸不着敌人的踪迹；恐怖的寒冬拖垮了骄傲的军队，拿破仑迎来了生涯中最大的败北。反法同盟再次建立，而这一次伟大的天才皇帝也回天乏术，只能退位接受流放。波旁家族再一次成为法兰西的支配者。

法国人的皇帝

1799 年雾月政变结束后，拿破仑执掌法国军政大权，接下来几年对反法势力作战的胜利进一步牢固了拿破仑作为法国人民的拯救者这一形象。1804 年《共和十二年宪法》的颁布宣告了法兰西第一帝国的成立，拿破仑成为法国人的皇帝。对于欧洲来说，名为“拿破仑战争”的时代到来了。

三次击溃反法同盟

1805 年 第三次	1806 年 第四次	1809 年 第五次
英－奥－俄	**英－普－俄**	**英－奥**
三皇之战	耶拿战役	瓦格拉姆战役
神圣罗马帝国覆灭	大陆封锁政策	法奥联姻

自法国大革命以来，欧洲各封建国家对法国先后组建七次反法同盟，前两次针对法兰西第一共和国，后五次针对法兰西第一帝国。在拿破仑与反法同盟的五次战争中，1805 年第三次战争中的“三皇之战”完美地彰显了拿破仑作为一位军事家的洞察力、忍耐力、决断力和应变力。恩格斯曾称赞这一战役是“战略上的奇迹，只要还存在战争，它就不会被忘记”。

最后一战

拿破仑的戎马一生在 1815 年第七次反法同盟战争中迎来了终结。6 月 18 日的滑铁卢之战成了拿破仑的最后一战。由英国、普鲁士、荷兰、汉诺威等七国组成的反法同盟在这场战役中获得了决定性的胜利，拿破仑帝国也自此终结。与“太阳王”路易十四很相似，二人都凭一己之力将法国引领至欧洲霸主的地位，而这种强盛也仅止于一代。当伟大的人物陨落时，他们身后的国家只能低下曾经高昂的头颅，重新寻找前行的道路。

退位的拿破仑

不得不联合的封建欧洲

维也纳会议与神圣同盟

在经历了与法兰西帝国的长年争战后，欧洲各国认识到了一国独大的危害以及各国之间力量平衡的重要性。只有大国均势、彼此制约，欧洲的和平才能得到保障。

◇ 维也纳会议

1814 年拿破仑退位以后，欧洲各国尝试召开一次国际会议，协商解决拿破仑战争带来的领土问题以及法国大革命的影响问题。拿破仑按照自己的意愿改造了欧洲的版图，那么在他失败之后，版图理当重新划分。俄国希望夺取波兰，成为欧洲的新霸主；奥地利则希望获得德意志的控制权；其他国家特别是英国却并不希望看到这样的局面。会议一直开到拿破仑归来。

◇ 维也纳体系

尽管拿破仑回到巴黎以后重整军队再次与整个欧洲开战，但他依旧毫无悬念地被再次打败，这一次他被流放到了更遥远的地方。随着《维也纳条约》的签订，欧洲建立起了新的秩序——维也纳体系。这一体系的特征就在于保证大国均势，从而保证欧洲的和平。

◇ 神圣同盟

在维也纳会议后，俄国、奥地利和普鲁士三国带头组建了一个同盟。同盟以宗教为名义，联合各国君主镇压立宪运动和民权运动。不久除了英国与教皇国之外的欧洲基督教国家也都加入了这个组织。这一同盟实际上是各封建国家之间维护专制统治的互助同盟，当 1848 年的革命风暴席卷全欧时，与历史进程相悖的神圣同盟也随之瓦解。

维也纳体系

反法同盟虽然击败了拿破仑及其帝国，但法国大革命对封建势力的冲击仍然是欧洲各大封建君主心中的一团阴影。为了防止这样的事情再度发生，同时平衡各个国家之间的实力以保持欧洲的和平与稳定，从 1814 年 9 月 18 日到 1815 年 6 月 9 日，对法战争的胜利国代表来到维也纳，在彼此间的非正式会晤中，重新规划欧洲的封建秩序。

与会国的心思

英国	奥地利	俄国
阻止欧洲大陆出现新的霸主 维持自己的海上霸权	不欲俄国干预中欧事务 反对俄国对波兰的领土要求 希望获得德意志的控制权	夺取波兰 进军西欧 称霸欧洲

会议原则

1. **正统原则**：承认 1789 年前法国及其他封建君主是正统王朝；恢复他们的统治权力、政治制度及所属领土。
2. **补偿原则**：对失去领土的国家及在拿破仑战争中有功的国家均给予补偿。
3. **势力均衡原则**：确保在重整欧洲版图的过程中，无一国家可取得绝对的优势。
4. **围堵法国原则**：增强法国周边国家的力量，以围堵法国，防止其扩张。

浪漫主义

这一时期的文化

人不仅有冷静的理性，更有浪漫的情感，从某种角度来说，后者对人而言是一种更为本质的东西。

◇ 对启蒙运动的“反动”

启蒙运动将人的理性推上了神坛，然而深受启蒙思想熏陶的法国人却并未成功地用大革命的方式在大地上建立起充满自由、平等、博爱的理性王国，反倒在革命过程中受尽了恐怖的折磨。理性真的绝对能为人类社会带来进步吗？对此，卢梭敏锐地觉察到，当一切都以理性、秩序与法则为核心与指标时，人的情感体验与内心感受就会受到压抑，进而会有被异化的危险。所以，卢梭倡导情感高于理性，道德优于科学。他用这种崇尚人的自然天性与情感体验，追求人的个性解放的思想，吹响了欧洲浪漫主义运动的号角，文学、绘画、音乐、哲学等领域纷纷响应这种回归自然的呼唤，也因此，卢梭被誉为“浪漫主义运动之父”。

◇ 浪漫主义艺术的大师与杰作

浪漫主义运动席卷全欧，并且覆盖了各类艺术形式。文学方面，英国华兹华斯、拜伦、雪莱、济慈的诗歌和法国巴尔扎克、大仲马的小说代表了浪漫主义文学的高峰；绘画方面，浪漫主义画派的德拉科瓦罗等众多大师创作出了大量富于个性、情绪和幻想的画作；音乐方面，贝多芬作为浪漫主义音乐的开创者，创作了九部交响曲和大量的室内乐，其后又涌现出了众多大师与佳作；建筑方面，英国的议会大厦成为浪漫主义建筑的典范。总体来说，浪漫主义艺术表现了一种对于人文精神的关切，这种关切不是用理性去分析，而是用情感来体验。浪漫主义的旨趣在于为人类寻找到可以栖居的精神家园，重新塑造与人类的自然天性相和谐的真、善、美；用审美的标准而不是功利的标准，重新定义生命与生活的意义，使人免于因资本主义的压迫而沦为物质的奴隶的悲惨命运。这种思想经过艺术大师们的艺术创作，成为闪耀着人性光辉的浪漫主义佳作，至今仍保有强大的生命力，感染着欣赏它们的人。

革命的另一种继续

维也纳会议与神圣同盟使得欧洲再一次回到了由封建势力控制下的和平之中，大革命的燎原之势虽然已被扑灭，然而反传统的星星之火还存留在人们的心里。暴力革命虽然失败，但革命的精神却以另一种形式展现出来。浪漫主义运动就是这样一种革命的继续，它破斥理性的冷峻与谦卑顺从的美德，它要点燃人性中的激情来与现实相抗争。

英国诗人

威廉·布莱克

一沙一世界，一花一天堂。
无限置掌中，刹那成永恒。

威廉·华兹华斯

我看见最卑微的花朵都有思想，
深藏在眼泪达不到的地方。

珀西·比希·雪莱

如果冬天来了，
春天还会远吗？

法国大革命所带来的冲击让英国人看到了自我与自由的价值，诗人们开始用诗歌表达自己对于情感与理想的追求。与之前文艺复兴时期的玄学诗派相比，浪漫主义诗歌不再晦涩冷峻，而是饱含人性的温柔与热情。

扼住命运的咽喉

德国音乐家贝多芬是浪漫主义音乐的开创者，他最伟大的成就是其九部交响曲，其中尤以第三、第五、第九最为人们熟悉。第三交响曲本来是贝多芬打算献给拿破仑的，但拿破仑的称帝行为让贝多芬一怒之下将原来写有“题献给波拿巴”的总谱扉页撕毁，改写成“为纪念一个伟大的人物而写的交响曲”。第五交响曲中命运叩门的动机与第九交响曲中的《欢乐颂》，至今仍散发着极强的浪漫主义音乐魅力，成为永恒的经典。

路德维希·凡·贝多芬

经济的振兴

席卷欧洲的工业革命

率先完成工业革命的英国已然成为“日不落帝国”，而工业革命之风并未停留在这个海岛上，它吹过海峡来到欧陆，掀起了大陆各国的工业化浪潮。

◇ 工业革命的扩散

19 世纪 30 年代前后，英国完成了工业革命，机械生产代替手工劳动带来生产效率与质量的大幅度提升，让英国的国力迅速和欧洲大陆的其他国家拉开距离，成为欧洲其他国家羡慕的对象。与英国的实力差距也让欧洲大陆上的各个国家看到，想要让国家真正富强起来，靠战争手段抢夺资源是行不通的，因为只要打仗，不论胜负都要付出沉重的代价；只有走工业化道路，提高国内的生产水平才是使国家强大的正路。于是，工业革命的浪潮越过海峡，从沿海国家开始一点一点向内陆推进：最先开始进行工业革命的是法国和比利时，随后是德国，再后来是俄国。1848 年欧洲革命结束之后，欧洲大陆各国迎来了工业化的高潮，一系列自由贸易协议的签订，消除了阻碍各国经贸往来的壁垒，欧洲经济也开始整体走上新的高速发展阶段。

◇ 各具特色

与英国自发地在生产设备和技术上进行革新的方式不同，欧洲大陆各国在工业化的进程中，大多都有政府的推动与引导，这就使得欧陆各国虽然都在进行工业化，但其方式以及过程各有特点，而这些特点基本上也都是各国本有的社会特征造成的。以法、德、俄三国为例。法国是手工制造业的大国，然而以手工劳动为主的制造业即便引入机器生产，也更适合以小企业的形式发展，难以形成大型企业。受到“铁血政策”的影响，铁路建设与交通运输在德意志工业化进程中处于领先地位，国家政策的积极干预使得德国的重工业发展迅速。俄国由于本国技术落后和资本积累不足，致使其发展工业的设备、技术与资本大多由外国资本操控，这一特点导致了俄国工业利润外流，同时也让工业化进程变得缓慢而不稳定。

工业化的欧洲

就像同一种食物，不同的人有不同的吃法一样，当欧洲各国开始进行工业革命时，每个国家都按照自己的偏好选择了不同的工业化进程。这些偏好可能来自于原来的传统生产模式，也可能与当时统治者的个人偏好或国家政策导向有关。

西欧与中欧

西欧国家的工厂

比利时	法国	德意志
移植英国工业化模式	农业人口多，工业劳动力少	纺织业生产规模最大化
纺织业、冶金业发达	小型纺织工厂居多	重视煤、铁、钢等重工业
兴修铁路交通网络	兴建大型机械工厂	对抗保守主义，兴修铁路

东欧

东欧国家的农奴

东欧国家工业化滞后的原因

- 城市化进程缓慢，商业资本不足。
- 未建立起交通运输网络，物流贸易滞后。
- 农奴制限制了劳动力的自由流动。
- 封建贵族秩序阻碍了资产阶级的兴起。

英国的民主改革
议会改革

工业革命在使英国经济飞速发展的同时，也推动了城镇与农村人口结构的变化。当议会制度不能跟上这种变化时，改革就要开始了。

◇ 工业革命推动的政治改革

工业革命在使英国成为欧洲工业强国的同时，也极大地改变了英国的社会状况：工人与生产商数量激增，由工厂聚集而成的新兴工业城市引来了大量的工业移民，英国的人口分布与阶级状况发生了巨大的改变。这种改变是从生产力和生产关系的变化开始的，然而英国在此时出现的问题是作为上层建筑的议会制度并未配合经济基础的变化而主动改变，在议席分配与选举资格这两方面，新崛起的工业资产阶级、工人阶级与大贵族地主阶级的矛盾越来越凸显。这种矛盾具体说来，就是当时的英国出现了人口多的地区代表少、人口少的地区代表多，以及占据人口大多数的资产阶级和工人阶级在议会中并不占有相应比例与数量的议席的情况。为了改变这种情况，资产阶级与工人阶级要求议会进行改革，以使自己能够在议会决议中拥有政治话语权，来争取和保障自己的利益。

◇ 重新分配议席与扩大选民范围

随着资产阶级与工人阶级要求议会改革的呼声越来越高，1832 年，英国议会通过了一项可以初步满足民众要求的改革法案。根据该法案，英国北部的新兴工业城市，如曼彻斯特、伯明翰等，在议会中获得了更多席位，部分小的城镇选区在议会中的代表名额减少至一名，同时大部分衰败选区的议席被撤销；另外，法案还更改了英国公民参与议会选举的资格标准，降低了对选民在身份与财产方面的要求，扩大了选民范围并增加了选民人数。作为英国议会在工业革命后改革的第一步，1832 年的议会改革让工业资产阶级参与到议会之中，成为英国统治阶级的一部分；但跟随工厂主一起要求议会改革的工人阶级在这次改革中并没有像他们的雇主一样获得议会席位，甚至他们中的绝大多数人在议会降低选民资格要求后仍不具备选举资格，这就为后来的英国工人运动埋下了伏笔。

从《谷物法》到议会改革

英国工业革命的中期历程与对法战争的时间基本上是重叠的，虽然英国未受到战火波及，但战争还是影响到了对英国至关重要的进出口贸易，而在受影响的人群里，随着工业革命开展而兴起的工业资产阶级受害最为严重。为了维护自己的利益，只有在议会中争取更多的席位，自己的诉求才能得以实现。

《谷物法》带来的矛盾

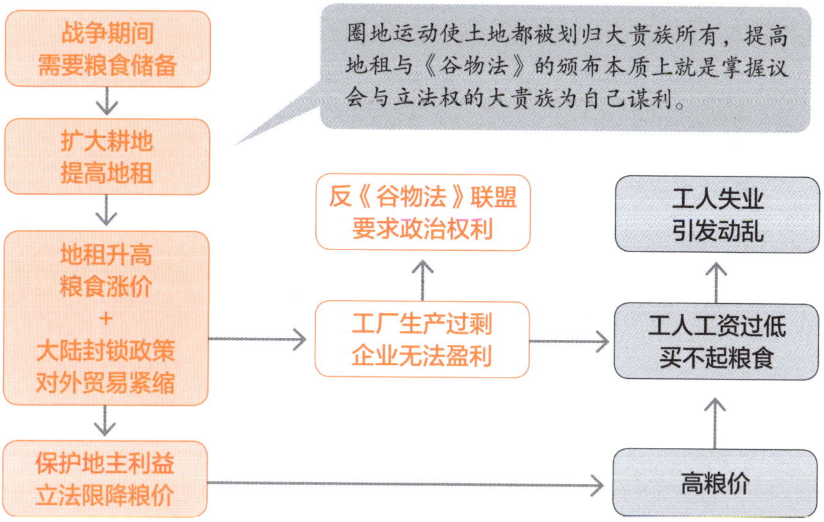

1815 年《谷物法》的颁布极大地加重了工厂主们的负担。本来大陆封锁政策已经使他们在出口贸易上的利益受到损失，高粮价则提高了他们须支付工人的工资，进而提高了生产成本。如果裁掉一部分工人，则生产效率又会下降，同样无法获利。这种矛盾最终导致了群众运动甚至暴力事件。

1832 年改革法案

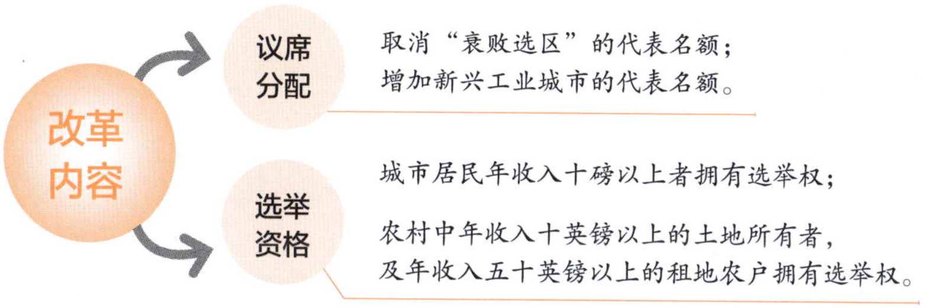

在黑暗中摸索前行
英国宪章运动

资本主义经济的发展推动着工人阶级的发展与壮大，英国的宪章运动就是工人阶级为谋求自身利益而做出的早期探索。

◇ 人民宪章

1836年6月，木匠维洛特领导一批工人与手工业者组织成立了“伦敦工人协会”，旨在争取工人权利、提升工人地位、改善工人生活。1838年5月，协会根据成员讨论同意的六项要求公布了一份文件，这份文件就是《人民宪章》。

◇ 三次请愿

《人民宪章》公布后，立刻引起了各地工人的支持，1839年宪章派在伦敦召开国民公会，并将署有二十万人签名的请愿书递交议会，议会否决。反思第一次请愿失败的原因后，宪章派于1840年组织成立了“全国宪章协会”，并于1842年提出第二次请愿，这次请愿在政治要求的基础上添加了经济要求，然而署有三百三十万人签名的请愿书再次被议会否决。1848年第三次请愿，署名人数达到了五百五十万，当数万人的游行队伍面对军警镇压时，宪章派的领导人屈服并解散了游行队伍，请愿书第三次被议会否决。

◇ 宪章运动的衰落

1848年第三次请愿及游行示威失败后，工人阶级认识到当时自己的力量还不足以推动这场社会改革。虽然宪章派内部在一开始就有主张走激进路线的声音，然而随着政府一次又一次的镇压，这些激进分子最终也放弃了原来宪章派的纲领，转而与资产阶级合作。尽管宪章运动最后以失败告终，但在运动过程中，工人阶级仍然得到了一些方面的胜利，如1846年《谷物法》的废除，1847年的十小时工作制等。最重要的是，作为世界上第一次工人阶级独立的全国性政治运动，其经验和教训深深地影响了日后的国际工人运动，并为后来马克思和恩格斯创立科学社会主义理论提供了宝贵的现实经验。

工人运动的早期探索

1832 年的议会改革虽然扩大了选民范围，但受益的只有资产阶级，而支持资产阶级的工人阶级在政治上依然没有话语权。工人们开始意识到依靠资产阶级为自己争取权利的想法是不切实际的，自己的权利只能靠自己独立争取。在英国，这种工人阶级意识的觉醒过程及其展开的政治活动，就是宪章运动。

最初的六项要求

1. 凡年满二十一岁的精神健全的男子（罪犯除外）都有选举权。
2. 无记名秘密投票，以保障选民充分自由地行使其投票权。
3. 议会议员不应有财产资格或其他任何限制，各选区选举他们所爱戴的人，不论贫富。
4. 议员应领取薪金，以使当选议员者能离职充当选区的代表，为国家利益服务。
5. 平均分配选区，按照各地区选民的人数分配名额代表。
6. 议会每年改选一次，防止贿赂、恫吓，以及议员违抗、出卖选举人等事件的发生。

表现宪章运动的漫画

内部分歧

激进派：主张武装起义

中间派：可能的话采取和平方式，必要的话采取暴力方式

温和派：主张和平请愿

资产阶级革命
- 经济基础 ✓
- 政治理论 ✓
- 社会文化 ✓
- 革命经验 ✓

工人运动
- 经济基础 ✗
- 政治理论 ✗
- 社会文化 ✗
- 革命经验 ✗

改革无法一蹴而就，
属于工人阶级的时代此时尚未到来

照耀世界的思想
马克思主义的诞生

“全世界无产者联合起来！”《共产党宣言》中的这句口号宣示着一个崭新的、属于无产阶级的时代即将到来。

◇ 发现人类历史发展的规律

19 世纪后半叶，随着欧洲各国工业革命基本完成，在物质财富累积和资本主义发展的同时，围绕着日益壮大的工人阶级的社会问题也在逐渐显露。然而英国宪章运动的失败所反映出的问题，就是工人在通过运动为自己争取权益的过程中，没有完整和科学的理论作为指导。马克思和恩格斯在吸收了德国古典哲学、英国古典政治经济学和空想社会主义学说后，认识到经济生产是社会发展的基础，而推动社会变革与发展的就是生产力与生产关系之间的矛盾运动。在两人共同完成的《德意志意识形态》这本书中，历史唯物主义的基本原理被完整地阐释出来，它揭示了人类社会发展的一般规律并预言了无产阶级与全人类的必然解放。

◇《共产党宣言》

为了将自己所创立的理论传播给有需要的工人，让他们能够更好地以科学的理论来武装自己去进行争取自身权益的斗争，马克思与恩格斯一方面积极参加工人阶级的斗争运动，另一方面积极组建能够领导工人阶级进行革命的革命政党。1847 年，他们加入了在巴黎成立的、由德国政治流亡者与工人建立的秘密革命组织“正义者同盟”，并帮助该组织改组为国际工人组织“共产主义者同盟”。1848 年 2 月，由马克思与恩格斯共同起草的、作为理论与实践的党纲的《共产党宣言》公开发表。《宣言》号召全世界的无产者联合起来，通过暴力革命的方式推翻现存的社会制度，去建立一个属于无产阶级的共产主义新世界。《共产党宣言》的发表，标志着马克思主义的诞生，为日后世界范围内的工人运动与社会主义革命指明了前进的方向。

惊雷乍响

卡尔·马克思通过揭露近代社会中资本主义的剥削性，大胆预言了无产阶级的胜利与共产主义社会的到来。他主张，劳动者应该通过暴力革命的方式发动革命，夺取政权，推翻资本主义。在工人普遍受到残酷剥削、几乎没有任何劳动保障和收入保障的那个年代，马克思主义成为他们的指路明灯。

马克思主义产生的历史条件

卡尔·马克思

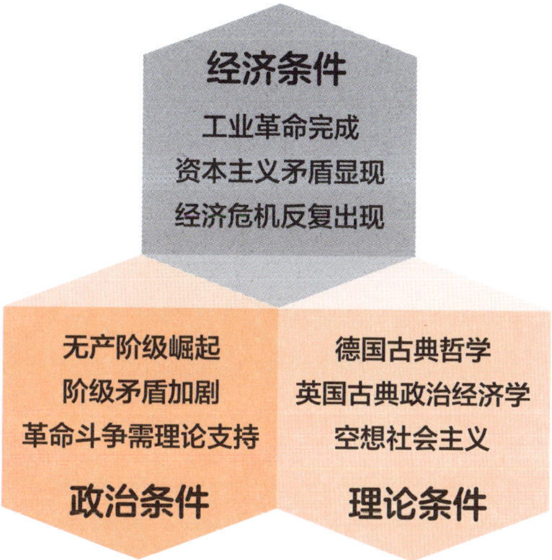

早期工人运动

共产主义者联盟	口号：全世界无产者联合起来！ 纲领性文件：《共产党宣言》 第一次较为系统地阐述了马克思主义的基本原理。 目标：通过传播财产公有的理论并尽快求其实现，使人类得到解放； 推翻资产阶级，建立无产阶级统治； 消灭旧的以阶级对立为基础的资产阶级社会； 建立无阶级、无私有制的新社会。
第一国际	组织文件：《国际工人协会成立宣言》《国际工人协会共同章程》 组织目的：成为各国追求解放的工人团体进行联络和合作的中心。 组织原则：民主集中制。

无产阶级专政的第一次尝试

巴黎公社

失败的结果并不会遮掩巴黎公社作为无产阶级专政第一次尝试的革命曙光。

◇ 巴黎公社的成立

19世纪60年代以后，拿破仑三世统治下的法兰西第二帝国出现了不稳定因素，工人阶级与资产阶级反对第二帝国的呼声越发强烈。1866年的经济危机引发了工人的罢工浪潮。为了维护统治，转移民众的注意力，拿破仑三世挑起了普法战争。然而当色当决战的战败消息传回巴黎后，工人与小资产阶级爆发革命，要求废除帝制，建立共和国。在这样的呼声下，共和派建立了临时政府。普鲁士入侵法国使得普法战争的性质发生了转变，临时政府由于害怕工人阶级，不仅拒绝为之提供武装反抗普鲁士，更采取了投降政策。这种行为激怒了法国人民。1871年3月18日，无产阶级组成国民自卫军，进行起义并占领巴黎，梯也尔政府退至凡尔赛宫。26日，巴黎举行公社选举，组建巴黎公社；28日，国民自卫军中央委员会将政权移交给巴黎公社。历史上第一个无产阶级政权就这样诞生了。

◇ 虽败犹荣

巴黎公社执政后，进行了一系列的社会改革。如废除资产阶级议会制，实行立法、行政合一的公社委员会制；将部分私有工厂以赎买的方式转化为集体所有，让工人直接参与工厂管理；保障工人利益，禁止任意罚款和非法克扣工资；普及义务教育、兴办职业教育，等等。然而最初的起义未能乘胜追击，使梯也尔政府有了喘息的机会。在募集完军队后，1871年4月2日，凡尔赛军进攻巴黎；5月28日，公社将士不敌凡尔赛军，巴黎公社运动至此失败。巴黎公社虽然失败了，但是作为推翻资产阶级统治、建立无产阶级专政的第一次尝试，它为后来的无产阶级革命运动留下了非常宝贵的教训和经验。

法国在 19 世纪最后的一场革命

随着工业革命的发展与完成，到法兰西第二帝国时期，工人阶级迅速壮大起来，工人数量已经超过三百万。拿破仑三世的帝国政策只照顾了大资产阶级的利益，工人们每天工作十二小时，但高强度的劳动并没有换来足够的面包。再加上 1866 年至 1867 年的世界性经济危机，帝国内部的阶级矛盾迅速升温激化。

第二帝国的崩溃

工人阶级

壮大起来的工人阶级要求参与国家政事。

资产阶级

受压迫的小资产阶级要求废除帝制实现共和。

经济危机

企业破产导致工人失业，反政府运动愈演愈烈。

普法战争

对普战争失败，拿破仑三世被俘，巴黎爆发革命。

拿破仑三世

夏尔－路易－拿破仑·波拿巴

企图以对普战争转移国内矛盾焦点的拿破仑三世未曾想到他的这一做法反而加速了帝国的崩溃。1871 年 3 月 18 日，工人阶级发动起义，成立了新的临时革命政府。

七十二天的改革

领域	内容
权力机构	废除议会制，实行公社委员会制，立法、行政合一。 防止独裁专制的措施：1. 公职人员均由民主选举产生； 2. 保障人民对公职人员的监督权与罢免权； 3. 取消高级官员高薪制。
社会经济	禁止对工人任意罚款和非法克扣工资； 取消一切债务利息，可分期偿付； 以赎买的方式将遗弃工厂由私人所有转为集体所有。
文化教育	加强世俗教育，提高教师的地位及待遇； 鼓励文学艺术发展，倡导文艺为革命服务。

第二章
民族主义与改革的年代

名字有多重要

拿破仑三世与法国的改革

已经站起来的法国资产阶级不会再向专制与独裁下跪，王朝复辟与帝国建立都是历史进程中的倒行逆施。

◇ 从波旁王朝二次复辟到七月王朝

滑铁卢战役后，拿破仑宣布退位，百日王朝覆灭。以路易十八为首的复辟势力重新登上法兰西的王位，波旁王朝二次复辟。但路易十八无力调和旧贵族中开明派与顽固派的矛盾，最后含恨而终。而后，其弟查理十世继位。1830 年，查理十世颁布《七月敕令》，其倒行逆施的政策激起了资产阶级的不满并引发了“七月革命”，查理十世被迫退位并流亡海外。路易 · 菲利普依靠资产阶级的支持登上王位，史称“七月王朝”。但此时法国社会阶级矛盾尖锐，广大群众不满以路易为首的大资本家的剥削压迫，于是“二月革命”爆发，七月王朝被推翻，新建立的共和国，即法兰西第二共和国。

◇ 法兰西第二共和国与第二帝国

第二共和国建立不久，路易 · 波拿巴当选总统，但宪法中总统不能连任的规定让路易 · 波拿巴极度不满，他要求修改宪法，遭到议会否决。1851 年，路易 · 波拿巴发动政变，解散议会，建立专制政体，法兰西第二共和国告终，法兰西第二帝国成立。称帝后的路易 · 波拿巴一心想要重现他叔叔拿破仑的辉煌，然而这种心理最终导致了法国在普法战争中的失败。路易 · 波拿巴终究没能成为第二个拿破仑，法兰西第二帝国也因为普法战争的失败而宣告终结。

拿破仑之后的法国

在拿破仑对俄战争失败之后，法国人再一次体验到了专制独裁者对权力的狂热给自己带来的伤害。法兰西第一帝国可说是成也拿破仑，败也拿破仑。拿破仑退位后，波旁王朝复辟，大革命为法国人深深种下的民主共和思想，在这段历史时期继续着与旧制度的抗争。

路易十八的无奈

极端保王党

- 清算异己分子
- 撤销革命时期的制度政策
- 恢复王权专制统治
- 恢复旧贵族的所有权利
- 国有财产物归原主

法国国王 路易十八

路易十八执政时施行种种开明政策，但流亡归来的旧贵族大都是顽固派，和路易十八的决策相左，路易无法调和两派之间的矛盾，含恨而终。

共和制的确立

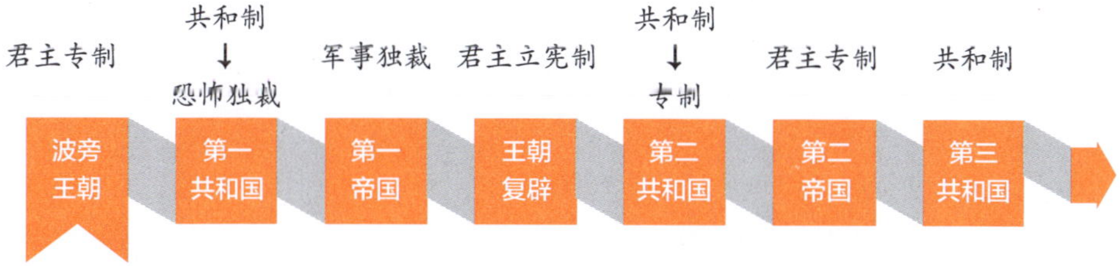

法兰西第三共和国艰难建立，并以一票的优势确立了共和制，也终结了自拿破仑之后动荡的法国政体。自此，虽然政治局面仍然时有不稳，但第三共和国仍然维持了七十年的资产阶级统治，直至 1940 年纳粹德国入侵。

第一场现代战争

克里米亚战争

工业革命所带来的成果终于在战场上得到了检验，从克里米亚战争开始，一种与以往不同的作战方式出现了。

◇ “东方问题”

所谓的“东方问题”是欧洲各强国针对日渐衰落的奥斯曼帝国提出的一个假想的政治外交问题。该问题的本质是，如果奥斯曼帝国灭亡，那么欧洲列强在西亚地区的利益应如何分配，更简单地说就是该对土耳其怎么办。在欧洲各国中，俄国对于奥斯曼帝国的野心最大。随着奥斯曼帝国的衰落，俄国先后对奥斯曼发动了八次战争，逐渐蚕食奥斯曼的领土。1854 年，俄国再度进军奥斯曼，希望占领多瑙河下游，并进军土耳其海峡，实现长久以来想要获得出入地中海的道路的愿望。这就是克里米亚战争的前奏。

◇ 拉锯三年

俄国人最初的进军非常顺利，他们没费多大力气就占据了多瑙河的下游。但是随后不久，主张自己在奥斯曼有殖民权益的法国和主张欧陆均势的英国与奥斯曼结盟，向俄国宣战。他们登陆了克里米亚半岛，接下来的两年，半岛成为战争的主要战场，这也是这场战争被命名为克里米亚战争的原因。随着老沙皇的死去，新沙皇不愿继续这场深不见底的战争，因此承认失败，签订了合约。

◇ 第一场现代战争

克里米亚战争是战争史上一场划时代的战争。来复枪被广泛投入战场，子弹的射程大大增加，因此产生了堑壕战。战地记者出现在了战场上，通过电报让国内报纸报道战争最新的进展。铁路和汽船被双方用来运输军队和补给，专业的战地医院也诞生了。可以说这场战争就是现代战争的雏形，是工业革命的成果在战争中的一次展示。

新的战争

工业革命给欧洲带来了生产力的提高、经济的振兴以及政治制度的变革，但在军事方面，工业革命的成果还未曾受到检验。1853 年，由“东方问题”引发的克里米亚战争成了工业革命在军事方面的校验场。因封建农奴制的拖累而在工业化道路缓慢前行的俄国从这场战争的失败中认识到了时代的改变。

战争背景

奥斯曼帝国

奥斯曼帝国衰落，统治地区大多四分五裂、名存实亡，成了任人宰割的肥羊。

俄国

对外扩张政策加上想要称霸欧洲的野心，让俄国敢于和欧洲其他国家争夺近东地区统治权。

英国

英国主张大陆均势政策，近东地区的权力平衡问题就成了所谓的“东方问题”。

奥斯曼帝国的衰落为它的老对手俄国带来了绝佳的扩张机遇。因为自身还处于封建农奴制社会所以未受到1848 年欧洲革命影响的俄国，误以为自己已经是欧洲的霸主，这种错觉让俄国与英法两国对立起来。

战争意义

第一场现代战争

- 新式线膛步枪、蒸汽动力战舰、铁路、无线电通信等科技发明在战争中扮演了重要角色。
- 无线电使得大众传媒可以实时传递战况，民意对战争进程产生了深远的影响。
- 军事后勤体系发展为一个独立部门，工程保障、战地医疗、后勤运输能力得到极大提高。
- 各军事强国开始进行新技术军备竞赛，试图以领先的技术优势击败对手。

南丁格尔，护理事业的创始人和现代护理教育的奠基人。克里米亚战争时，她极力向英国军方争取在战地开设医院，为士兵提供医疗护理，大大提高了受伤战士的生存率。

对克里米亚战争的反思

战败俄国的农奴制改革

克里米亚战争的失败终于敲醒了还沉浸在农奴制与称霸欧洲美梦中的俄国。

◇ 晚期帝国概况

19 世纪中叶，欧洲各主要强国纷纷通过政治改革和工业革命完成了近代化转型，国家实力开始稳步提升。然而此时的东欧大国俄国却没有跟上时代的步伐，依然是一个以农业为主体经济的封建国家。就在其他国家资产阶级纷纷崛起，甚至无产阶级也开始登上历史舞台的时候，俄国的绝大多数人口却还是依附于封建庄园主的农奴。他们不仅有耕种土地、服从命令的义务，甚至可以被租用和售卖，与真正的奴隶没有什么差别。这种落后的政治与经济体制不仅严重地限制了俄国生产力的发展，让俄国在工业化道路上极大地落后于其他欧洲强国，还降低了国家的整体教育水平和军队素质。雄厚的经济势力、大规模的工业生产、尖端的科技人才与军备设施、高素质的将领与士兵，一样都不占的俄国在与西欧强国争霸时只有挨打的份。克里米亚战争的失败，让新沙皇亚历山大二世不得不改革。

◇ 农奴制改革

亚历山大二世是一个倾向于西化的统治者。他开始允许报刊流通，不过报刊的内容依然要受到严格的审查。不仅如此，广泛而激烈的农民运动使他不得不认真地考虑解放农奴的问题。1861 年，他颁布法令废除了农奴制。只需要付出一笔赎金，农奴就可以获得自由和土地。虽然改革产生了大量劳动力，但并没有触动贵族制度，封建贵族依然是国家政治的核心。

遗憾的是，俄国没有成为立宪国家，改革也只是强化了旧有的国家机器。激进的革命者并不欢迎这种改革，他们一次又一次地尝试暗杀这位领导改革的沙皇。终于在 1881 年，亚历山大二世死于一场爆炸。他的儿子恢复了对激进派的镇压，不过农奴制改革的成果也被继承了下来。俄国开始一步步走向近代化。

农奴制改革

彼得大帝时期的一系列西化改革虽然使后来的俄国变强并能在欧洲称霸一方，但在骨子里俄国还是一个以农奴制和农业经济为基础的封建国家。18 世纪末至 19 世纪中叶，俄国先后错过了工业化进程和资产阶级革命风暴。克里米亚战争之前，认为自己已是欧洲霸主的俄国其实是偏安一隅，战争的失败彻底暴露出俄国在制度上的落后。再不改革，国将不国。

背景

农奴制对劳动力的束缚阻碍了资本主义经济的发展；克里米亚战争的失败使俄国内外交困、民怨沸腾，国内农民起义不断爆发；阶级矛盾愈发尖锐。

内容

政治：农奴获得人身自由。
经济：农民以赎买的方式分得耕地，但只有使用权。
组织：自由农仍归所居住地区的“村社”管理。

沙皇亚历山大二世在位时废除农奴制，进行一系列社会改革，为俄国 19 世纪后半期的中兴奠定了基础。

其他改革

- 行政：建立地方自治机构（地方自治局）。
- 司法：废除旧的等级审判制度，建立陪审制度和律师制度，实行公开审判。
- 教育：鼓励办学，扩大大学自主权，允许引进西方书籍。

意义

- 俄国工业水平迅速提高，从此走上资本主义发展道路。
- 促进了资产阶级的壮大及发展。
- 缓解了社会矛盾，增强了抵御西欧国家扩张的能力。

→ 保留大量封建残余，农民所受剥削加重，本质上是维护了贵族和地主的利益，巩固了沙皇统治。

众志成城
意大利的统一

对祖国统一的希求可以超越阶级之间的矛盾与对立。在主张革命的民主派与主张改革的自由派的共同努力下，意大利最终从分裂走向了统一。

◇ 长期分裂的意大利

1158年之前，南部意大利一直是拜占庭帝国的领地。中世纪神圣罗马帝国兴盛时期，其疆域几乎涵盖整个意大利。而意大利的中部又是教皇的传统领土，北部则一直由威尼斯称霸。整个国家在中世纪和近代早期一直处于四分五裂的状态。文艺复兴后，西班牙通过意大利战争控制了南意大利。

拿破仑上台之后，立刻入侵了意大利。他结束了威尼斯共和国，在北意大利建立了一个统一意大利王国，并彻底吞并了存在上千年的教皇国。拿破仑战败后，在奥地利的支持下，意大利再度变得四分五裂。

◇ 意大利的统一

受法国大革命的影响，维也纳体系下的意大利自由主义运动此起彼伏。早在19世纪初，想要驱除法国侵略者的部分意大利资产阶级就在那不勒斯王国秘密结成了一个叫“烧炭党”的秘密革命团体，并在暗中组织革命活动。1820年，南部的西西里王国爆发起义，此后在1821年、1830年和1848年欧洲革命时，意大利各地也都发生了抗议和暴动，可惜这些运动都以失败告终。究其原因，主要还是缺乏一个有力的领导者，将意大利各地区的力量拧成一股绳，共同抵抗外敌、实现统一大业。不过这样的领导者很快就出现了。位于意大利西北部的撒丁王国是19世纪中期意大利境内唯一的一个独立王国，1852年，意大利统一运动“三杰”之一的加富尔出任撒丁王国首相，一系列的改革措施让撒丁王国迅速成为意大利资本主义经济与资产阶级自由派力量的中心。通过联法抗奥，以及在普奥战争、普法战争中的巧妙参与，意大利境内的外国势力被逐渐清除干净。随着加里波第的红衫军收复那不勒斯和罗马，1861年，意大利最终实现了统一。

双管齐下

拿破仑战争后，意大利四分五裂，受奥地利、法国、西班牙等外国势力统治或控制，只有撒丁王国是独立国家。尽管受到大革命的影响，意大利起义不断，但都以失败告终。渴望国家统一的呼声促使主张革命的民主派与主张改革的自由派携手合作，经过双方共同的努力，意大利最终得以统一。

意大利建国三杰

马志尼，民主派早期领袖，青年意大利党创始人。他曾组织多次起义与革命，唤起了意大利人的民族意识。

加富尔，自由派领袖，撒丁王国首相。在他的谋划下，意大利中部各邦并入撒丁王国，意大利局部统一初步完成。

加里波第，民主派后期领袖，统一运动在战争时期的领导者。他用战斗与外交的方式最终促成了意大利的统一。

意大利统一运动进程

第一阶段

联法对奥战争
收复伦巴第
在中部各邦开展公投
中部各邦并入撒丁王国

第二阶段

西西里起义
加里波第远征
收复那不勒斯
南意大利并入撒丁王国

最终完成

参加普法战争
收复威尼斯
进军教皇辖地
收复罗马
意大利统一完成

对国家与民族统一的渴求调和了革命者与改革者之间的矛盾，正是代表小资产阶级的民主派与代表工商业资产阶级的自由派双方的共同努力，意大利最终才得以统一。

铁血宰相俾斯麦的改革

从普鲁士到德意志

对于 19 世纪中期的德意志诸邦来说，力量，唯有力量才能带来民族与国家的统一。

◇ 普鲁士的早期扩张

1740 年，奥地利哈布斯堡王朝绝嗣。普鲁士借机挑起奥地利王位继承战争，并成功获得了西里西亚的领土。18 世纪末，随着波兰立陶宛联邦的衰落以及在战争中的失败，这个国家被普、奥、俄三国分三次彻底瓜分，普鲁士也因此获得了大量领土。拿破仑战争之后，普鲁士又在《维也纳条约》中争取到了德意志西部的一些领土。一个边陲小诸侯国就这样逐渐获得了整个德意志地区近半的领土，在国际威望上几乎可以与奥地利并称。

◇ 与德意志诸邦的关系

没有一个强大的领导者，德意志诸邦可谓一盘散沙，彼此间的种种差异与隔阂严重地阻碍了资本主义经济的发展，这让已经崛起的资产阶级非常不满，于是 19 世纪初，普鲁士牵头组建了德意志关税同盟，推进了德意志经济的统一。到了 19 世纪中叶，普鲁士已经在德意志北方树立起了普遍的权威，并稳健地扩张了自己的领土。在挑起了对丹麦与对奥地利的战争之后，普鲁士证明了自己的军事实力，并确立了王国在德意志的霸权。1867 年，普鲁士孤立奥地利，着手创建了北德意志联邦，一个新的帝国即将诞生。

◇ 普法战争

普鲁士的首相俾斯麦担心如果主动挑起对法战争，有可能造成南部的诸侯国集体倒戈，因此设计让法兰西第二帝国的皇帝主动向普鲁士宣战。这场被称为普法战争的冲突很快就以路易 · 波拿巴的彻底失败而告终。统合了整个德意志的普鲁士国王威廉一世在巴黎凡尔赛宫镜厅宣告了德意志帝国的成立。一个帝国倒下了，又一个帝国站了起来。

德意志的统一

当分裂造成的隔阂与对抗严重限制了各个地区的发展时，要求统一的声音便会出现，并且这个声音所呼唤的往往是时代的最强者。在普鲁士统一德意志的进程中，我们便能看到统一为何成为德意志各邦国的共同愿望，而普鲁士又如何众望所归地成为缔造德意志统一的不二之选。

资本主义的兴起

工业增长 + 农业改革 = 呼唤统一

工业增长：工业革命所带来的生产效率的提高使德意志地区的煤铁工业和纺织工业迅速发展起来。

农业改革：农奴制的改革为资本市场输送了大量自由劳动力，促成了封建容克阶级的资产阶级转化。

呼唤统一：资本主义的发展暴露了地区分裂所造成的如资本流动受限、贸易受阻和无法开拓海外市场等诸多问题。

为什么是普鲁士

阶级力量

资产阶级刚刚兴起，力量不足，
统一只能依靠普鲁士发动王朝战争。

军事实力

普鲁士拥有欧洲最强大的陆军，
军队战斗力高，作战经验丰富。

经济实力

政府控制经济生产，
工业及农业十分发达。

强烈的统一要求

历史层面的民族情感；
容克阶级的扩张野心；
资本主义发展的必然要求。

奥托·冯·俾斯麦

普鲁士的“铁血宰相”奥托·冯·俾斯麦极具政治头脑，他明白奥地利与法国是实现德意志统一的两块绊脚石。他先借由外交活动将德意志大多数邦国拉到普鲁士的阵营中，以此在普奥战争中打败了奥地利；后又借法国入侵南德的理由让巴伐利亚诸邦成功归顺并打赢了普法战争。因为俾斯麦的运筹帷幄，1871 年 1 月 18 日，普鲁士国王威廉一世即位为德意志帝国皇帝，宣告了德意志的统一。

二元帝国

奥匈帝国的诞生

奥匈帝国的建立并不是一个强强联合的结果，而是一种不得不为的妥协。

◇ 奥地利帝国概况

拿破仑战争时期的 1804 年，神圣罗马帝国的皇帝自行创建了新的奥地利帝国，帝国的领土包括皇室领地奥地利一带以及没落的奥斯曼、波兰乃至威尼斯，因此是一个不折不扣的多民族国家。但这样一个根正苗红的帝国在 19 世纪注定只能是一个配角。帝国的皇权在 1848 年革命中风雨飘摇。意大利统一时，帝国失去了富庶的北意大利；克里米亚战争中，帝国为争夺巴尔干又不惜与多年的盟友兵刃相向；而在 1866 年，帝国最终被曾经的附庸国普鲁士打败了。连连失败的帝国颓势明显，伴随着民族意识的觉醒，各民族越来越倾向于建立各自的民族国家。

◇ 奥匈帝国的成立

为了维系国家的统一与稳定，摆在帝国面前的道路只有两条：要么承认国内各民族的独立，建立起联邦制的国家，放弃德意志的专制主义传统；要么与国内第二大民族匈牙利人达成协议，提升他们的地位并和他们一起统治帝国。对于这一选择，奥地利帝国的皇帝似乎并没有什么犹豫地就选择了后者。在与匈牙利人谈判交涉的过程中，匈牙利贵族也毫不妥协地只接受二元共治的方案，就这样，一个全新的国家——奥匈帝国诞生了。奥匈帝国是一种二元帝国，帝国分为奥地利帝国和匈牙利王国两个部分。两国各有各的宪法、议会和内阁，但在财政、外交和军事方面则是机构共享。帝国的皇帝需要在匈牙利王国举行加冕，在做帝国皇帝的同时也要兼任王国的国王。然而奥匈帝国的这种体制转变并未从根本上解决哈布斯堡帝国所面临的内忧外患，它依然是一个落后且民族矛盾尖锐的封建国家。几十年后，这一矛盾将带领它走向战争和解体的深渊。

从奥地利帝国到奥匈帝国

普奥战争的失败让奥地利在中欧地缘环境中面对的不再是普鲁士和一盘散沙的德意志诸邦，而是一个空前统一强大的德意志帝国。国内的情况也不容乐观，在欧洲广泛兴起的民族独立浪潮也让帝国内的匈牙利人蠢蠢欲动。在攘外安内之间，奥地利选择了与匈牙利人实行二元共治，奥匈帝国于斯成立。

帝国衰落

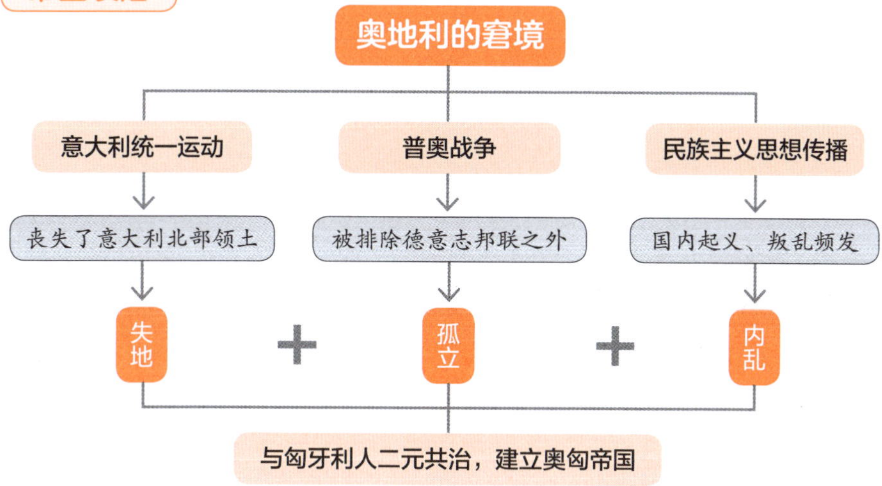

奥匈帝国的民族关系

奥匈帝国是由十一个民族和至少五种宗教信仰构建而成的国家。在这些民族中，日耳曼人最多，但也仅占总人口的四分之一左右，第二多的就是占总人口五分之一的匈牙利人，占总人口超过一半的其他民族又多为跨境人口，与其他国家多有联系。复杂的民族构成与宗教信仰在奥匈帝国成立之初就注定了其未来的动荡不安。

第二次工业革命

电气时代

第二次工业革命在进一步解放人力劳动的同时，更使大规模生产成为可能。

◇ 电与油

19 世纪晚期，工业生产再次迎来了一次重大变革。第一次工业革命从以纺织业为主的轻工业开始，而全新的第二次工业革命则从重工业和化学工业开始。

在 1831 年电磁感应被发现之后，仅用了半个世纪的时间，发电机、电动机及远距离输电法就相继问世，电力成为工业生产的新能源。19 世纪初电灯被发明，只是由于成本和寿命等方面的问题难以投入商用。19 世纪末，爱迪生改造了电灯泡，使电力的使用获得了普及。紧接着，电话和电报等一系列与电有关的机器也相继诞生。

早在 18 世纪末，就有人发明了蒸汽车。此后许多人都在实验中改进蒸汽车。19 世纪中叶，内燃机出现；19 世纪末，内燃机被运用在了汽车上，成为成熟的商品。石油也因此成为黑色的黄金，与煤炭并列成为最重要的能源。

◇ 生产方式的变革

随着第二次工业革命的开展，以科学发明为主导的电气时代给生产方式带来了全新的变革。首先是电动机与内燃机的使用大大地提升了能源的使用效率，而能源使用效率的提升意味着生产效率的提升，所以相较于第一次工业革命只是以机械取代人力，第二次工业革命使高效的大规模生产成为可能。其次，第一次工业革命时期的机械种类较为单一，主要集中在纺织和开采、冶炼等方面，而到了第二次工业革命时期，机械的种类在科学家的研究与设计下大大增多，基本能够满足各类轻工业与重工业对于机械的需求。另外，集约化的生产方式也造就了现代化的企业，企业开始注重管理方面的效率；随着企业的规模越来越大，并购行为也日益频繁，因此逐渐产生了垄断企业，这些垄断企业能获得更多的利润，也成为后来跨国公司的雏形。

电与油的时代

当资本经济与科学发展产生一种紧密关系时，科学的进步就会迅速转化为生产技术的提升与生产效率的提高。与第一次工业革命以有经验的技师对机械进行改造不同，第二次工业革命是由科学家领导的在能源与材料上的革新。电力与石油的广泛运用不仅让原有的工业生产发生了质的飞跃，同时也催生了一大批新型工业。

新的能源与机械

1831 年
英国科学家法拉第发现电磁感应现象

1869 年
俄国化学家门捷列夫发现元素周期规律

电灯、电话、电报、电钻
火力发电站
电气设备工业
汽车等新型交通工具制造业
石油开采及石油化工业

1866 年
德国工程师西门子制成发电机
1870 年
比利时人格拉姆发明电动机
1882 年
法国学者德普勒实现了远距离输电

1876 年
德国人奥托制造出煤气内燃机
1883 年
德国工程师戴姆勒发明汽油内燃机
1892 年
德国工程师狄塞尔发明柴油机

两次工业革命对比

	第一次工业革命	第二次工业革命
发明者	工匠的实践经验	科学家实验得出的成果
发起国	英国	在几个先进的资本主义国家同时发生
科学与技术的关系	科学和技术尚未真正结合	科学与技术紧密结合

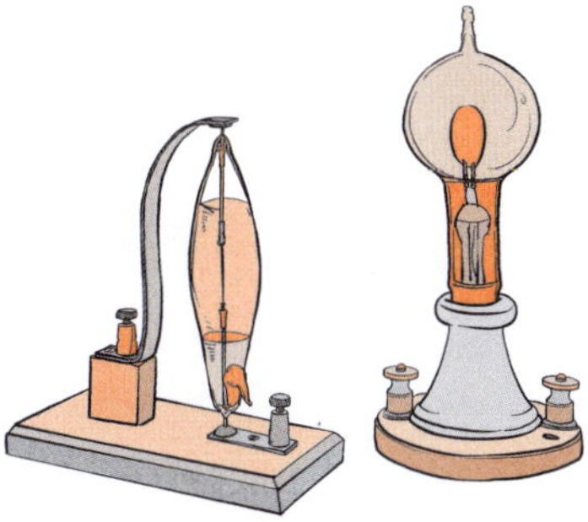

第二次工业革命的影响

- 欧洲各资本主义国家发展不平衡，争夺世界市场霸权的斗争加剧。
- 促进了世界殖民体系的形成，使得资本主义世界体系最终确立，世界逐渐成为一个整体。
- 推动了生产力的飞速发展，改变了人们的生活方式，扩大了人们的活动范围，加强了人与人之间的交流。

一个女王的时代

维多利亚时代英国的社会风貌

维多利亚女王与大英帝国是彼此成就的：女王的典范统治让帝国在议会的带领下走向强盛，而帝国的强盛也彰显了女王的英明。

◇ 无为而治的典范

1837 年，十八岁的维多利亚登基成为英国女王，她在位六十三年，于 1901 年去世。自维多利亚女王登基到 1914 年第一次世界大战开始，英国人将这段时间称为“维多利亚时代”，以纪念这位日不落帝国的君主。自从光荣革命确立英国政体为君主立宪制后，君主要如何做才能算得上一个好君主一直是一个很不好拿捏的问题；对于这个问题，维多利亚女王以她的身体力行给出了一个典范的回答：在政事方面，支持议会带领帝国走向富强；在家庭生活方面，做一个贤妻良母；在个人品格方面，严谨、勤奋，以君主的身份为国民树立道德榜样。在维多利亚时代，英国的经济、科学、文化等各个领域都展现出了帝国的强盛。

◇ 英国的文化符号——下午茶

虽然英国的下午茶文化并非起源于女王的宫廷，但是维多利亚时期英国社会的安定与富足，却让下午茶文化得以迅速发展，并深入到社会的各个阶层中，成为每一个英国人的喜好。据说下午茶这种饮茶方式最早是由贝德福德女公爵安娜 · 玛丽亚发明的。因为英国人的晚餐时间一般是在晚上八点钟左右，为了缓解等待晚餐的饥饿感，女公爵便在傍晚时分让仆人准备一些茶与点心送到她的房间。后来女公爵将下午茶带到了伦敦，并介绍给了其他贵族，一时间喝下午茶成了贵族交流的风尚。正所谓“上有所好，下必甚焉”，在贵族中间流行的喝下午茶的风尚也迅速在全社会传播开来，任何阶层或身份都能在下午茶中找到自己所需要的东西：女士们可以聚在一起闲聊趣闻，绅士们可以共同评论时政，就算是普通工人也可以用下午茶填饱肚子然后继续干活。如今，下午茶已经成为英国人优雅、闲适的文化符号。

这是最好的时代

维多利亚女王在位时期，拥有最广大殖民地并率先完成工业革命的英国成了欧洲最为富庶而强大的国家。这种由贸易与工业带来的富庶与强大在英国人的日常生活中转变成了一种自信、精致、典雅、崇礼的社会风貌。

女皇与祖母

维多利亚女王的头衔全称为“大不列颠和爱尔兰联合王国女王和印度女皇”。因为这位女王的典范统治，日不落帝国在其在位期间如日中天。

维多利亚女王还有“欧洲祖母”的称号。她与丈夫阿尔伯特亲王育有九个孩子，他们将英国王室的血统带到了别国，这使得如今欧洲各国王室或多或少都与英国王室有血缘关系。

英国女王　维多利亚

低茶与高茶

英国人之嗜茶世界闻名，讲究喝茶的英国人发展出了自己的一套喝茶方式——下午茶。最初下午茶是用来缓解晚餐前的饥饿，后来随着人们对这种喝茶方式日益喜爱，下午茶遂演变成了一种文化符号，成为英国人日常生活中不可或缺的一部分。

在客厅或花园的低桌上摆上精致的点心，和亲朋好友一边喝茶一边聊天的下午茶被叫作“低茶”，常是贵族社交的一种方式。

在小餐馆的高桌或吧台上所用的下午茶被称为“高茶”，高茶所用的茶点虽不精致，但分量十足，因为人们在用完下午茶后还要继续工作。

第三章
世界大战时期

第一次世界大战前夕

巴尔干危机

奥匈帝国斐迪南大公遇刺事件只是一个很小的导火索，但这个导火索点燃的却是欧洲各国间的矛盾与冲突。

◇ 近代的巴尔干

随着奥斯曼帝国的衰落，欧洲境内巴尔干半岛的民族开始了武装起义，希望建立独立的国家。1822 年，希腊独立，成为近代巴尔干第一个独立的民族国家。在 1877 年俄土战争后，塞尔维亚、黑山、保加利亚获得了独立。20 世纪初，为了争夺领土，这些独立国家在希望扩大势力范围的俄国、奥匈帝国等国的支持下，爆发了两次巴尔干战争。战后，塞尔维亚的国力有所增强，这也阻碍了奥匈帝国在巴尔干的扩张。

◇ 一触即发的欧洲战争

普法战争后，法国对两国的边境一直很不满。而作为统一不久的新兴民族国家，德国没能取得足够的殖民地，因此对占有大量殖民地的英国也很不满。俄国与奥匈帝国则互相争夺着巴尔干。1881 年，法国将意大利一直想获取的突尼斯变成自己的保护国，因此意大利转而投向了德、奥。就这样，1882 年，德、意、奥三国同盟成立了。英、法、俄也随后于 1904 年和 1907 年成立了军事同盟。欧洲各国之间矛盾重重，大战一触即发。

欧洲火药桶

借由 18 世纪中叶民族主义的燎原之火，欧洲大陆各民族寻求解放与统一的运动带来了德意志、意大利的统一和奥匈帝国的成立，但是在巴尔干半岛，这团火却一直隐而未发。复杂的地缘环境和民族构成使巴尔干半岛成为欧洲各国暗中较量的战场。当民族主义之火最终点燃了巴尔干半岛这个“火药桶”，炸出的就是第一次世界大战。

一战前夕各国间的主要矛盾

英德矛盾：争夺非洲、亚洲殖民地

法德矛盾：争夺阿尔萨斯－洛林一带的领土

俄奥矛盾：争夺巴尔干半岛的霸权

意法矛盾：争夺突尼斯殖民地

德俄矛盾：争夺土耳其及东地中海霸权

三国同盟

德国
奥匈帝国
意大利

三国协约

英国
法国
俄国

两次巴尔干战争

奥匈帝国：二元帝国民族问题开始恶化（矛盾）

俄国：加强自己在巴尔干半岛的势力（利用）

奥斯曼帝国：反土耳其斗争日益高涨（压制）

巴尔干民族主义

第一次巴尔干战争

保加利亚、塞尔维亚、希腊和黑山组成“巴尔干同盟”，向土耳其提出给予马其顿和色雷斯自治权的要求遭拒后，在俄国的支持下对土耳其宣战。土耳其战败，巴尔干各民族摆脱了奥斯曼帝国的统治。

第二次巴尔干战争

巴尔干各国因领土问题发生争端，德国和奥匈帝国极力煽动保加利亚反对其他盟国。战争结果是保加利亚战败失地。在阵营划分上，罗马尼亚与协约国靠近，保加利亚则加入同盟国。

西线无战事

冷酷的第一次世界大战

在第一次世界大战中，各参战国都付出了惨烈的代价。战争虽然有结果，但没有哪个国家是真正的胜利者。

◇ 战争进程

同盟国借由萨拉热窝事件挑起了战争，原本计划快速解决战斗的同盟国一开始就与协约国陷入了僵持状态。德军经由比利时攻入了法国的领土，但战事随即胶着在了马恩河沿岸。不仅如此，形势从一开始就不利于同盟国。同盟国既没有海外殖民地的支持，又要面临法国和俄国两方面的夹击。意大利迅速背叛了同盟国，并试图从奥匈帝国手中获得更多的土地。

1917 年，德国击败了俄国，并将主力集中到了西线战场。但是，美国为协约国提供的源源不断的军备物资引起了德国的恐慌。他们开始采取一种无差别的海上攻击，即所谓的无限制潜艇战，这大大损害了美国的经济利益，也促成了美国最终加入协约国一方。这时的同盟国实际上已经与整个世界为敌，战败只是时间问题。

◇ 残忍的战争科技

由于堑壕战成为主流，为了突破敌军的防御阵线，法国将飞机投入了侦察，英国将坦克投入了进攻，但它们并没有成为扭转战争的决定性力量。在整个战争中造成最为惨重后果的是毒气弹。为了突破防御阵线，德军在西线战场首次将毒气弹投入实战。这时的毒气弹以氯气或光气为主，它能烧灼敌军的呼吸器官，最终令对方窒息而死。经统计，残酷的战争使一千七百万人死亡，两千万人受伤。在这场历时四年，涉及三十个国家，影响约有十五亿人的战争中，欧洲没有一个国家能称得上是这场战争的胜利者。

第一次世界大战

随着欧洲各国资本主义开始向帝国主义方向发展，原有的相互制约平衡的局面势必要被打破，新的国际秩序的建立在这一时期对欧洲各国来讲只能通过战争手段达成。经过巴尔干问题和萨拉热窝事件的催化，同盟国与协约国之间的各自矛盾迅速将战火点燃。

参战双方

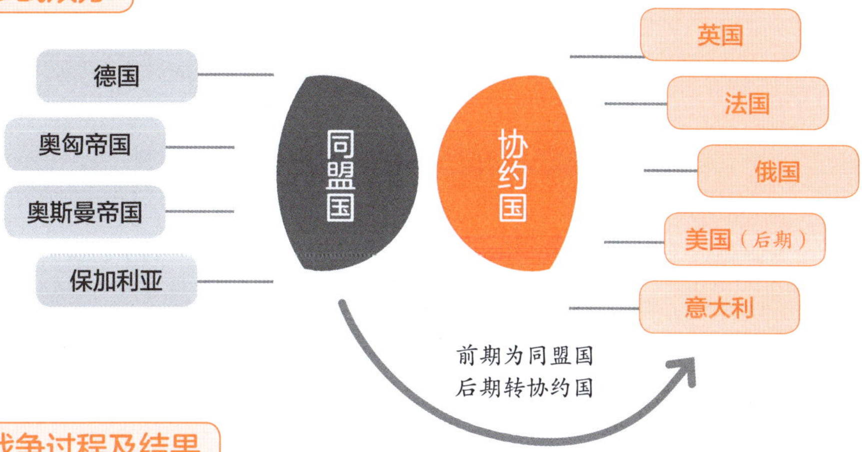

战争过程及结果

第一阶段

德军在西线战场发起猛攻，但战事随后进入胶着状态。
随着俄国的东线进攻，德军速战速决的计划破产。
西线作战的双方转入阵地战，修筑战壕，长期对峙。

第二阶段

索姆河战役和凡尔登战役使德国一举击败法国的企图受挫，成为一战的转折点。
英国仍牢牢控制着制海权，大战的战略主动权转移到了协约国一方。

第三阶段

美国和其他国家纷纷加入对德作战，协约国的阵营增加到二十七个国家。
俄国的参战使得国内矛盾激化并爆发革命，俄国被迫退出战争。
德国宣告投降，同盟国战败。

帝国的终结

1. 俄国接连爆发革命，苏联建立。
2. 德意志帝国覆灭，魏玛共和国成立。
3. 奥匈帝国瓦解，分裂出众多民族国家。
4. 奥斯曼帝国灭亡，土耳其共和国成立。

红色的布尔什维克

苏联的诞生

第一次世界大战并没有给俄国带来任何好处，反而激化了国内矛盾，俄国的工人阶级就是在此刻登上了历史舞台。

◇ 从二月革命到十月革命

参与到第一次世界大战中的俄国并没有因为战争的原因而使国内的工业生产有所提升或改善，相反，原本就不够牢固的工业基础在战争的影响下使国内经济状况陷入了更加艰难的境地。国内工人的不满情绪与日俱增，终于在 1917 年俄历 2 月，革命爆发，罗曼诺夫王朝被推翻，俄国长达三百多年的封建统治宣告终结，这就是俄国二月革命。然而二月革命之后，新成立的资产阶级政府并没有退出战争。继续参战的决定不仅使新的政府失去了民心，也给俄国的经济造成了更大的破坏，同时还引发了大规模的工人罢工与农民起义。据此，代表无产阶级的布尔什维克要求临时政府移交政权，由无产阶级组建新的政府。在临时政府明确地表示拒绝之后，俄历 10 月，布尔什维克在首都彼得格勒发动了武装革命。他们控制了巡洋舰阿芙乐尔号，并向临时政府的中枢冬宫开炮，这一炮成为十月革命开始的标志。通过直接控制政府，布尔什维克很快掌握了全国政权。

◇ 俄国内战与苏联成立

布尔什维克废除立宪会议、对德签订和约以及实行余粮征集制等一系列举措，引发了国内民主人士、“爱国主义者”和农民阶级的不满，并引起了大规模的国内叛乱。除了国内叛乱外，协约国也开始了对内战的武装干涉。然而由于一战仍在继续，协约国并不能抽取过多的军事力量对付苏俄。俄国内战最终以苏俄的胜利告终。苏俄逐渐统治了沙皇俄国原本的大多数领土，并扶持了与本国同样的其他苏维埃政权。1922 年，这些国家宣布建立一个规模更加巨大的国家，这就是苏维埃社会主义共和国联盟。

从苏俄到苏联

一战结束后，俄国百业凋敝、债台高筑，代表资产阶级的孟什维克和代表无产阶级的布尔什维克分别组建了自己的权力机构以谋求俄国的出路。工人们的强大力量最终在十月革命中将资产阶级临时政府击败，建立了统一的俄国苏维埃。此后随着内战胜利、击败外国干涉势力及白俄罗斯、乌克兰等国的并入，苏维埃社会主义共和国联盟正式成立。

两个政权

临时政府
资产阶级
孟什维克
战争护国

苏维埃
无产阶级
布尔什维克
和平收回政权

列宁

列宁指出了想要继续参战的临时政府的虚伪性，呼吁无产阶级要将全部政权收回到自己手中。

红白之争

败

苏俄内战时期
白军的宣传海报

胜

苏俄内战时期
红军的宣传海报

苏联
苏维埃社会主义共和国联盟

俄罗斯苏维埃联邦社会主义共和国

白俄罗斯苏维埃社会主义共和国

乌克兰苏维埃社会主义共和国

外高加索苏维埃社会主义联邦共和国

两个帝国的终结

魏玛共和国的成立与奥匈帝国的分裂

帝国主义战争带来了帝国的覆灭。

◇ 从基尔水兵起义开始

1918年10月，在德国准备求和时，美国坚持侧重君主立宪制的德国必须被改造成一个更加民主的政府。这一信息经由其他渠道传播开来，德国人开始公然讨论皇帝退位与共和。11月，基尔港的水兵拒绝出海与英军交战。军队打算逮捕他们，但他们却掀起了一场叛乱，并仿照苏联十月革命建立了苏维埃政权。很快这场革命就蔓延到了全国。社会主义者要求德皇退位，威廉二世无奈接受了事实并逃亡荷兰。同一天，德国宣布建立共和国。

◇ 魏玛共和国

1919年，德国举行了大选，选出了国民议会。由于当时首都柏林依旧比较混乱，因此他们在魏玛召开了会议，制定出了共和国的宪法。共和国的正式国号是德意志国，不过由于这个宪法，后世都将它称为魏玛共和国。魏玛共和国承认战争失败时，德国的战线并没有全线败退，但是德国的经济已经濒临崩溃，难以支持这场战争，这也间接导致了战后军人依旧有一定的政治话语权。第一次大选后，陆军元帅兴登堡成为德国的总统，这个曾经有过光辉战绩的军人很好地协调了新共和国的秩序，直到大萧条爆发。

◇ 奥地利革命

1918年，随着战局的走向日渐明显，同盟国败局已定。奥匈帝国内部爆发了民族主义革命。10月，为了缓解国内日益尖锐的民族冲突，皇帝卡尔一世签署了改造国家的宣言，宣布要组建联邦制国家，但为时已晚。11月，奥地利社会民主党强迫皇帝签署了退位声明，奥匈帝国到此寿终正寝。在奥匈帝国曾经的领土上成立了四个国家：捷克斯洛伐克、奥地利、匈牙利和南斯拉夫。

一战后的中欧

一战在让德意志帝国的容克贵族和垄断资本家们大赚了一笔战争横财的同时，也为占人口超过半数的无产阶级带来了不幸与苦难；而二元帝国在建立之初就暗伏的矛盾也终于在一战中爆发出来。一战给帝国带来的不是强盛，而是灭亡。

德国十一月革命

基尔港水兵起义，联合工人发动革命

↓

各地组成工兵苏维埃，夺取政权

↓

德皇退位，德意志帝国覆灭

↓

资产阶级掌权，建立魏玛共和国

	俄国十月革命	德国十一月革命
爆发原因	一战拖垮俄国经济 封建残余阻碍国家发展 国内矛盾激化	一战德国败局已定 国内矛盾激化 受到了俄国十月革命的推动
革命性质	无产阶级领导的社会主义革命	是一次民主革命 但在革命中起决定作用的是工人阶级
革命成果	取得完整的胜利 建立了世界上第一个社会主义国家	革命果实被资产阶级窃取

大分裂

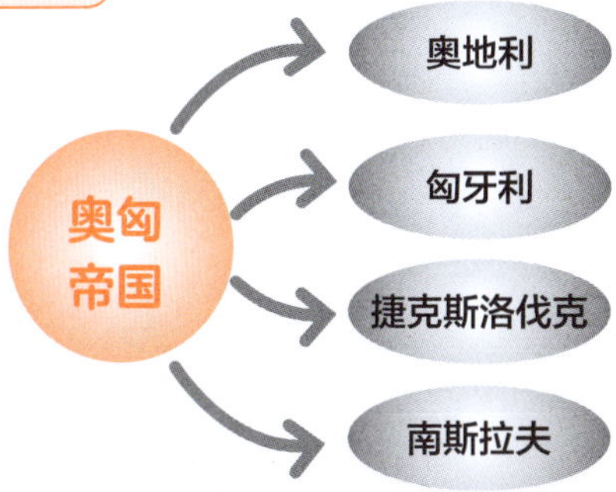

依照战后确立的民族自决原则，众多国家的独立本应可以创造出一个更加和谐的欧洲，但复杂的民族状况使许多国家，特别是巴尔干地区的国家依然无法形成一个由单一民族组成的国家。从沙俄独立出去的领土则引起了后来苏联的垂涎，不得不说民族自决原则在欧洲战后的实践十分失败。

被瓜分的和平

凡尔赛－华盛顿体系

第一次世界大战的结束与俄国政权的转型在为世界带来和平的同时也带来了更多的矛盾与变数。

◇《凡尔赛和约》

同盟国落败后，各国聚集在法国凡尔赛宫共议和平条约。这一条约最重要的两项内容，就是确立了民族自决的原则和建立国际联盟。《凡尔赛和约》规定了战后的领土划分，将阿尔萨斯和洛林地区交归法国，重新成立波兰共和国，并由新成立的国际联盟委任其他国家统治战败国的殖民地。不仅如此，《凡尔赛和约》还规定了严苛的战争赔款，严格限制了德国的军力，这也间接导致了德国民族主义情绪的蔓延。

◇《华盛顿条约》

《凡尔赛和约》签订后，为限制各国海军军备，解决亚洲和太平洋的利益分配问题，各国再次聚集在华盛顿召开了一场会议。为了遏制海军的军备竞赛，会议限制了各国海军主力舰吨位，并重新分配了各国在华的权益。《华盛顿条约》与《凡尔赛和约》共同构建了一战的战后世界秩序，因此这一秩序也被称为凡尔赛—华盛顿体系。

◇ 国际联盟

《凡尔赛和约》中规定建立的国际联盟是维持战后世界格局的最重要的国际组织。国联建立了仲裁制度，早期曾经在解决国际纷争中起到了一定的作用。不过国联在处理事务上实行全体一致原则，也就是说只要有一个国家不同意，议题就无法通过，这使国联在处理国际问题上越来越力不从心。“九·一八”事变后，日本退出了国联。国际法西斯主义势力逐渐失控，但国联无力管辖，只能静观事态发展，最终在二战之后宣布解散。

短暂的休战

参加战争的四大帝国，除大英帝国作为胜利的一方幸存下来外，德意志帝国覆灭，奥匈帝国分裂，沙皇俄国转型为社会主义国家。旧秩序崩塌后的世界急需新秩序来维护和平，于是各战胜国共同制定了“凡尔赛 — 华盛顿体系”。然而战争虽然结束了，各国间的矛盾仍旧存在。

英、法、美三国的矛盾

出于传统的政策考虑，英国希望能保有一个相对强大并在经济上能够自立的德国以保持欧陆均势。

出于战争伤害及历史上德国对法国数次侵略的原因，法国主张严惩并尽可能地削弱德国。

美国希望尽快建立一个能保证长久和平的体系并从该体系中获益，同时主张德国承担战争赔偿。

《凡尔赛和约》

战后各国代表签订《凡尔赛和约》

主要内容

- 重新划分德国疆界
- 瓜分德国殖民地
- 限制德国军备发展
- 战争赔款与经济制裁

复仇的种子深埋心底

战争的失败并没有让德国人反思自己究竟错在了哪里，因此他们也未曾想过自己应该对这场世界大战负有责任。当《凡尔赛和约》的内容传到德国时，愤怒和屈辱感迅速在德国民众间蔓延。沉重的战争赔款使得刚刚结束战争的德国经济再受重创，导致了后来纳粹在德国的崛起。

一战后的德国需支付高额赔偿

世界经济危机中的欧洲 1

资本主义欧洲的沦陷

还未从一战的伤痛中走出来便遭遇到经济危机，欧洲各国间的关系受对外贸易的影响又一次陷入紧张的局面。

◇ 大萧条的开始

资本主义经济有其内在的矛盾，一方面产品的生产活动需要依靠全社会的参与，另一方面生产所需要的原料、设备等为个人所有，在产品生产和买卖过程中，出于对利益的追求，生产的效率与规模必然会提升和扩大，生产出的产品数量也越来越多，但是劳动者的薪资水平与社会实际需求却并未随之提高，这就导致了商品越来越多但人们却买不起或商品数量超过人们实际需要的矛盾情况，这种供大于求的情形就是经济危机的本质所在。这种危机因为源自于资本主义经济的生产方式，所以只要这种生产方式不发生改变，经济危机就会周期性地出现。1929 年，世界历史上最严重的一场经济危机开始了。它肇始于美国，引起了严重的通货紧缩和大规模失业。为了解决这些问题，美国开始实行贸易保护主义经济政策，提高了贸易壁垒。这场被称为“大萧条”的经济危机很快就通过贸易与金融扩散到了整个资本主义世界。

◇ 大萧条的欧洲后果

为了转嫁经济负担，欧洲各国也纷纷提升关税，实行贸易保护主义。经历第一次世界大战后，欧洲亟须经济复兴。大萧条导致的大规模经济衰退和失业无疑使原本就变得十分脆弱的欧洲经济雪上加霜。经济状况的恶化使得以德国为首的战败国难以负担战争赔款，不得不将偿付日期延后，这也给战胜国带来了更大的压力。为了打破僵局，英国率先放弃了金本位制，让英镑快速贬值，并将出口压力转移给了其他国家。这一政策抑制了通货紧缩，逐步使英国的经济获得稳定。但是，大萧条宣告了传统自由放任经济政策的破产，证明了国家的有力干预对经济整体的指导意义，这种政策的实践也间接加强了政府对经济的控制。随着经济状况的恶化，极端主义势力抬头，法西斯主义势力逐渐在德、意、日等国取得领导地位。

世界经济大危机

资本主义经济发展的内在矛盾于20世纪20年代在美国率先爆发，随后这场经济危机迅速席卷了世界上所有的资本主义国家，致使各国经济迅速萧条。银行倒闭，企业破产，工人失业，让本来就很脆弱的战后和平又蒙上了一层阴影。

连锁反应

美国股市崩盘

经济危机席卷全球

德、意等国法西斯主义势力借机赢得政权

法西斯政权通过发动对外战争转移国内矛盾

欧洲经济遭受重创

社会矛盾激化

人民对执政者的施政不满

“法西斯”的本义是“束棒”，是古罗马的一种刑具，后来成为绝对权威与独裁的象征符号。

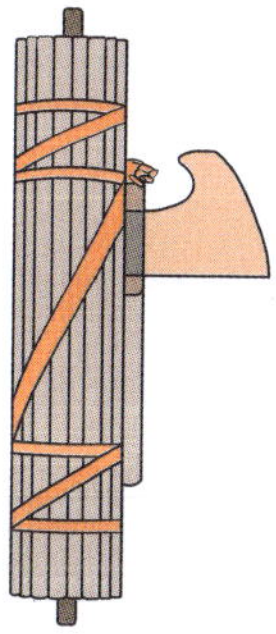

爆发原因

资本家盲目扩大生产，人民相对贫困，购买力低于生产能力。

信贷消费过度膨胀，股票投机过度，造成市场的虚假繁荣，掩盖了生产与销售的矛盾。

自由放任经济思想的影响，使整个社会生产处于无政府状态。

根本原因：资本主义社会的基本矛盾，

即生产的社会化与生产资料私人占有之间的矛盾。

危机的表现与特点

表现：工业生产总值大幅度下降；

企业大批破产，工人大量失业，经济损失严重；

世界商品市场急剧萎缩，关税战、贸易战加剧；

世界货币秩序遭到破坏，金本位制崩溃。

特点：涉及范围极广，持续时间较长，破坏性极大。

请给我爸爸一份工作。

世界经济危机中的欧洲 2

共产主义欧洲的崛起

社会主义体制下的经济制度第一次显示出其超越资本主义的优越性。

◇ 五年计划前的苏维埃

在内战时期的1918年，为了高效地获取更多的粮食，苏俄采取了战时共产主义政策。这种政策首先取消了国内的商品贸易，人们日常生活所需的必需品，如食物、布匹、火柴等一律由国家进行统一分配；其次是实行余粮收集制，国家按照粮食的收成情况对农民除维持基本生存的口粮外的粮食进行强制征收；再次是实行劳动义务制，要求所有具有劳动能力的成年人，不论阶级或身份，必须参与义务劳动；最后是将全部工业国有化，政府对工业生产实行集中管理。在战时共产主义政策中，国家垄断贸易与工业生产、统一实行配给制都可以有效地解决苏俄在战争时期的困境，然而余粮收集政策却引发了农民的强烈不满与反对。许多农民为此放弃或荒废了耕地，国家也陷入了粮食供给不足的局面。1921年，新经济政策取代了战时共产主义政策。新的政策恢复了商品交易和税收，刺激了工农业的快速恢复。1928年，苏联的经济状况已经恢复到了战前水平。

◇ 早期苏联的计划经济

1928年，苏联实施了第一个五年计划，目的是实现工业化和农业集体化。所有产品的生产数量和分配数量都由国家规定，一切原本属于商品交换领域的步骤都变成国家经济计划的一环，这使得无序的生产资料分配效率看上去似乎变得井井有条。五年计划为苏联打下了工业基础，但只求数量不求质量的生产方式也使工业生产维持在一个较低的水平。尽管有着诸多弊病，但在世界经济大萧条时期，苏联依靠国家计划，不仅消灭了失业，保证了工人的最低生活水平，还维持了经济的高速增长，实现了工业化。在同等条件下，这是一个资本主义国家所难以达到的伟大成就。

社会主义建设的探索

在一战与内战结束后，苏联所面对的社会现实可谓是民生凋敝、百业待兴，然而作为世界上第一个社会主义国家，如何在封建农奴经济和资本主义经济之外走出一条自己的经济发展之路，这是年轻的苏联必须自己来探索的事。

两种政策

		战时共产主义政策	新经济政策
背景		俄国内战爆发，需把仅有的人力物力集中起来用于战胜敌人。	内战结束，战时共产主义政策的弊端显露，引起人民不满。
主要内容	农业	余粮收集制	粮食税取代余粮收集制
	工业	全部工业国有化	在国家掌握经济命脉的前提下，允许私人和外国资本经营一些中小企业。
	商业	取消自由贸易，实行实物分配制、义务劳动制。	允许自由贸易，恢复商品流通和商品交换；废除实物配给制，实行按劳分配制。
作用		为赢得战争的胜利提供了物质保障，但阻碍了经济的正常发展，损害了农民利益。	促进了国民经济的恢复和发展。

第一个五年计划成果

五年计划

工业化建设完成：
- 开始由农业国变成工业国
- 初步建立了独立的比较完整的国民经济体系
- 为实现社会主义工业化奠定了物质基础

农业集体化运动开展：
- 将小农经济改造为社会主义经济
- 基本解决了商品粮供应问题
- 从根本上改变了农村的生产关系和阶级结构

民主中诞生的恶魔
法西斯主义

不经反省而盲目于某种极端情绪，恶魔于斯而生。

◇ 向罗马进军

虽然在一战后期转入协约国阵营，但战争结束后意大利并没有从巴黎和会中获得好处，战争负债使意大利陷入了经济衰退与失业的地狱之中。就在这时，墨索里尼站了出来。1919 年，他吸收退伍军人建立了“战斗者法西斯”，后更名为“国家法西斯党”。1921 年，墨索里尼不满议会选举中法西斯党的失败，因此决定在次年强行夺权。他组织了上万人进行了一次被称为“向罗马进军”的行动，成功地威胁内阁下了台。不久，墨索里尼控制了议会，意大利成为世界上第一个法西斯主义国家。法西斯党上台后取缔了其他政党，并尊墨索里尼为“领袖”。其早期的政策虽然短暂地恢复了意大利经济，但大萧条的到来宣告这些经济政策的失败，走投无路的独裁政权从此走上了军事冒险的道路。

◇ 新的独裁者

作为二战时最著名的独裁者，希特勒抱有一种异常强烈的民族主义情感。参加过一战的他在战后加入了国家社会主义德国工人党（德语简称“纳粹党”）并很快成为该党的领导者。在为党组织了一支武装力量之后，他尝试模仿墨索里尼的“向罗马进军”，以求夺得政权。不过这次拙劣的模仿并没有成功，他本人也遭到了逮捕，但被关押一年后便被放了出来。随着大萧条的开始，德国的民族主义情绪立刻被煽动起来，软弱的民主政体受到了广泛的谴责，资本家和犹太人似乎变成选民的公敌，这为希特勒带来了机遇。1929 年到 1933 年，纳粹党在国会获得的席位逐渐增加，希特勒也就任了德国总理。在制造冤案坑害共产党、强行通过授权法案赋予自己独裁权力之后，一个新的独裁者诞生了。

希特勒与纳粹德国

在一战中的战败导致了德意志帝国的覆灭，然而帝国的民众并未反思自己为何会落入这种境地。《凡尔赛条约》中对战后德国的处理在让德国人强烈不满的同时，也使其内心的民族主义慢慢转化为一种复仇情绪。最终经济危机成了压垮战后和平的最后一块“石头”，借由这块石头，希特勒为全世界带来了“山崩”。

希特勒的上台

- 1919 年，加入德国工人党。
- 1921 年，改党名为“民族社会主义工人党”，简称“纳粹党”。确立领袖原则，发展独裁统治并成为纳粹党党首。
- 1922 年，效仿墨索里尼着手策划“柏林进军”，失败。1923 年，“啤酒馆暴动”，失败。
- 1929 年，世界经济危机爆发。纳粹党在国会选举中胜出。
- 1933 年，“国会纵火案”，强行通过《授权法》。被选为德国总理，开始独裁统治。

阿道夫 · 希特勒

应对大萧条

- 放弃金本位，实行物品交换
- 大规模修建公共工程，解决就业
- 发展国有企业，进行国家垄断
- 没收犹太人、共产主义者和宗教人士的财产

大萧条时期纳粹德国的经济措施稳定并结束了大规模失业的局面。经济恢复稳定，德国人的生活得到了“保障”，这使得希特勒及纳粹党赢得了德国民众的拥戴与支持，也使得整个德国渐渐陷入法西斯主义的魔爪中。

妥协纵容的后果

绥靖政策下的法西斯壮大

自诩“带来整整一代人的和平”的英国前首相张伯伦未曾想到，正是这份“和平”让法西斯有时间积蓄力量，并悍然发动了第二次世界大战。

◇ 凡尔赛体系的解体

正如前文所提及的，《凡尔赛和约》为了限制德国的复兴无所不用其极。然而英国传统的大陆均势政策并不允许欧洲大陆出现一个最强大的法兰西。因此受大萧条影响的英国为了减少军费开支，在1930年6月前让占领莱茵兰地区的英国军队撤出该地。1932年的《洛桑协定》还免除了德国大部分的战争赔款，并延长了还款的期限。1933年，纳粹德国退出了国际联盟，并于两年后宣布撕毁《凡尔赛和约》中限制德国军备的条款，再次武装德国。《凡尔赛和约》和它建立起来的欧洲秩序在短短十余年后就宣告了破灭。

◇ 德国的扩张

为了争取“生存空间”，1936年，德国重新占领了莱茵兰地区，并于1938年吞并了南部的奥地利。同年，德国在慕尼黑会议上通过敲诈和勒索获得了捷克斯洛伐克的苏台德地区，并于1939年吞并了整个捷克斯洛伐克。一路顺风的新帝国陶醉在复兴民族的美梦中，将一个个日耳曼人的聚居地纳为领土，就像奥地利和苏台德一样。为了夺取但泽走廊——波兰唯一的出海口，它正好架在德国本土与东普鲁士的飞地之间——自以为是的伟大元首终于和他认定的宿敌苏联签订了互不侵犯协定，并决定再次和这个敌人瓜分波兰。英法的纵容无疑是灾难性的。一次一次的外交胜利，逐渐扩大的德国领土，不仅为德国提升军事实力提供了条件，更刺激了当权者的野心。时隔二十年，世界再次迎来一场灾难。

二战前奏

在意大利侵略埃塞俄比亚和德意两国干涉西班牙内战中，墨索里尼和希特勒试探出了英法两国的软弱，正是因为英国与法国的绥靖政策，意大利和纳粹德国才敢更加明目张胆地暴露自己的野心。

意大利的军事扩张

入侵埃塞俄比亚

起因：大萧条带来的消极影响让墨索里尼决定走军事扩张路线。资源丰富的埃塞俄比亚成为他对外扩张的首选目标。

经过：瓦尔瓦尔事件爆发后，埃方向国际联盟提出干涉要求。英法两国保持中立。十个月后，意大利入侵并吞并了埃塞俄比亚。

影响：国际联盟所象征的集体安全体系瓦解；助长了意大利与德国的侵略野心；促成意大利向德国靠拢并组成罗马—柏林轴心。

西班牙内战

西班牙共和政府	西班牙国民军
人民阵线	长枪党
苏联	纳粹德国
国际纵队	意大利

西班牙内战演变成一场意识形态的冲突，是轴心国集团和共产势力在西班牙的代理战争。内战结果是西班牙国民军获胜，共和国覆灭，佛朗哥建立法西斯独裁统治。

纳粹德国的闪电战
席卷欧洲的法西斯

密集的装甲坦克，高机动化的步兵队伍，辅以战机对制空权的保障，让德军在二战前期的战场上锐不可当。

◇ 闪击波兰

1939 年 9 月，在古德里安著名的闪击战理论的指导下，德国以极快的速度击溃了波兰。虽然开战后的两天，英法依据互助条约向德国宣战，但直到 1940 年德国拿下丹麦、挪威，进军低地三国前，西线并没有发生事实上的战争，这是因为德国占领波兰之后曾尝试提出以维持现状为条件的和平协定。虽然英法对德国的条件并不认可，但英法的不作为也给了德国以布置军队展开进攻的机会。

◇ 突袭法国

1940 年 5 月，德军进攻低地三国，绕过马其诺防线，突入法国内部。虽然在敦刻尔克放走了三十四万英法军队，但德军依然在 6 月成功地占领了巴黎，强迫法国投降并建立了傀儡政府。然而德国的空军没有摧毁英国的工业，他们的海军亦不足以支撑他们跨越狭窄的英吉利海峡。认为有机可乘的意大利也在这时加入了战争，开始在北非与英国争夺土地。9 月，德、意与日本签订了同盟条约，预示着起于欧洲的战火终将燃遍世界。

◇ 进攻苏联

占领巴黎短短一年后，势不可当的德国撕毁了与苏联的互不侵犯协定，展开了一场规模最大的闪电战。几个月内，德军兵临列宁格勒（彼得格勒）与莫斯科城下，战争看上去似乎很快就要结束了。但不可一世的征服者与他一个世纪前的老前辈拿破仑一样低估了东欧平原的冬天。战争很快陷入了僵持，并逐渐不利于树敌甚多、资源匮乏的德国一方。

犹太人的浩劫

在德军摧枯拉朽式的侵略欧洲各国的同时，犹太人迎来了史无前例的浩劫。“刀刺在背”的传言和极端民族主义让纳粹德国给犹太人贴上了“劣等人种”的标签。在种族清洗与大屠杀的死亡阴影中，约六百万犹太人失去了生命。

纳粹德国对犹太人的迫害

将犹太人区分出来 → 剥夺犹太人公民权利 → 把犹太人赶入犹太人聚集区 → 成立流动杀戮队屠杀犹太人 → 建立集中营实行种族灭绝

二战时期，德国纳粹疯狂迫害犹太人，纳粹控制下的欧洲地区的犹太人都被迫佩戴黄星标志以示区别。黄星上的文字为“JUDE”，意指“犹太”。

死亡工厂

奥斯维辛集中营是纳粹建立的最大也是最为臭名昭著的集中营，它位于克拉科夫以西五十二千米的波兰小城奥斯维辛。在被送入奥斯维辛的犹太人中，有近三成被送到劳动营中；其他人则被送到毒气室，被毒死后，尸体在焚尸炉里焚化；一些集中营的囚犯还要经受残忍、痛苦的“医学实验”。据战后统计，德国人大约杀害了六百万犹太人，其中超过三百万人是在集中营里被杀死的。

德国遭遇了挫折

海狮计划和莫斯科保卫战

在一战时败于双线作战的德国并未反思教训，贪婪使其于二战时又胶着于双线作战。

◇ 海狮计划

占领法国并未让希特勒止步，接下来他便将征服目标指向了英国。由于德国海军力量比不上英国海军，所以希特勒决定以空战的方式打开英国的防御大门，“海狮计划”于是制订下来。在该计划中，希特勒是想让德国海军在空军的掩护下，渡过英吉利海峡，登陆英国并占领英伦三岛，所以“海狮计划”的核心就是对英吉利海峡制空权的争夺。1940 年 8 月，德国出动一千七百多架战机对英国进行轮番轰炸，然而英国空军灵活机动的作战方式却使德国战机的损失超过英国一倍多。英国空军的英勇作战让希特勒感到这场对英战争胜利无望，“海狮计划”被一再推迟，最终不了了之。

◇ 莫斯科保卫战

尽管德国与苏联签订了《苏德互不侵犯条约》，然而这个条约只是希特勒在消灭苏联的条件未成熟时的一个幌子。在与英国作战尚未结束之时，德国就已经暗中谋划以闪电战的方式入侵苏联。1941 年 9 月，德军实施了进攻莫斯科的“台风行动”，由于斯大林的大清洗运动，前线缺少经验丰富的将领指挥作战，致使苏联红军节节败退并引发了莫斯科保卫战。希特勒和德军统帅没想到他们的闪电战会打到冬天，所以未准备御寒装备。当严冬来临时，德军受到重创，冻伤人数超过了战斗伤亡人数，因此德军不得不转进攻为防御。苏联军队抓住了这个机会，开始掌握战场主动权并大举反攻，最终赢得了莫斯科保卫战的胜利。

注定失败的双线作战

贪婪与傲慢让希特勒忘记了一战时德国战败的教训，在向英国发动空战的同时又暗中在西线进行对苏作战的准备。双线作战的策略最终促成了反法西斯联盟的成立，也加速了法西斯主义的灭亡。

不列颠之战

英国获胜的原因

- 政府与民众众志成城，战斗精神高涨；
- 作战准备充分，战术设计周密；
- 空军英勇作战，使德方损失倍于英方；
- 及时破译德军密码，致使德军战术失效。

在英国军民坚韧不屈的抗争下，希特勒登陆英格兰岛的“海狮计划”宣告失败。虽然英国付出了死伤八万余人、百万栋建筑被毁的代价，但作为首次成功反制希特勒入侵计划的战斗，不列颠之战为二战的胜利点燃了第一缕希望。

闪电神话的破灭

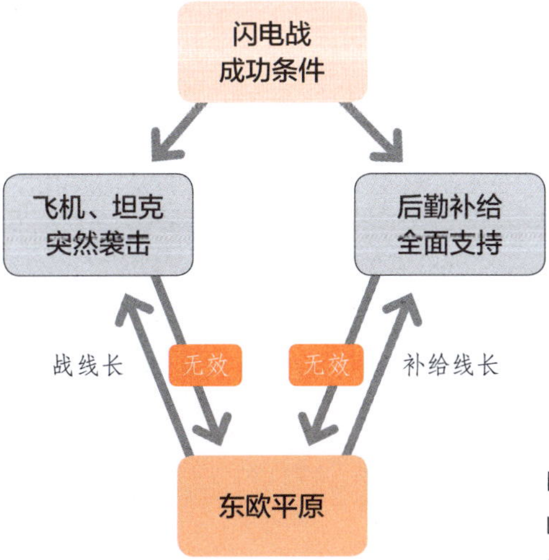

行军线和补给线的拉长，再加上时间由秋入冬，抵近莫斯科时，德军已经到了山穷水尽的地步。苏联红军抓住机会展开反攻，很快赢得了莫斯科保卫战的胜利。

战争的转折

斯大林格勒战役和库尔斯克战役

以最惨烈的牺牲换来最伟大的胜利。

◇ 影响整个战局的斯大林格勒战役

斯大林格勒（伏尔加格勒）的地理位置具有非常重要的战略意义，是兵家必争之地。在资源方面，斯大林格勒是苏联的重工业基地，其附近的巴库和库班地区是重要的石油和粮食产区；在交通方面，它位于伏尔加河下游，是苏联内河航运干线和连接东部与南部的交通枢纽。如果将之作为一个军事基地，那么就可以用以战养战的方式和对手进行持久战。

进攻莫斯科的作战失利并没有让德国方面放弃消灭苏联的想法，再加上1941年日本偷袭珍珠港导致美国加入同盟国阵营，为了应对未来西方战线上可能出现的强敌，希特勒决定加紧脚步打击苏联势力。1942年7月，德军开始进攻斯大林格勒，了解斯大林格勒战略意义的苏联红军英勇地对德军回以抗击，双方就斯大林格勒的争夺与保卫进行了近两百天的激战，这场战役最终在1943年2月以苏联军队的获胜宣告结束。在这场战役中，苏德双方的阵亡人数近两百万，因此这场战役也成为近代历史上最血腥的战役。也正是这场战役，使苏德战场上的作战主动权发生根本改变，因而成为二战中的关键性战役。

◇ 库尔斯克战役

在赢得斯大林格勒战役的胜利后，苏联军队乘胜追击，而希特勒也想挽回颓势，再次夺取战场上的主动权，于是在库尔斯克，双方又进行了一场大作战。1943年7月，双方进行了二战中规模最大的坦克战，双方参战的坦克数量超过一千辆，这场坦克战以德军失败告终，影响了整场战役的走向。库尔斯克战役于8月结束，经过五十天的战斗，苏军歼灭德军十二万。这场战役是苏德战场上的最后一场战役，经过了莫斯科、斯大林格勒和库尔斯克三大战役后，德军从此一蹶不振，而苏军则完全掌握了战争的主动权，并开始全线反攻。

保卫斯大林格勒

希特勒想要击垮苏联的野心并没有因“台风行动”的失败而减小，这次他将目标放在了既具有象征意义又富有战争资源的斯大林格勒。苏德双方都明白斯大林格勒的战略意义，故而在此展开了惨烈的保卫战与争夺战。

斯大林格勒的战略意义

交通枢纽

位于顿河河曲、伏尔加河西岸，南接高加索，东连乌拉尔，北通莫斯科。

经济资源

重要的军事工业基地，周围地区物产资源丰富。

精神象征

以斯大林的名字命名，在苏联人心中具有重要的象征意义。

斯大林

希特勒称斯大林格勒对于德军具有决定性的意义，从这座城市的战略意义上可以看出，若德军占领斯大林格勒，便能以以战养战的方式如一把尖刀狠狠地刺入苏联的心脏。这对苏联来讲是极大的威胁，故苏联红军不惜一切代价也要将斯大林格勒保卫住。

惨烈的胜利

斯大林格勒战役前后共历时一百九十九天，双方伤亡人数保守估计在两百万左右，来到战场上的士兵的平均存活时间不会超过二十四小时。斯大林格勒战役的胜利是用阵亡将士们的尸骨堆积起来的，他们用生命换来了苏联反击纳粹德国的主动权。正义在二战中的最后胜利由此开始。

欧洲战场的胜利

从第二战场的开辟到进军柏林

美国的介入与第二战场的开辟使同盟国实力大增，第二次世界大战开始进入终局。

◇ 德黑兰会议

因 1941 年 12 月日本偷袭珍珠港而宣布参战的美国，与英国、苏联建立了同盟。想要战胜东西双线作战的德军，新战场的开辟成为同盟国的主要议题。1943 年 11 月 28 日至 12 月 1 日，罗斯福、丘吉尔、斯大林在德黑兰举行了战时第一次三国首脑会议。会议的中心议题就是开辟欧洲第二战场，三国东西方配合共同对战纳粹德国。会议最终确定美英军队于 1944 年 5 月在法国北部登陆，开辟西线第二战场。

◇ 诺曼底登陆

德黑兰会议结束后，美英共同商讨了行动策略，在商议登陆地点时，盟军在加莱和诺曼底两地间最终选择了诺曼底。1944 年 6 月 6 日，先头部队分别向五个滩头登陆；到了 6 月 12 日，五个滩头连成一片，盟军在诺曼底站稳了脚跟，随后便开始集结后备部队进军巴黎。这场史上规模最大的两栖登陆作战，成功开辟了欧洲第二战场，使战争进入到最后的决战阶段。

◇ 柏林战役

盟军在欧洲战场上的作战让德军步步退缩，到 1945 年时，双方战场已经到了德国境内。1945 年 4 月 16 日，苏军发起了进攻柏林的战役；4 月 27 日，苏军攻入柏林市区；30 日，希特勒自杀，德军请求停火谈判；5 月 2 日，柏林守军投降，柏林战役结束。5 月 8 日，德国代表在柏林苏军司令部签署投降书，9 日凌晨生效。至此，欧洲战场的反法西斯战争以盟军的胜利宣告结束。

和平的到来

在美国加入同盟国后，英美联军通过诺曼底登陆战重新杀回西线战场。纳粹德国的双线作战转瞬之间就变成腹背受敌。随着同盟国联军在东西双向的步步推进，德军只能且战且退，最终退守德国。自知大势难挽的希特勒选择了自杀，德军也因此停火投降。自 1939 年 9 月到 1945 年 5 月，历时近六年的第二次世界大战在欧洲落下了帷幕，欧洲重新迎来了和平。

霸王行动

盟军远征部队最高司令部

坐于中间的是盟军总司令艾森豪威尔，坐其左侧的是地面部队总指挥蒙哥马利。

“霸王行动”是盟军开辟第二战场，即诺曼底登陆的行动代号。在这次行动中，美国陆军五星上将艾森豪威尔任盟军总司令，英国陆军元帅蒙哥马利任地面部队总指挥。诺曼底登陆是历史上规模最大的两栖登陆作战，盟军以伤亡二十一万的代价，历经五十天才最终完全占领滩头阵地并完成必要的后备部队集结。诺曼底登陆的成功翻开了欧洲反法西斯战争的最终篇章。

最后一击

- 1945 年 4 月 16 日，苏军开始进攻柏林；
- 4 月 25 日，苏军与美军胜利会师；
- 4 月 27 日，苏军攻入柏林市区，与柏林守军展开巷战；
- 4 月 30 日，希特勒自杀，当晚苏军攻入德国国会大厦；
- 5 月 2 日，柏林守军投降，柏林战役以苏军占领柏林而告结束。

科技革命的时代

世界大战时期的科技发展

光影相生，科技在点亮文明之光的同时也带来了毁灭的阴影。

◇ 物理学革命

20 世纪上半叶，物理学领域迎来了两场巨大的理论革命：一个是相对论，另一个是量子力学。相对论的提出者是德国科学家爱因斯坦，在不同的领域中，相对论被分为了狭义相对论和广义相对论两种形式。相对论是对自牛顿以来的经典物理学所坚持的绝对时空观的挑战与革新，它揭示了物质运动、时间、空间之间的统一关系。量子力学是研究物质世界微观粒子运动规律的物理学理论，于 20 世纪初由普朗克、波尔等科学家共同创立。量子力学弥补了经典物理学在应用于微观物质世界时出现的不足，推动了原子物理学的发展，同时也为核物理学与粒子物理学奠定了理论基础。相对论与量子力学作为两大基本支柱，一起支撑起了现代物理学。

◇ 曼哈顿计划

核物理的发展让人们看到了原子能的巨大前景，通过对核裂变链式反应的研究，欧洲的科学家们找到了人工获得原子能的途径。然而时间正值第二次世界大战，对于核裂变的研究重心被时代形势安放到了武器开发上面。为了应对同样在进行核研究的纳粹德国，提前制造出原子武器，美国政府开启了“曼哈顿计划”。这一原子弹制造工程自 1942 年 9 月开始，以奥本海默为首的一大批来自世界各地的顶级科学家，耗资二十多亿美元，历时三年，于 1945 年 7 月成功试爆了世界上第一颗原子弹，工程宣告成功。1945 年 8 月 6 日、9 日，美国于日本的广岛、长崎投下了两颗原子弹；15 日，日本天皇宣布无条件投降，第二次世界大战结束。

生存或是毁灭

19 世纪末到 20 世纪上半叶，物理学发展到了微观领域，对原子核的探索与研究使科学家们发现了核裂变与核聚变这两种能够产生巨大能量的核变方式。如何使用这种巨大的能量，这不仅是一个科学技术问题，也是一个伦理道德问题。

要比敌人快

1939 年 8 月，爱因斯坦给时任美国总统的罗斯福写了一封信，说明了研制原子弹的必要性，认为美国必须先于德国制造出原子弹。

罗斯福认同了爱因斯坦的想法，在军方的支持下，他制订了“曼哈顿计划”，还赋予该计划“高于一切行动的特别优先权”。

奥本海默被推举为“曼哈顿计划”的领导者。在攻克众多技术难关之后，1945 年 7 月 15 日，世界上第一颗原子弹试爆成功。

世界上第一颗原子弹试爆于 1945 年 7 月 15 日，而在两个月之前，纳粹德国就已经宣布投降，同时在东方战场上，日本的投降也只是时间问题。从获取战争胜利的角度来看，原子弹的意义已经不如刚制订“曼哈顿计划”时那样大了，然而杜鲁门还是下令向日本的广岛、长崎投掷了两颗原子弹。这种新型武器的威力终于让世人认识到，即便战争结束了，和平之光的外围仍然蒙覆着一层核威慑的阴影。

如何选择

原子能是一种产能高、污染小的新型能源，可以有效地改善矿物燃料消耗过快及环境污染问题。

核武器的伤害十分可怕，除了一次性伤害外还会对环境造成持续的辐射影响。一旦使用，没有赢家。

战争对文化造成的影响

20 世纪上半叶的社会科学与艺术

究竟是什么原因让欧洲在不到半个世纪的时间里经历了两次世界大战？战争的动荡让欧洲人开始了反思。

◇ 随时代改变的视角

20 世纪上半叶，科技的革命式发展与两次世界大战给社会与人心带来的变化，可以从这个时期的社会科学中窥见一斑。在哲学方面，科技的进步一方面让思想家更愿意以科学实证的方式进行哲学研究，另一方面科学的进步也带来了人对其自身的反思；前者以逻辑实证主义为代表，后者以存在主义最为突出。在心理学方面，弗洛伊德对人的精神世界的开创性探索与研究为后世的心理学发展乃至哲学与文学艺术都产生了深远的影响。在经济学方面，凯恩斯的经济学思想一改旧有理论的自由放任，强调了国家应该对经济生活进行调节和干涉。其他的诸如社会学、历史学和新兴学科也在这个动荡的年代从自己独特的视角给出了对这个社会的理解和诠释。

◇ 背离传统

20 世纪上半叶是艺术领域各种主义井喷式出现的一段时间。在文学方面，现代主义、象征主义、表现主义、意识流手法、存在主义、荒诞派名家名作辈出，享誉世界的有罗曼·罗兰的《约翰·克里斯朵夫》、卡夫卡的《变形记》、加缪的《局外人》、塞缪尔·贝克特的《等待戈多》等。在美术方面，20 世纪上半叶的欧洲美术因其与传统美术决裂而被称为“现代主义”。艺术不再是为了再现场景或故事，而是为了表现、表达艺术家的思想、情绪和意志。这一时期的代表人物及作品有蒙克的《呐喊》、毕加索的《格尔尼卡》、杜尚的《泉》、达利的《记忆的永恒》等。

痛定思痛

在进入20世纪后不到五十年的时间里，欧洲经历了两次世界大战。究竟是什么样的原因让欧洲经历了如此的灾难，对于这一问题的反思成为战时与战后欧洲社会科学发展与文学艺术创作的一条轴线。研究者与创作者们从各种各样的角度给出了自己的回答，这种多样性造就了战后欧洲文化的多元与繁荣。

西方的没落

德国历史学家斯宾格勒认为历史实际上是一种文化形态，而文化是一种有机体，有生长成熟也有衰败死亡。在斯宾格勒看来，相比于其他已经死掉了的文化形态，西方文化虽然走向了没落，但还保有一丝生命力而仍未山穷水尽，这又为资产阶级带来了些许希望与安慰。

存在先于本质

让·保罗·萨特

人不是别的，只是他自己所造就的东西，这是存在主义的第一原理。

人有选择的权利，人通过选择获得自己的本质。

生活在没有人去生活之前是没有内容的，它的价值恰恰就是你选择的那种意义。

每个人都有权利选择成为怎样的自己，这意味着每个人对自己的行为都要承担绝对的责任。萨特的这种存在主义思想是对于现代欧洲资本主义发展所造成的人性的扭曲与异化的一种批判，在西方社会产生了广泛而深刻的影响，这种影响至今仍然持续着。

专题：逐渐同步

现代欧洲与中国

从没落到抗争再到崛起，中国的国际地位逐步提升。

◇ 从礼节开始

1793 年，英国外交使臣马戛尔尼受命访华，希望能够打开中国的贸易大门。乾隆皇帝因为马戛尔尼不行三拜九叩礼而拒绝了英国的通商要求，致使大清朝这艘大船最终在半个世纪之后的 1840 年迎来了英国的坚船利炮，近代中国半殖民地半封建社会的苦难由此开始。

◇ 天下为公

欧洲列强为中国带来的不仅是苦难，其强大的原因也引起了中国有志之士的思考，并推动其开始全面向欧洲学习。然而改革的道路总是艰苦难行，只有用革命的方式才能赢得中国未来的希望。1911 年，随着武昌起义的第一声枪响，辛亥革命浩荡而起。1912 年清帝退位，中国两千多年的帝制封建社会宣告终结。

◇ 抗议的声音

1917 年 8 月 14 日，北洋政府对德宣战，成为一战的协约国之一。战争胜利后，作为战胜国的中国在巴黎和会上受到的不公正待遇引起了中国民众的强烈不满。1919 年 5 月 4 日，北京各高校学生在天安门前举行集会和游行示威；6 月，上海工人以罢工的方式相应。五四运动是中国人抗议欧洲列强的爱国运动与思想解放运动，同时工人阶级的崛起也揭开了中国新民主主义革命的序幕。

◇ 红色中国

十月革命之风为中国送来了共产主义思想，红色的革命之苗开始在中国大地上生根发芽。作为第二次世界大战东方战场的主战场与主要作战部队，中国共产党所领导的八路军和新四军在与国民党军队的互相配合下成功地击败了日本法西斯主义侵略者，为同盟国在东方战场的胜利做出了巨大贡献。

渐与世界同步

近代中国的历史进程无法与欧洲各国的影响与介入相分离，虽然在这一过程中中国承受了极大的苦难并付出了惨痛的代价，但这些痛苦最终换来的是中国的蜕茧成蝶、涅槃重生。从这里开始，世界东西方的历史进程开始趋于同步，中国也开始慢慢参与到国际事务中。

马戛尔尼访华

1793 年，英国外交使臣马戛尔尼访问中国。他希望开通两国贸易往来使英国商人能够进入中国市场，其要求遭到乾隆皇帝的拒绝。

第一次鸦片战争

1840 年，英国对中国发起第一次鸦片战争。中国战败并被迫签订《南京条约》，从此沦为半殖民地半封建社会。

第二次鸦片战争

1860 年，为了进一步打开中国市场，英国、法国对中国进行了第二次鸦片战争，另有美国与俄国参与其中。中国再次战败，圆明园被烧毁，东北大片领土被割让给俄国，九龙司地方一区被英国占领。

洋务运动

两次鸦片战争的失败让统治者们认识到中西实力的差距，遂决心向西方学习以自救，“师夷长技以制夷”。

辛亥革命

封建阶级的自救改革并没有让列强停下瓜分中国的脚步，只有推翻封建统治才能救中国。1911 年的辛亥革命完成了这一任务，中国进入新的历史进程。

新文化运动

辛亥革命完成之后，欧洲的现代思想在中国有了进一步传播，在文化思想上的反封建意识最终演变成新文化运动，这种新文化体现在民主、科学、道德、文学等诸多领域。

五四运动

巴黎和会上关于山东问题的处理引发了中国人的愤怒及爱国热情。在学生的先锋作用下，无产阶级崛起并登上历史舞台，新民主主义革命即将展开。

中国共产党成立

俄国十月革命为中国带来了马克思主义，五四运动促进了马克思主义的传播及其与工人运动的结合，就在中国急需一个新的政党来引领前进的方向时，1921 年 7 月，中国共产党诞生了。

抗日战争

在同盟国于欧洲对抗纳粹德国与意大利的同时，在东方战场上，中国人民也在与日本法西斯主义者进行着英勇作战。中国在抗日战争中的胜利是世界反法西斯胜利的重要组成部分，中国也因此开始以大国的身份参与到国际事务中。

第五部分

战后欧洲

第一章
冷战的开始

惩治罪恶

战后欧洲的准备工作

战争让欧洲各国变得满目疮痍。重建家园，建立稳定的国际环境，成为战后欧洲的首要工作。

◇ 波茨坦会议

1945 年 5 月 8 日，德国法西斯无条件投降，欧洲反法西斯战争胜利结束。为了商讨对战后德国的处置问题和解决战后欧洲的安排问题，1945 年 7 月 17 日到 1945 年 8 月 2 日，美、英、苏三国首脑杜鲁门、丘吉尔（1945 年 7 月 28 日以后是新任首相艾德礼）和斯大林在柏林近郊的波茨坦举行了战时第三次会晤，史称“波茨坦会议”。会议着重讨论了如何安排战后欧洲的各项事务并通过了《波茨坦协定》，公告中对德国和波兰等国疆界的划分、战败国的赔款及审判战犯等问题做了具体说明。

◇ 五国问题

除了德国和日本这两大主要法西斯国家，意大利、罗马尼亚、匈牙利、保加利亚和芬兰也曾做过法西斯的帮凶，但因为后来有退出战争和参与反法西斯斗争的情况，所以战胜国对这五个国家需要做单独安排。英国、苏联、美国在对于这五个国家战后安排问题上出现了较大的分歧，其背后实质上是彼此之间的利益纷争。从 1945 年 9 月的伦敦外长会议到 1946 年 7 月的巴黎和会，关于五国问题的处理从争论到妥协，最终以《巴黎和平条约》的形式对意、罗、匈、保、芬做出了关于战争赔款、领土划分、政治制度和军事限制等方面的要求。

胜者的正义

如何处理战后的欧洲问题是摆在战胜国面前最为紧要的事情，而在欧洲战场的战胜国中，英国与法国因在战争中大伤元气而开始依附于美国；苏联的经济状况虽然也受到很大影响，但是其军事力量及军工产业仍然强大；再加上意识形态的对立，战后对于欧洲问题的处理实际上就成了美苏两国之间的利益博弈。

波茨坦会议成果

1. 德国归还1937年后在欧洲吞并的领土。
2. 分区占领德国，去除德国境内的纳粹化。
3. 战争赔款协议。
4. 清算战争罪犯。
5. 波兰独立获得承认。
6. 发表《波茨坦协定》。

德国投降后，美军开始在太平洋战场发起反攻，对日作战即将胜利。为了商讨对战后德国的处置和对战后欧洲的安排，以及争取苏联尽早对日作战，美、英、苏三国首脑于柏林近郊波茨坦举行战时第三次会晤。

《巴黎和平条约》

条款	内容
战争	五国须向苏联、南斯拉夫、希腊、埃塞俄比亚等国支付赔偿。
领土	五国维持参战前原有疆界，部分领土做微调。
政治	审判战犯，保障公民权利，去法西斯化，使五国民主化。
军事	武装力量限至最低水平，清除部分工事及军事设施，禁止研究制造核武器。

去往哪里

战后德国

战败后的德国被美、英、法、苏分为四个区域分别占领。四个国家，四种心思，德国将何去何从?

◇ 雅尔塔会议内容的实现

在第二次世界大战结束之前，眼看胜利在望的美、英、苏领导人在克里米亚半岛上的雅尔塔皇宫举行了一次首脑会议，就战后德国、波兰、苏日作战和联合国四个问题进行讨论。随着二战结束，德国战败，如何对战后德国进行处理成了战后各种国际关系问题中的焦点。根据美、英、苏三国首脑在雅尔塔会议上的决定，德国在战争结束之后由此三国分区占领，后来法国也受到邀请作为第四国参与占领，这样，德国便开始由美、英、法、苏四国共同占领并治理。不仅整个德国被做了分区，德国首都柏林也被四个国家分区占领，同时四国总司令还成立了盟国管制委员会来共同处理德国事务。然而每个占领国在暗中都有自己的意图，都想把本国的战略方针在自己的占领区中加以施行。不久之后，盟国彼此间的矛盾便逐渐开始显现出来。

◇ 各自心思

在关于对德政策上，美、英、法、苏各有各的态度。美国对于德国所持的态度是扶持和利用，一方面树立自己在欧洲的地位，另一方面可以遏制苏联；英国在对德问题上仍然以大陆均势政策为导向，所以一个强大的德国是英国所乐见的；法国所受到的来自德国的侵害最重，不愿助其强大，但是战后法国对美国的依赖迫使其不得不跟随美国转变对德政策；苏联则认为为了防止军国主义和法西斯主义再次在德国复燃，必须对德国进行一次大改造，使其朝社会主义方向发展。四个国家最终形成了两种意识形态与力量的对立，即以美国为首的资本主义国家和苏联社会主义国家的对峙，这种对峙最终导致了德国的分裂。

新的争端

在欧洲这片土地上，虽然二战已然结束，但是对于利益的争夺却从未停息。如何分配战后利益、确立欧洲格局这些问题所引起的矛盾与纠纷，在德国方面表现出来的就是任由两大强国——美国和苏联的操控与摆布。

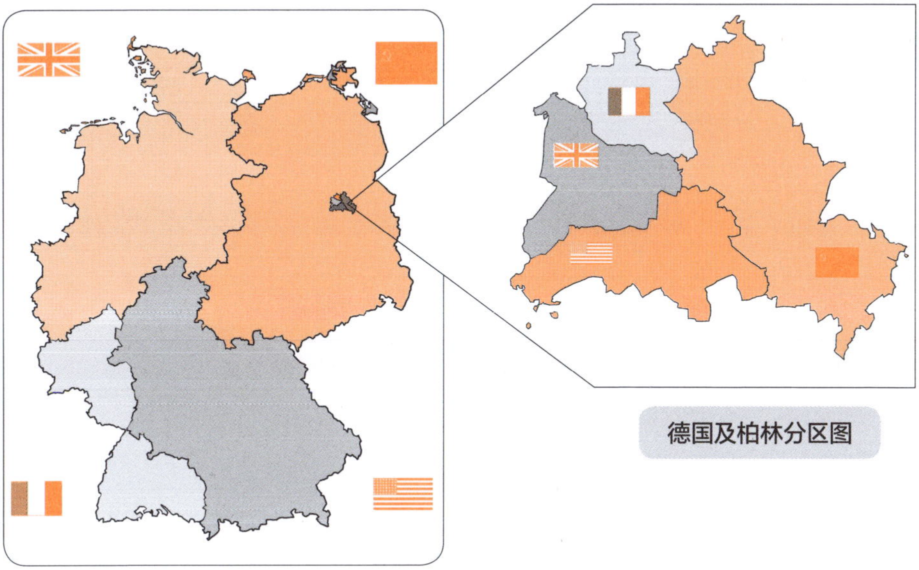

德国及柏林分区图

美、英、法、苏四国分占德国的最初用意是防止法西斯和军国主义在德国再次抬头，然而在实际占领时，四个国家却采取了不同的对德政策。

大陆均势政策

平衡欧洲各国势力
构建由英国控制的西欧联盟
支持美国对德政策

彻底改造

清洗纳粹分子
支持民主革命
朝社会主义方向改造

警惕德国崛起

受德国侵害最重
想要保住自己在欧洲的地位
然而国力衰退只能依附美国

扶德遏苏

扶持德国以遏制苏联
对纳粹战犯从轻发落
振兴德国经济
与英国占领区合并以扩大势力

铁幕降临

冷战的开始

二战结束后意识形态的对立很快化作“一幅横贯欧洲大陆的铁幕”。

◇ 铁幕演说

随着战争的结束，主张社会主义的苏联等国与主张资本主义的美国等国之间的矛盾逐渐显现出来。在西方国家看来，苏联正在以武力和意识形态推销他们的制度和理念，因此是一种巨大的威胁。1946 年，英国前首相丘吉尔发表了铁幕演说，他将苏联的控制比作铁幕，认为铁幕背后的社会主义国家全部受到了苏联控制。曾经的盟友反目成仇，这一演说也被视为冷战开始的标志之一。

◇ 强权的幌子

同盟国在主战场上抗击法西斯势力的同时，欧洲其他国家也在以自己的力量寻求国家的独立与解放。而在各种力量之中，共产主义者和共产党人的力量最为强势，这一点在战后引起了想要称霸世界、推行强权政治的美国的警惕。美国十分清楚如果这些国家倒向了苏联一方，那么对于自己在全球范围的势力将产生巨大威胁，特别是希腊、土耳其这种具有重要战略意义的国家。借由英国的照会，美国借希腊共产党想要夺取政权问题大肆宣传苏联与共产党对于美国和世界的威胁，并将共产主义与民主政治人为地对立起来，以此为幌子来寻求国内对其反苏反共、意图称霸行为的支持。

◇ 柏林危机

面对美、英、法合并德占区，组建议会、制定宪法、发行新货币等一系列试图分裂德国的举措，苏联也毫不示弱地实行了币制改革并对柏林进行封锁，切断柏林与西占区的交通货运，“柏林危机”由斯上演。1948 年 5 月，西占区三国通过《德意志联邦共和国基本法》，9 月，德意志联邦共和国宣告成立；同一时间段，苏占区 5 月通过宪法，10 月宣布《德意志民主共和国宪法》生效及德意志民主共和国成立。德国正式分裂为东西两国。德国的分裂也象征着两大阵营的对立与冷战。

从盟友到对手

面对共同的敌人法西斯主义，资本主义世界和社会主义世界可以共同携手齐力对抗；然而当这个共同的敌人倒下后，昔日的盟友如今已经成为妨碍自己前行的绊脚石。尤其在美国看来，苏联毫无疑问地就是自己称霸世界的最大障碍。

杜鲁门主义

杜鲁门

在世界历史的现阶段，几乎每一个民族都必须在两种生活方式之中选择其一。这种选择大都不是自由的选择。

一种生活方式是基于多数人的意志，其特点为自由制度，代议制政府，自由选举，个人自由之保障，言论与信仰之自由，免于政治压迫。

第二种生活方式基于强加于多数人头上的少数人的意志。它所依靠的是恐怖和压迫，操纵下的报纸和广播，内定的选举和对个人自由之压制。

1947 年，美国总统杜鲁门开始资助希腊和土耳其，以防止这两个国家社会主义化。以此为开端，美国开始广泛地援助世界各地的反共产主义势力，以图遏制共产主义。这种被称为“杜鲁门主义”的做法成为美国战后处理国际事务的核心。杜鲁门主义引起了苏联的极大不满，也刺激了苏联扩大社会主义国家阵营的决心。

三次柏林危机

1948 苏联封锁进入西柏林通道，“柏林封锁”。

1958 苏联要求美、英、法撤出西柏林驻军，遭到拒绝。三国方面称如果苏联封锁进入西柏林的通道，它们将不惜诉诸武力，苏联让步。

1961 苏联重新提出西柏林撤军要求，遭到拒绝。苏联修建柏林墙。

士兵在修筑柏林墙

相互较量
经济与军事

冷战不仅是两个国家的对立，更是两大阵营的对立。

◇ 欧洲复兴计划

战后的欧洲，许多城市因受战火波及而变成一片废墟，工业基础遭到严重破坏；农业生产的情况也同样受到战争影响，战争结束之后，欧洲许多国家都爆发了大面积的饥荒。面对这种情况，欧洲想要靠自身的力量迅速重建家园，恢复到战前水平，几乎是不可能的事情。

对此，1947 年，美国国务卿马歇尔提出要为西欧国家制订一个宏大的复兴计划，协助欧洲各国进行经济重建，该计划就是“欧洲复兴计划”。这一计划在协助西欧各国的同时，也向东欧各国发出了邀请，不过迫于苏联的压力，东欧各国一致拒绝了这一计划。欧洲复兴计划从 1948 年开始执行了三年，共有十七个国家和地区接受了美国一百三十多亿美元的经济援助。在此期间，欧洲实现了历史上最快速的经济增长，西欧与美国之间的贸易关系也得到了巩固，西欧各国的经济开始趋向一体化。

◇ 北大西洋公约组织

由于担心苏联会像二战时的德国那样进攻西欧，1948 年 3 月，英国、法国、比利时、荷兰、卢森堡五国签订了一份以军事同盟为核心的《合作与集体防御条约》，组建布鲁塞尔条约组织。不过刚从战争中解脱出来的西欧各国实际上并不具备它们所想要的那种军事实力，所以这些国家都希望美国能够加入到这一军事同盟中来，而这正好迎合了美国想要在欧洲建立抵抗苏联势力的军事阵地的想法。于是在 1949 年，以美国为首的十二个国家的外长在华盛顿签订了《北大西洋公约》，成立一个更广泛的军事同盟以针对苏联，这就是北大西洋公约组织。这是美国所组建的规模最大的军事同盟，美国借此开始加强对西欧各国的控制。

苏联的反制

与美国在战争结束后立即开始谋求世界霸权不同，刚从战争中解脱出来的苏联，其首要任务是休养生息，大力恢复和发展国民经济，然而美国并没有给苏联以喘息的空隙，苏联必须应战。与美国从经济和军事两个方面入手相同，苏联也在东欧建立起了经济互助委员会和华沙条约组织。

经济互助委员会

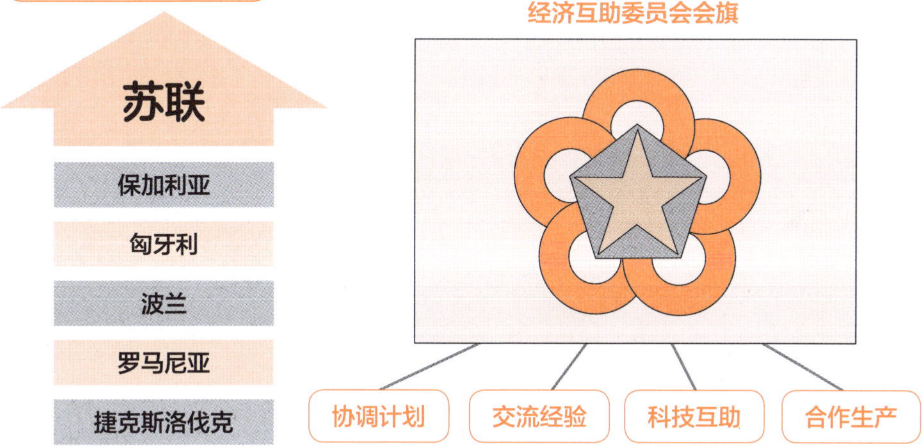

面对欧洲复兴计划的挑战，为了制止东欧国家参与其中并促进东欧各国之间的联系，1949 年，苏联建立了经济互助委员会。这个组织与欧洲复兴计划一样，为欧洲的战后复苏带来了积极的结果。尽管东欧也从经济互助委员会中尝到了甜头，但东欧的战后重建速度与效率都不及西欧，同时它逐渐成为苏联压榨和剥削其他国家的工具。

华沙条约组织

华沙条约组织徽标

缔约国	苏联、保加利亚、匈牙利、波兰、罗马尼亚、捷克斯洛伐克、阿尔巴尼亚、德意志民主共和国。
组织宗旨	如果在欧洲发生了任何国家或国家集团对一个或几个缔约国的武装进攻，每一缔约国应根据《联合国宪章》第五十一条行使单独或集体自卫权利，个别地或通过同其他缔约国的协议，以一切它认为必要的方式，包括使用武装部队，立即对遭受这种进攻的某一国家或几个国家给予援助。
影响	在欧洲呈现出两大军事集团的对立局面； 在保卫世界和平方面起到了积极作用； 成为苏联控制东欧、干涉缔约国的工具。

第二章
谋求新发展

顺应民心
英国工党的改革

保守党带领英国人赢得战争胜利，工党带领英国人走出战后困境。

◇ 情理之中的胜利

虽然在二战后期，丘吉尔以强硬的态度领导英国赢得了战争的胜利，但由于其前任保守党领袖张伯伦在战争初期所推行的绥靖政策引起了英国民众的不满，故而本想在战时内阁解散后乘威望正盛赢得议会选举的丘吉尔最终败给了工党领袖艾德礼。当然除了保守党之前的战争策略不得民心外，更重要的是工党所提出的一系列社会改革措施要比保守党所坚持的传统政策更加适合战后英国的经济复苏与国民生活质量提高。

◇ 民主社会主义

想要实现工党振兴英国经济、改善国民生活的政治目标，仅依靠固有的资本主义经济制度是完全不够的，甚至在一定程度来看，正是英国资本主义经济的发展带来了当时一系列的问题，所以工党主张政府要对经济领域进行一定程度的干涉与参与，这种资本主义与社会主义相混合的经济政策就是民主社会主义。工党的民主社会主义改革措施主要有两点：一是对部分重要产业实行产业国有化，二是通过税收改革利用国家财政维持公共服务业。前者有效地挽救了当时英国的社会经济危机，在减轻资产阶级负担的同时也保障了社会就业的稳定；后者则使英国成为一个福利国家，在保障民生与维持社会公平等方面起到了重要的积极作用。

两种制度的并流尝试

所谓的民主社会主义，实际上就是一种市场经济与计划经济、自由民主与社会公正相结合的制度。作为代表工人与中产阶级利益的英国工党，劳动者的权利保障和社会公共事务是该党最为关注的事项，而对于二战后的英国来说，这两方面也是最需要得到改善与提高的地方。当保守党的传统政策不能满足英国民众的迫切需求时，工党的民主社会主义政策应时而来。

国有化措施

作为一个老牌的资本主义国家，工党在战后推行的一系列国有化措施并未受到资产阶级的阻拦，可见即便是资产阶级也已经认识到国家在经济领域的有效干涉于己于国都是有益的。在国有化的过程中，一些企业主从国家得到了好处，员工也可以在原来的岗位继续工作，因国企长期亏损而饱受低薪之苦的工人们也能得到来自国家的生活保障。因为有这样的社会基础，工党推行国有化措施也是一种顺应社会与历史潮流的明智决策。

福利国家

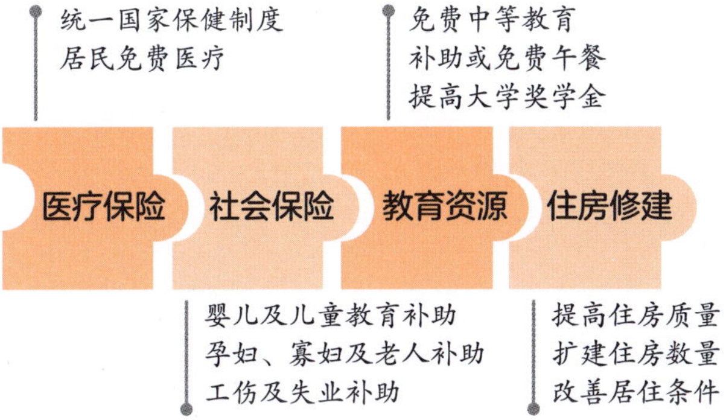

英国工党所实行的一系列“福利国家”政策，对于战后英国经济的复苏、缓解社会矛盾具有十分重要的影响和作用；然而在另一方面，随着社会不断发展，福利国家政策对英国经济的负面影响也越来越凸显出来，巨额的财政支出成了英国政府的沉重负担。

自立门户
戴高乐的“自由独立法兰西”

想要实现法兰西民族的战后复兴，只有走独立自主的道路。

◇ 戴高乐主义

二战结束之后，欧洲及国际政治格局发生了巨大的变化，形成了美国与苏联两大阵营彼此对立的局面。虽然在经济与军事上与美国结成了同盟，但是法国仍然希望能在新的国际环境中，依靠自身的力量实现法兰西民族的复兴，让法国重拾其原有的欧洲大国地位。在二战结束之后，法国经历了十多年的政治动荡。从法兰西第四共和国到法兰西第五共和国，法国终于找到了适合法兰西民族的发展道路，那就是尽可能地保持独立自主，在复杂的国际环境中坚持自己的话语权，掌握自己的命运。这种不依附于美国也不靠向苏联，在美苏对抗的夹缝中保持自己的独立性、适应性与灵活性的政策方针，就是戴高乐主义。

在戴高乐主义的指导下，1966年，法国退出北约组织，同时开始积极发展核力量，并与社会主义国家建立起“缓和、谅解、合作”的外交关系。这一系列改变让法国的主权与独立得到了维护，使法国的国际地位得到了提升。

◇ 欧洲的未来设计

关于欧洲作为一个整体在未来应走上怎样的道路，对于这个问题的回答，在当时的法国有两种声音：一种是法国著名政治家、被誉为“欧洲之父”的让·莫内的欧洲统一论，另一种就是时任法国总统戴高乐的法国中心论和法德同盟。尽管两者都认为欧洲各国需要联合在一起，形成一个统一的、欧洲人的欧洲，但是相较于让·莫内，戴高乐更强调法国在欧洲统一过程中的领导与带头作用。他认为只有法国先实现了独立复兴，才能够带领整个欧洲走向独立复兴，不再受美国的操控。而作为欧洲统一的基础，戴高乐认为法国应该首先与德国结为联盟，这样可以使欧洲政治的独立性得到保障。

不做美国的附庸

戴高乐想要带领法国走上独立自主的民族复兴道路，首先要解决的就是如何处理与美国的关系。1949 年苏联成功研制试爆原子弹后，抵制核威慑、提供核保护成了美国介入并控制西欧国家的一个最为重要的理由。想要摆脱美国的干涉，独立发展出自己的核力量是法国要走的第一步。

外交政策

戴高乐

摆脱美国的影响

外交	军事	经济
联合欧洲对抗美国 拒绝英国加入欧共体 与联邦德国和解寻求结盟 与东方国家建交来往	退出北约军事组织 发展独立军事防卫体系 发展独立的核力量	取消金汇兑本位 恢复金本位 向美国以美元兑换黄金

法国所采取的一系列针对美国的措施在相当程度上使美国的霸权地位受到冲击，同时也影响了国际关系的发展。这些措施一方面推动了西欧的联合，另一方面也缓和了东西方世界的关系，最终极大地改善了法国在战后的国际形象。

经济奇迹
联邦德国的战后发展

在战争刚刚结束的三十年里，联邦德国从战后的一片萧条一跃成为资本主义世界仅次于于美国的第二经济大国。

◇ 自由加秩序

受到美国扶持政策的帮助，联邦德国得以保留原有的冶金、汽车制造等工业基础，这使得联邦德国可以很快地恢复工业生产并实现经济复苏。与英国工党实行民主社会主义政策相似，联邦德国也制定了适合自身经济发展的社会市场经济模式。这种经济模式在遵循自由竞争原则、发挥市场主导作用的同时，也对国家干预制度的构建及完善社会保障体系等方面提出了要求。这种市场加计划的经济模式让联邦德国的国民生产总值于 1970 年时在资本主义世界的比重达到 7.5%，欧洲资本主义国家排名第一，在全球资本主义国家中仅次于美国和日本。在工业生产方面，1971 年时联邦德国工业生产总值占资本主义世界工业生产的 9.8%，与日本并列第二。同年，联邦德国的商品输出总量超过一千三百六十亿马克，占资本主义世界的 12.6%，仅次于美国。一个二战的战败国，在不到三十年的时间里能取得如此之高的经济成就，确实可以称得上是“经济奇迹”。

◇ 奇迹背后的传统

光有美国的政策扶持与资金救助并不足以让联邦德国在战后不到三十年的时间里取得如此巨大的经济成就。打铁还需自身硬，经济的高速发展离不开高素质劳动人才的支持。有着重视教育传统的德意志民族自然明白“教学为先”的道理，所以即便在战后国家财政状况异常艰难的情况下，联邦德国政府依然立法实行免费义务教育。联邦德国的这种义务教育是全方位、多层次的，其范围涵盖初等教育、中等教育、职业教育和高等教育。这种多层次的教育体系在训练了大量能进行实际生产工作的初级人才的同时，也培养出一定数量的可以从事研发工作的高水平科技人员。正是这种教育制度使联邦德国在一般工业生产和高水平科技研发两方面都能够突飞猛进，为联邦德国带来举世瞩目的经济奇迹。

新东方政策

联邦德国在经济领域上演奇迹的同时，其在政治领域则略显滞后。自1955年开始推行的哈尔斯坦主义虽然表达了对德国统一的渴求，但具体的外交行动却让联邦德国陷入了孤立状态。为了改善外交环境并促进两德统一，联邦德国政府采取了一种新的外交政策，即新东方政策。

不能被代表

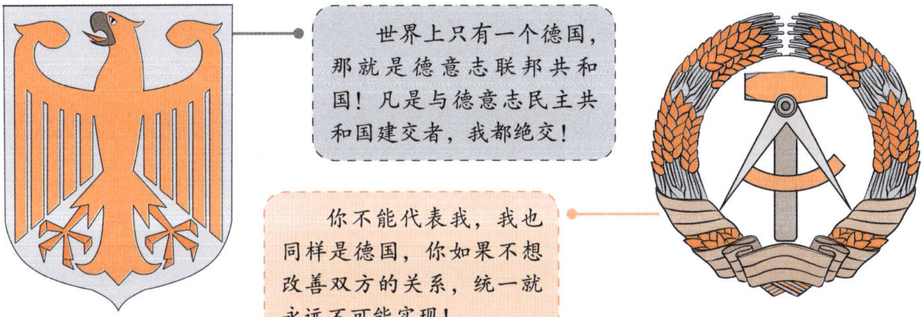

联邦德国国徽　　民主德国国徽

凡是与民主德国建交者，联邦德国必与之断交（苏联除外），这种哈尔斯坦主义外交政策极大地压缩了联邦德国的外交空间，在国际环境中陷入孤立的同时也使联邦德国与民主德国之间的关系变得更加紧张。想要改善双方关系并促进两德统一，就必须换一种方式。

寻求改变

三重目标

改善同苏联的关系
同东欧各国关系正常化
暂时解决德国两部分的关系

四项内容

承认德意志民主共和国
放弃使用武力并与东欧各国建交
削减美苏驻德的军事人员及装备
建立欧洲安全体系

德国社会民主党领袖维利·勃兰特上台执政后，放弃了联邦德国原来的哈尔斯坦主义，采取了新东方政策。这一政策有助于缓和东西方的紧张关系，也反映出战后美德关系的变化：联邦德国意欲摆脱美国控制，以谋求独立自主并提升国际影响力。

从摇篮到坟墓

北欧的福利国家

经济危机之后，欧洲各资本主义国家或多或少地走上了福利国家路线，但只有北欧国家做得最为完备。

◇ 北欧福利国家的成立

如今北欧一词囊括了挪威、瑞典、芬兰、丹麦以及冰岛五个国家。第一次世界大战时，北欧五国除了尚未独立的芬兰之外（冰岛尚属于丹麦）都没有卷入战争之中。第二次世界大战时，瑞典虽然与轴心国合作，但实际上保持了中立。所以在20世纪上半叶的两次世界大战中，除了芬兰外，北欧各国都没有受到太大的战争创伤。不过在二战结束、冷战兴起之时，面对资本主义阵营与社会主义阵营的对立，北欧五国还是要做出一个选择。然而就如同北欧谚语所说的，“既然我们被上帝放到了东西方交界的夹缝中，我们就得学会在夹缝中生存的艺术”，于是邻近苏联和西欧的北欧五国决定选择第三条路，也就是介于资本主义与社会主义之间的道路，这一道路也被称为“北欧模式”。随着资本主义世界经济危机的再次出现与社会民主主义党派的上台，北欧福利国家的建设逐渐成形。

◇ 北欧的福利结构

北欧的福利制度基本上涵盖了北欧人的一生，从出生到死亡都有相应的福利保障与政策，人们形象地用“从摇篮到坟墓”来形容北欧的这种高福利制度。以瑞典为例：从孩子出生开始，父母即可享受四百八十天的亲子假期和家长津贴，孩子从一岁开始到十六岁，每个月都有儿童津贴可以领取；在医疗方面，政府对个人医疗费用设置了上限，个人负担超过上限之后将全额由政府承担；失业人口可以享受由政府发放的高额保障金；全民养老保险制度则使公民的晚年生活得到了保障。不过由于福利方面的高额财政支出，北欧国家的税金非常高。包括教育支出在内，国家每年财政收入的一半以上都要用于社会保障，而税收在国民生产总值中的占比也往往是一半左右。即使其他欧洲国家纷纷通过改革摆脱了福利国家的模式，北欧各国依然坚持着它们的第三条道路。

北欧式的第三条道路

虽然并未如德国、法国那样受到二战的严重摧残，但是资本主义世界周期性的经济危机还是给北欧各国带来了经济萧条。随着北欧各国社会民主党派的相继上台，以推行社会改革来摆脱经济困境的模式成为北欧国家社会发展的主流。“福利国家”政策被普遍推行，北欧各国在战后也找到了属于自己的道路。

全民福利

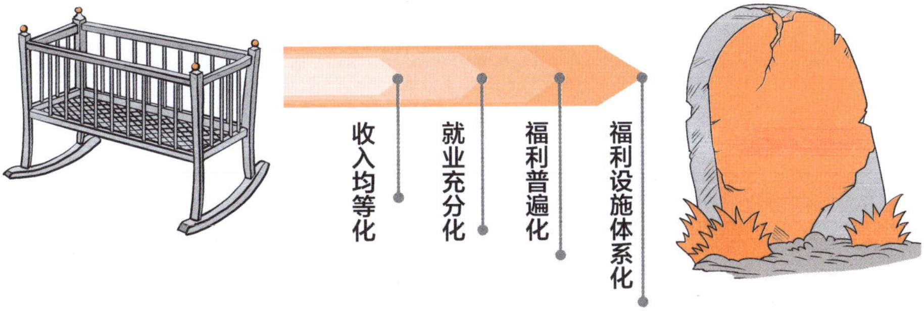

“从摇篮到坟墓”：包括各种生活需求在内的社会保障制度

负面影响

社会效率

北欧模式的高福利导致社会效率不高、活力缺乏。高福利造成了一些人的劳动积极性不高，劳动效率低下，使很多人陷入了对福利制度的依赖。

企业成本

由于高福利要靠高税收来维持，有的企业要将其收入的一半都交给国家。高税收增加了企业成本，降低了企业在国际市场的竞争力，从而导致了一些大企业迁至国外、资本向国外转移、人才流失等现象，企业活力受到压制，直接影响了经济发展的速度。

财政负担

巨额的公共开支变成巨额的财政赤字，导致国家财政不堪重负。

战后的南欧重建

西班牙与意大利

即便是在冷战的大环境中，每一个欧洲国家都在努力寻求自己未来的发展方向。

◇ 恢复民主

在西班牙内战中获胜的佛朗哥为西班牙带来了长达三十六年的独裁统治。虽说是独裁统治，但是在战后的冷战时期，佛朗哥还是非常开明地依照专家的意见，在西班牙进行经济改革，使西班牙经济得以快速增长，到了 60 年代，西班牙已经基本实现了工业化与现代化。然而随着经济基础发生巨大的变化，作为上层建筑的独裁统治开始越发地显露出其与西班牙未来发展方向的不适应，所以在佛朗哥去世后，其继承人胡安 · 卡洛斯国王顺应时代与社会的要求，对西班牙开始了民主化改革。面对守旧势力的强烈反对和不满，年轻的卡洛斯国王丝毫没有畏怯，他任命同样年轻的苏亚雷斯为首相，来进行民主改革。苏亚雷斯仅用了两年的时间，就使民主大选在西班牙成为现实。

◇ 经济繁荣

意大利在二战期间虽然是轴心国的重要成员，但是由于东西双线的主要战场都不在意大利境内，故而除了如米兰这样的大城市外，意大利大部分地区并未遭受非常严重的破坏，其原有的工业基础基本上都较好地保存了下来。战争结束后，意大利于 1949 年加入北大西洋公约组织，50 年代成为联合国成员国以及欧洲煤钢共同体和欧洲经济共同体的创始成员国之一。受到美国的欧洲复兴计划的扶持，意大利获得了大量的重建资金用以恢复国内的实业经济产业，大量的中小企业为战后意大利的经济繁荣做出了重大贡献。据意大利官方统计，1953 年时，约四分之一的意大利家庭处于贫困水平，而到了 1965 年左右，已经有半数的意大利家庭拥有了电视机和电冰箱等家用电器。到了 80 年代后期，意大利的国民生产总值甚至一度超过英国，成为西方第五大工业国。

西班牙的民主化进程

1959 年实施的“稳定计划”与 1964 年实施的“发展计划”，作为佛朗哥经济改革的两大重要举措，使 20 世纪 60 年代的西班牙以年均经济增长率超过 7% 的速度迅速向工业化国家迈进。经济的发展开始要求西班牙融入欧洲经济共同体中，当西班牙与其他欧洲国家在经济上开始趋于同步时，政治和社会制度的民主化也就成为必然要求。

1 开明的国王

1975 年，对西班牙实行独裁统治三十六年的佛朗哥死后，其指定继承人胡安·卡洛斯登基为王。在其登基演讲中，卡洛斯一世表达了要树立并维护一种“人人平等的公正秩序”，表现了其改革的意愿。

2 平稳过渡

登基后，卡洛斯一世任命佛朗哥去世前亲自指定的阿里亚斯担任首相，他在维护权力变更时期西班牙和平稳定的同时，在开放党禁方面迈出了第一步。

3 改革的开始

1976 年阿里亚斯辞职后，卡洛斯一世任命年仅四十四岁的苏亚雷斯为新首相。苏亚雷斯以年轻的改革派力量组建了新政府，其改革的第一步是制定通过了《政治改革法》，这为西班牙的议会民主制打开了大门。

4 解除党禁

1977 年，顶着军政界的巨大压力，苏亚雷斯政府恢复了西班牙共产党的合法地位。这一行为彰显了政府进行改革的决心与真诚，也标志着西班牙最终建立了正常的政党制度。

5 选举新国会

《政治改革法》生效后，西班牙各种政党纷纷出现，都愿意参与到国会大选中。在众多政党中，以苏亚雷斯为领袖的中央民主联盟声望最盛，该党派也最终在 1977 年大选中胜出，组建了第一届民主政府。

6 制定新宪法

为彻底终结佛朗哥体制并保障新的民主制度得以存立，起草新宪法势在必行。1978 年宪法的颁布确立了“西班牙是社会和民主的法治国家，其最高秩序准则是自由、公正、平等和多元政治”。该宪法的颁布标志着西班牙民主化的初步完成。

大厦将倾
东欧国家的转向

以军事力量维持的政权或许可以强大，但从来难以持久。

◇ 东欧剧变

1988 年，时任苏联领导人的戈尔巴乔夫宣布苏联将减少对东欧国家内政的干涉，尤其是不再进行武力干涉。他原本的想法是以此降低军费开支，从而达到减轻经济负担的目标。然而这一决定却给东欧国家带来了天翻地覆的变化。当来自苏联的军事威慑不再存在，以波兰为首的东欧国家开始纷纷爆发大规模的民众示威活动，人民要求政府开放党禁，实行多党制与选举。而失去了苏联庇护的东欧各社会主义政权也难以镇压如此声势浩大的反对运动，故而大多只能无奈地答应民众的政治诉求。毫无意外地，那些跟随苏联走社会主义路线的东欧政党在接下来的民主大选中毫无胜出的机会，东欧各国也在极短的时间内放弃了社会主义制度，而与西欧模式相接轨，成为民主国家。除了罗马尼亚发生了流血革命之外，其他国家的政权过渡基本上都是以和平的方式完成的。东欧各国的这一突如其来的变化也因其迅猛而被称为“东欧剧变”。

◇ 南斯拉夫解体

战后的南斯拉夫虽然是社会主义政权，但与苏联保持距离，走上了一条摆脱苏联模式束缚并符合自己国情的经济发展道路。20 世纪末，由于国家经济衰退，以及受东欧剧变、民族主义兴起的影响，南斯拉夫各民族之间的矛盾逐渐激化，联盟随之走向解体。从南斯拉夫独立出来的新国家之间因民族问题产生一系列的暴力冲突，并发展为南斯拉夫内战。为解决当地的矛盾，联合国与北约直接介入战争，并支持部分国家的独立。2003 年，仅存的两个加盟国把国名改为塞尔维亚共和国和黑山共和国，南斯拉夫从此成为一个历史名词。2006 年，两国彻底分家，形成了如今巴尔干半岛杂乱的地图。

苏联解体的前奏

因为长时间受到苏联的严格管控，东欧各国的执政党对于苏联政府及苏联模式产生了极大的依赖，这种依赖所留下的后遗症就是当这种管控一旦松懈下来，被管控的“对象”自然就会从压制中冲涌出来。

东欧剧变的爆发原因

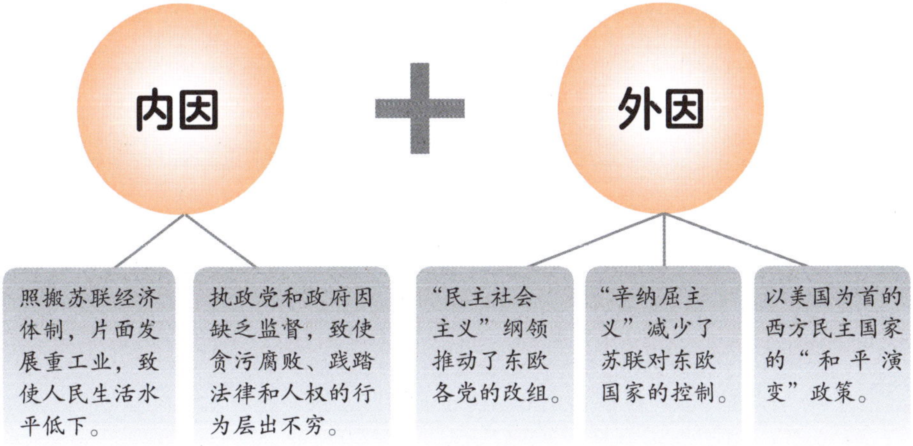

从联盟到解体

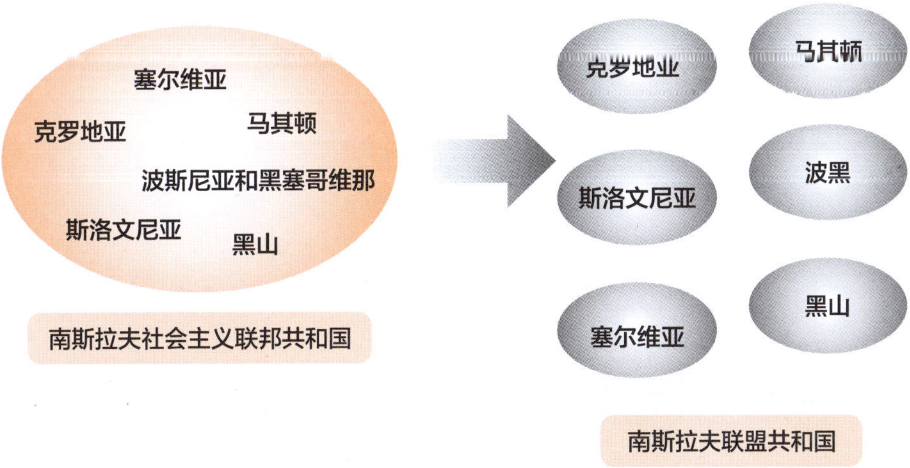

眼看他楼塌了

苏联解体

斯大林去世后三十四年，戈尔巴乔夫上任；戈尔巴乔夫上任后六年，苏联解体。

◇ 八月政变

戈尔巴乔夫的改革首先带来了少数民族的不满与暴乱。由于苏联的国家性质，其加盟共和国也有自己的行政机构。1991 年，以俄罗斯为首的一些加盟国要求增加自己在经济和财政等方面的自治权。戈尔巴乔夫决定批准一个新的条约，以赋予加盟国这样的权力。显然，这样一个条约的签订会彻底动摇苏联的国家体制。因此在条约签订前一天的 8 月 19 日，苏联的保守派发动了一次政变，他们软禁了戈尔巴乔夫，并成立一个暂时性的机构接管国家政权。

◇ 苏联解体

当然，这样一场不得军心也不得民意的政变很快就流产了。控制了这次政变的俄罗斯总统叶利钦实际上已经掌控了政权。由于苏联共产党已经无力控制局面，戈尔巴乔夫只能选择辞退党职，不久总统叶利钦宣布禁止俄罗斯境内的共产党活动，苏联已经名存实亡。8 月之后，苏联的原加盟国一个接一个地宣告独立，最终在 12 月，苏联宣告正式解体，原加盟国成立一个叫作独立国家联合体的松散邦联。

◇ 世界情势的变化

在西方的眼中，威胁了世界大半个世纪的毒瘤似乎已经被连根拔除，甚至有人宣称苏联的解体象征着“历史的终结”。遗憾的是，不久之后，民族与宗教的冲突又将再次困扰整个欧洲。

大国陨落

高度的计划性给苏联经济带来了低效率低质量的后果。赫鲁晓夫鼓励生产的经济改革虽略有成效，然而其工业新政也在继任者勃列日涅夫上台后被取消。勃列日涅夫延续了苏联一贯的重工业轻农业的政策，加大军费开支，与美国进行军备竞赛，却造成了生活资料的匮乏与国民经济的停滞。江河日下，苏联这轮红日即将西沉。

戈尔巴乔夫改革内容

- 指导思想多元化
  - 戈尔巴乔夫以前：党的指导思想：马列主义；党的奋斗目标：共产主义
  - 戈尔巴乔夫时期：“新思维”和人道、民主的社会主义
- 政治制度
  - 苏共领导 → 多党制
  - 苏维埃制度 → 议会制度
- 经济政策
  - 国有资产分散化
  - 国营企业私有化
  - → 走资本主义国家“混合经济”道路
- 军队建设 → 推行非党化、非政治化

解体原因

思想理论	教条主义禁锢，思想僵化； 改革照抄照搬西方政治模式，脱离本国国情。
政治领域	长期实行高度集中的政治体制，忽视社会主义民主法制建设； 官僚主义盛行，严重脱离群众。
经济发展	计划经济体制致使经济结构严重失衡，过度发展国防工业； 收入分配长期搞平均主义，人民生活改善十分缓慢。
对外关系	搞大国主义、霸权主义，干涉其他社会主义国家内政； 全面扩军备战，与美国争霸，消耗和削弱自身实力。

愿望的达成

德国的统一

一道一百六十五千米长的墙隔不开两德民众追求统一的愿望。

◇ 民主德国的发展

虽然战后德国一分为二，联邦德国和民主德国分别加入以美国为首的资本主义阵营和以苏联为首的社会主义阵营，但是同联邦德国受到美国扶持与经济援助的情况相比，民主德国从苏联那里除了得到社会主义经济的发展模式之外，并未获得任何经济投入。然而即便是在这种开局不利的情况下，民主德国也仅用了十年就完成社会主义改造。面对苏联模式的弊端，民主德国也于60年代开始尝试经济改革，尽管在处理经济与政治的关系方面也走了一些弯路，但到了80年代末，民主德国经济发展情况已经超过包括苏联在内的东欧各国，其经济水平为东欧社会主义阵营之首。

◇ 柏林墙的倒塌

在经济改革的推进下，民主德国的经济状况在战后得到了长足的发展，然而与西边资本主义阵营中的联邦德国相比，还是有相当程度的差距。联邦德国的富裕对于民主德国的民众来说是一种极大的诱惑，为了防止公民借由西柏林出走联邦德国，1961年，民主德国政府沿着西柏林边境修筑起一道一百六十五千米长的柏林墙。

时至1989年，受戈尔巴乔夫的“新思维”改革和东欧剧变的影响，民主德国的政治局势也出现了剧烈动荡。大批公民冒着生命危险翻过柏林墙逃往联邦德国，同时在国内，接连不断的反政府示威游行也迫使民主德国不得不开放柏林墙与两德边境。联邦德国抓准时机开始与民主德国进行关于德国统一的谈判。最终在1990年10月3日，依照联邦德国基本法，民主德国并入联邦德国，在分裂了近半个世纪之后，德国再次统一。

两德统一

因为二战而分裂，因为冷战而对立，联邦德国和民主德国虽然在社会制度与经济实力上渐行渐远，但是毕竟一个民族不应立两个国家。苏联改革与东欧剧变为德国的统一带来了契机，随着民主德国开放柏林墙，两德统一的进程正式开启。

东欧各国实行民主化改革
民主德国受到了周边国家的影响

↓

大批民主德国民众逃往联邦德国
民主德国内部抗议示威游行频发

↓

抗议示威游行初期
民众要求旅行自由、放宽新闻管控

↓

抗议示威游行后期
民众要求多党制和自由选举

→

民主德国政府实行改革
赦免外逃与游行示威者
与联邦德国政府正式接触

↓

民主德国执政党改组
宣布实行多党制
建设民主社会主义

↓

民主德国举行第一次民主选举
基督教民主联盟与社会民主党组阁

↓

民主德国新政府与联邦德国谈判
民主德国并入联邦德国
两德统一

又一次飞越

第三次科技革命

20世纪中叶以来，科学技术，而不是其他，成为推动现代生产力发展的决定性力量。

◇ 什么是第三次科技革命

第三次科技革命最早诞生于美国等主要资本主义国家，从20世纪中叶开始，一直持续到今天。第三次科技革命兴起的标志是以原子能技术、航天技术、电子计算机的应用为代表，还包括人工合成材料、分子生物学和遗传工程等高新技术。第三次科技革命波及全世界，使社会生产力呈几何倍数增长。世界进入信息时代，生产劳动从电气化发展到自动化和智能化，生产过程中的各因素都发生了变革，科技含量越来越高，动力革命发展为知识和信息的革命，从体力的解放进一步发展为人脑的扩展。

◇ 第三次科技革命的新特点

相较于前两次工业革命，第三次科技革命有着很大的不同：首先，科学技术在推动生产力的发展方面开始起到越来越重要的作用；其次，前两次工业革命都是在资本主义兴起和发展的背景下出现的，而第三次科技革命则是在资本主义与社会主义较量之下产生发展的；最后，第三次科技革命相较于前两次工业革命，最大的特点是各国政府的重视和投入。

◇ 第三次科技革命对世界的影响

第三次科技革命推动了社会生产力的发展，促进了社会经济结构和社会生活结构的改变，推动了国际经济格局的调整。但科学技术发展的同时也带来了一些负面问题，尤其是在环境污染和全球人口激增方面最为突出。

信息时代

就如同工业革命标志着工业时代的到来一样，第三次科技革命标志着数字信息时代的到来。20 世纪中叶以后，对于原子能、空间技术和电子计算机的研究成为了各国科学发展的前沿阵地，科技革命所带来的各个科技领域的创新，直接影响着大到国家经济、小到百姓日用等各个方面。进入信息时代后，世界开始以前所未有的速度向前发展。

越来越快

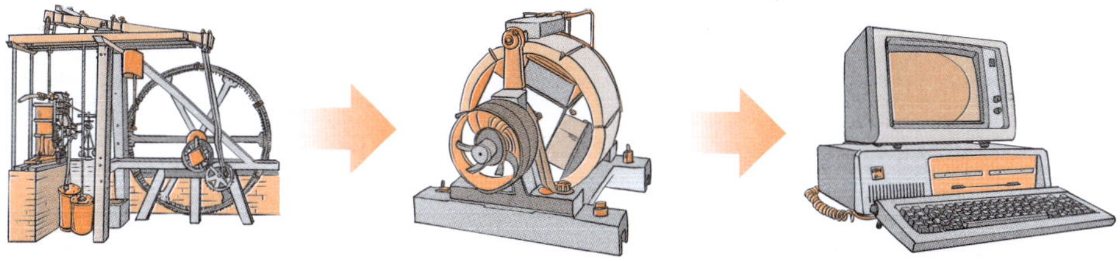

蒸汽机 从发明到应用历时八十四年 → **电动机** 从发明到应用历时六十五年 → **电子计算机** 从发明到应用历时五年

科技群落

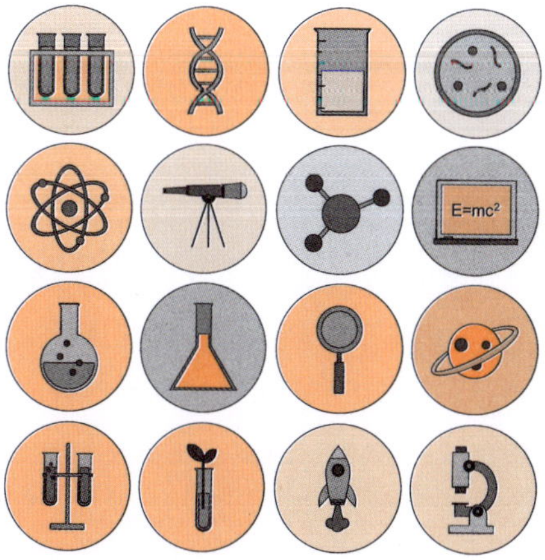

第三次科技革命的一项重要特点就是不同科学领域之间的相互联系得到了极大增强，往往在某一领域出现了创新之后，其他领域马上就能将其成果纳入自身之中并得以发展。另外，科技与经济、政治、军事等方面的联系也越来越密切，当科技水平成为一个国家综合实力的重要指标时，教育也就同样成为世界各国谋求发展的一个重要主题。

第三章
新欧洲的诞生

从共同体到联盟

欧盟的前世今生

经历两次世界大战与冷战之后，欧洲各国终于明白欧洲需要的不是霸主，而是团结。

◇ 从采矿开始

低地三国以南的德法交界附近蕴藏着丰富的煤铁资源，联合开采与使用显然既可以提升效率又可以降低成本。1948 年，低地三国缔结了一个经济联盟，希望通过经济合作的方式促进战后复兴。受此启发，法国牵头于 1951 年成立欧洲煤钢共同体，这也是欧洲经济一体化开始的一大标志。紧接着在 1957 年，组建煤钢共同体的低地三国、西德、法、意六国创建了一个自由贸易区，推进劳动力与资本的自由流通，这就是欧洲经济共同体。

◇ 欧洲联盟

随着越来越多国家的加入以及欧洲经济共同体组织的扩大，1993 年，欧洲经济共同体更名为欧洲共同体，同时欧洲联盟也正式成立。联盟不断吸引更多欧洲国家加入，不断加深组织内国家一体化的程度。经济合作的加深以及密切的军事合作，使欧洲的政治一体化逐渐成为可能。随着殖民地的纷纷独立，战后欧洲各国失去了在国际事务中的话语权。面对美苏两国的冷战，欧洲各国选择了联合。欧洲的一体化不仅促进了欧洲经济的发展，也提升了欧洲在战后国际社会中的地位。

团结的欧洲

经过战后和平时期的发展，欧洲各国都渐渐从经济困境中走了出来，然而这种振兴只是相对于战争刚结束时的萧条而言，欧洲已经没有任何一个国家能够重现战前的强盛。独木难支，想要重新在即将到来的新世纪于世界政治经济格局中占有一席之地，欧洲各国必须紧密团结起来。

欧盟的成立

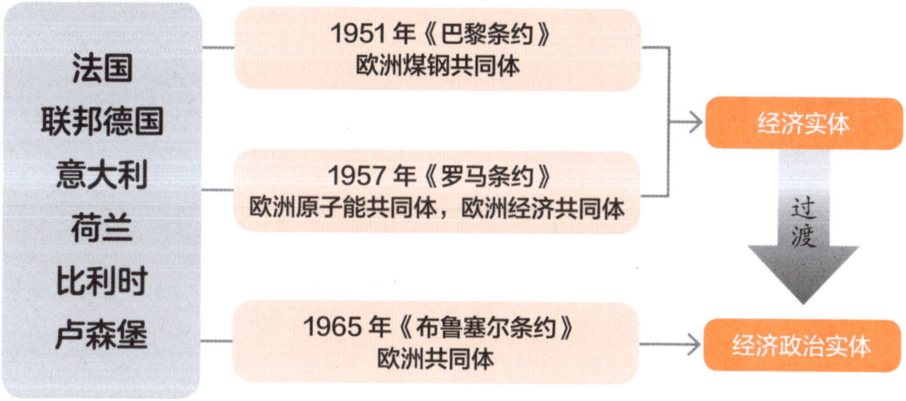

欧盟机构

仲裁机构	监督、咨询机构	常设执行机构	决策机构
欧洲法院	欧洲议会	欧盟委员会	欧洲联盟理事会

欧洲经济一体化的另一面

欧洲债务危机

经济的一体化并不能解决欧盟各成员国之间发展不平衡的问题。

◇ 从希腊开始

依据 1992 年签署生效的《欧洲联盟条约》，欧盟成员国若想加入欧元区，必须保证财政赤字控制在 GDP 的 3% 以下，同时国债占 GDP 比重不能超过 60%，然而这两个条件对于赤字和债务“双高”的希腊来讲具有相当大的难度。为了保证自己在欧盟及欧元区的位置，希腊接受了来自美国投资银行高盛的援助，通过一系列人为的操作，希腊终于在账面上得以符合条约标准。然而希腊的经济状况并没有因此而得到好转，受美国次贷危机的影响，2009 年 11 月，希腊政府宣布其财政赤字已达到 GDP 的 12.7%，公共债务余额占 GDP 比重达到 113%。一个月后，希腊的负债总额高达三百亿欧元，创下了历史新高。随之而来的还有国际评级机构对希腊长期主权信贷评级的下调。从希腊开始，债务危机开始如同病毒一般在欧洲蔓延开来。

◇ 欧元区的陷落

就在希腊爆出债务危机之后，欧盟许多成员国如葡萄牙、爱尔兰、意大利、西班牙等，都相继公布了本国严重超标的财政赤字与政府债务，希腊债务危机迅速演变成欧洲主权债务危机。所谓的“主权债务”，是指主权国家以自己的主权作为担保，通过发行债券的方式，向其他国家或国际金融机构所借贷的款项。一旦主权债务出现了问题，那就意味着该国在国际社会上的信誉评级将会被调低，由此所引起的危机将会导致国家破产甚至是国家主权外移。这次由希腊债务危机所导致的欧洲主权债务危机，使欧元在国际市场上的信誉度大打折扣。就在希腊宣布债务危机的同时，欧元迅速贬值，其贬值幅度高达 20%。欧元区国家纷纷将财政政策由扩张型调整为紧缩型，然而为时已晚，进出口贸易的减少、投资与消费的萎缩已成定局。

潜在危机的暴露

2007 年，在美国爆发的次贷危机对全球金融秩序造成极大地冲击与影响。在欧洲，由于过度涉入美国次贷危机及其金融衍生品，欧盟许多私人金融机构出现资产负债持续恶化的现象。为了减少资产亏损、增加资产流动性，欧盟中心国家的金融机构纷纷收回债权，致使金融资本的流向出现逆转。中心国家的这一举措将经济结构原本就非常脆弱的外围国家推向了经济崩溃的边缘。

欧债危机的根源

国内经济状况

- 经济结构：重金融，轻实业
- 财富比重：服务业多，工农业少
- 经济发展水平与福利政策不协调

欧元区体制设计

- 货币政策与财政政策分离
- “中心—外围”的同盟结构矛盾
- 风险应对机制不完善

欧债危机的影响

对本国

市场动荡加剧
负债率居高不下
社会出现不稳定因素
经济严重倒退

对欧元区

欧元大幅度贬值
财政政策转向紧缩
进口贸易减少
经济发展陷入滞缓

对世界

各国削减欧元外汇储备
对欧双边贸易受到打击
世界经济增长受到拖累

应对措施

- 向危机国家提供紧急援助
- 建立临时及长期金融稳定机制
- 优化政治环境；改革福利制度；发展实体经济
- 完善金融监管系统；建立经济政策联盟；开展多边外交合作

机遇与挑战

工业 4.0

工业 4.0 概念的提出标志着第四次工业革命的开始。

◇ 什么是工业 4.0

2013 年 4 月，在德国汉诺威工业展览会上，德国政府正式推出其工业转型的新战略——工业 4.0。这是德国为确保本国在未来发展中能够继续保持经济竞争力与技术领先地位的重要国家发展战略。之所以用“工业 4.0”来命名，是为了表达这一战略在工业生产中的革命性。如果说第一次工业革命（工业 1.0）使生产方式由手工生产转为机械生产，第二次工业革命（工业 2.0）使大规模批量生产成为可能，第三次工业革命（工业 3.0）让生产实现自动化，那么到了工业 4.0 即第四次工业革命时代，由第一次与第二次工业革命所创造的“物理系统”将与第三次工业革命所创造“信息系统”有机结合在一起，成为全新的“信息物理系统”，这将使生产走向智能化与定制化，同时也将让更高效节能、绿色环保的智能工厂成为现实。

◇ 德国工业 4.0 的实施战略

作为老牌的制造业强国，想要继续保持自己在国际上的先进地位，就必须成为新变革的先行者与领导者。在提出工业 4.0 战略的同时，德国机械及制造商协会、德国信息技术、通讯与新媒体协会、德国电气电子制造商协会等组织共同成立了“工业 4.0 平台”，并制定了德国工业 4.0 战略的具体实施规则。该战略的主要内容包括：充分利用互联网信息技术，逐步实现生产制造的智能化；借助市场开发与战略合作，不断增强德国制造业的核心竞争力；注重产品研发及生产过程中的信息资源共享及全社会共同参与；对工厂进行标准化设置，建立健全各种规章制度；加强对从业人员的专业培训与教育，等等。虽然目前工业 4.0 战略尚处于起步阶段，一些研究者对于德国是否能够实现这一战略目标还存有疑虑，不过工业 4.0 这一概念确实激发了人们意图开展新一轮工业革命的热情。

第四次工业革命

18 世纪，蒸汽机的发明开创了机器代替人类劳动的时代；19 世纪，电动机的普遍使用让流水线作业及大规模产品生产成为可能；20 世纪，由信息技术的革新推动的自动化生产再一次使生产效率产生了质的飞跃；21 世纪，新的工业时代已经到来。

融合的工业

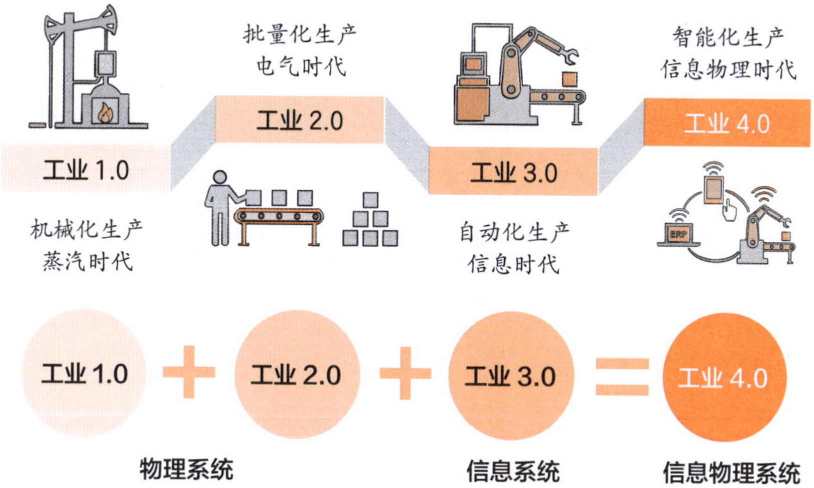

信息物理系统

信息物理系统是一种深度融合了计算、通信与控制三种能力，集虚拟网络进程与实体物理进程于一体的新一代智能系统。由于在这种新系统中，虚拟网络与实体物理彼此间可以实时互动并进行交互影响和循环反馈，其网络规模将远超现有的工控网络，人类与物理世界的互动将进入新的纪元。

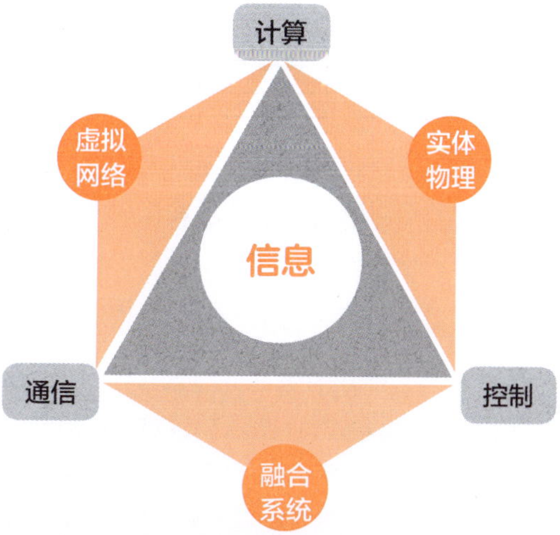

专题：新时代的丝绸之路

当代欧洲与中国

从亚太经济圈到欧洲经济圈，新丝绸之路经济带成为世界上最大、最具发展潜力的经济大走廊。

◇ 新的倡议

20 世纪 80 年代，中国进入改革开放时期，经过三十多年的发展，中国的市场经济及国际贸易呈现出良好的态势。然而面对国际金融危机所带来的负面影响，单一的经济体难以为继，只有建立和加强与其他国家及地区的经贸合作，才能实现互利共赢的目标。欧洲是自古就与中国有商贸往来传统的地区，丝绸之路是东西方连接彼此、互通有无的重要纽带。在新的历史时期，丝绸之路被中国赋予了新的战略意义。2013 年，中国国家领导人习近平提出了“丝绸之路经济带”和“21 世纪海上丝绸之路”，即“一带一路”倡议，目的就是为了建立沿线各国的互联互通的伙伴关系，实现各国多元、自主、平衡、可持续的发展。欧洲作为海上和陆上丝绸之路的终点，在这个计划中无疑扮演了极为重要的角色。

◇ 互利共赢

“一带一路”倡议作为一个旨在加强沿途各国间的交流合作、实现互利共赢的计划项目，对于作为起点的中国与作为终点的欧洲来说都有相当多的好处。对中国而言，通过“一带一路”，中国可以进一步实现国内的经济结构转型，中欧彼此间的经贸往来在开拓中国国内市场的同时也有助于中国商品进一步打入国际市场，在扩大内需的同时也促进了经济的增长；对欧洲而言，与中国进行双边合作可以有效地缓解由国际金融危机带来的经济衰退等负面影响，同时中国作为欧洲重要的资金来源国，其所主导的多边基金可以为欧洲需要资金进行基础设施建设、物流建设、产能合作等项目的国家及地区提供支持。可以预见的是，随着更多的欧洲国家接受并参与“一带一路”倡议，在未来世界经济的发展过程中，以中国与欧洲为两端的这两条经济带必然会为全球经济发展提供强劲的动力。

新的中欧关系

进入到新的历史时期，经济生产与资本流动的愈发全球化，也带来了世界各个地区与国家间关系的愈发紧密。国际金融危机的影响与各国合作共渡难关的现实，也让中国人和欧洲人看到了如今的国际关系已然是一个命运共同体，一损俱损、一荣俱荣；想要止损求荣，交流合作与共同发展是最好的道路。

金融合作

European Bank
for Reconstruction and Development

ASIAN INFRASTRUCTURE INVESTMENT BANK

欧洲复兴开发银行

成立于1991年，是一家国际性金融机构，旨在实现欧洲战后重建和复兴，以及支持中东欧国家向市场经济转化。

亚洲基础设施投资银行

由中国带头于2015年成立的亚洲区域多边开发机构和多边金融机构，旨在促进亚洲区域建设的互联互通和经济一体化。

英、法、德、意等二十五个欧洲国家自2015年起先后加入亚投行

中国于2016年加入欧洲复兴开发银行

一带一路

四个坚持

坚持开放合作，坚持和谐包容，坚持市场运作，坚持互利共赢。

三个共同体

利益共同体、责任共同体、命运共同体。

三共五通

共商项目投资，共建基础设施，共享合作成果。
道路联通，贸易畅通，货币流通，政策沟通，人心相通。

对欧洲的影响

刺激推动欧元区复苏
提升欧盟的国际影响力
增强中欧友好合作关系